LIMITED PARTNERSHIP IN PE OF CHINA

有限合伙
在中国PE中的深化运用

北京市道可特律师事务所　道可特投资管理（北京）有限公司◎编著

中信出版社
CHINA CITIC PRESS

图书在版编目（CIP）数据

有限合伙在中国PE中的深化运用/北京市道可特律师事务所等编著. —北京：中信出版社，2011.6 (2017.3重
ISBN 978-7-5086-2779-3

I. 有… II. 北… III. 企业融资－研究－中国 IV. F279.23

中国版本图书馆 CIP 数据核字（2011）第 076159 号

有限合伙在中国PE中的深化运用
YOUXIAN HEHUO ZAI ZHONGGUO PE ZHONGDE SHENHUA YUNYONG

编　　著：北京市道可特律师事务所　道可特投资管理（北京）有限公司
策划推广：中信出版社（China CITIC Press）
出版发行：中信出版集团股份有限公司（北京市朝阳区惠新东街甲4号富盛大厦2座　邮编　100029）
　　　　　（CITIC Publishing Group）
承 印 者：北京通州皇家印刷厂
开　　本：787mm×1092mm　1/16　　　印　　张：22.25　　字　　数：290千字
版　　次：2011年6月第1版　　　　　　印　　次：2017年3月第7次印刷
书　　号：ISBN 978-7-5086-2779-3 / F · 2320
定　　价：55.00元

目 录
Contents

私募股权投资基金（简称PE）是一种金融安排，它是股本投资的一种类型。从企业的资产负债表角度观察，企业外部融资是否需要进行股本融资服从于MM定理，并取决于资产负债率。而在特定的历史时期，企业的资产负债率是一定的，从而包括私募股权基金在内的股本融资仅是一种正常的金融工具。但是在中国，近年来这种金融工具却备受青睐，其原因在于中国的具体国情。

中国是一个发展中的社会主义国家，作为社会主义国家，正从传统的高度集中的计划经济体制向市场经济体制转轨；作为发展中国家，正从传统的农业经济向现代工业经济转轨。这种双重转轨使得企业面临这样一种局面：面对工业化的强劲需求，传统的国有企业资本投入不足，新兴的民营企业需要资本的原始积累，其结果不得不依靠借入资金经营。但是无论是国有企业还是民营企业，在负债率居高不下的情况下，它们对股本的渴求与日俱增，从而不断推动着中国股本融资市场的发展。除利用上市等公开募集形式外，私募股权投资也成为推动企业改革与发展的一道引人注目的风景线。

早在改革开放初期，私募股权投资已开始萌芽。那时，在中国的东南沿海地区，农民集资入股，兴办乡镇企业，成为私募股权投资的早期形式。进入20世纪90年代，随着中国经济的发展，海外成立了一系列对华投资的私募股权基金，并成为中国外商直接投资的主力之一。受此鼓励，国内亦开始探讨建立规范的人民币私募股权基金。但作为一种处于双重转轨经济体中的金融投资工具，私募股权投资基金既面临深化体制改革的任务，又面临促进经济发展的使命，多重任务与使命使其只能通过试验与摸索取得经验，产业投资基金便是私募发展过程中不断试验与摸索的产物，其最早的样本之一是"青海盐湖钾肥产业基金"。1996年原国家体改委研究所和青海省人民政府联合组成课题组，进行方案规划和设计，期望以此为契机，一方面推动西部经济发展，另一方面通过试验形成政策和法律规范。虽然，"青海盐湖钾肥产业基金"最终不无遗憾地胎死腹中，其项目仅成为柴达木循环经济实验区的基础，但是围绕这一探讨所形成的思路、政策预案及相应的规范条款却成为私募股权投资基金的铺路石。

进入21世纪，中国加入了WTO，国内外环境，尤其是金融市场环境有了很大的改善，私募股权基金的发展条件也逐渐趋于成熟，包括风险投资在内的外资私募股权投资基金落户内地，各类型的内资私募股权投资基金也如雨后春笋般纷纷诞生。其中探索多年的产业投资基金因渤海产业基金的呱呱落地而打开僵局，并以此为契机，开创了中国本土私募股权投资基金的今日之繁荣。

在中国私募股权投资基金如此蓬勃发展的今天，对其进行专业解读，并展开深入探讨，从而指导实践，不仅必要，而且可能。丛书的作者们对中国私募股权投资基金不仅有深刻的理解，而且以独特的视角，积极地尝试许多人都想做但还没有做的事情，他们希望并尝试通过丛书的创作多角度、全方位、深层次地解读和剖析中国私募股权投资基金。

此套丛书以中国私募股权投资基金为主线，以法律、财务、投资等专业角度为基础，结合会计、税收、外汇等政策以及PE设立、运作、退出等操作环节，对PE进行系统解读与阐述，综合考虑，形成体系。丛书由两本专项解读性书籍、两本专题实务性书籍和一本总体介绍性书籍组成，在3个方面给我深刻印象：

首先，丛书的选题非常好。丛书在选择从法律和财税两个专业角度解读中国私募股权投资基金的基础上，精心挑选了"外资与中国私募股权投资基金"、"有限合伙在中国私募股权投资基金中的运用"两个业界最为关注的领域和课题展开深入探讨，并以开放性的讨论中国私募股权投资基金发展新趋势作为收官，既兼顾了系统性，又考虑了专业性，也突出了实务性。作者并没有拘泥于传统的丛书分类，简单地按私募发展阶段或按基金性质分类，透过丛书选题，看到了作者创新、务实和开放的心态与作风。

其次，丛书的内容非常实。此套丛书内容之"实"，可以从 3 个方面得到体现：一是丛书的作者均来自法律、财务、投资等与私募股权基金密切相关的实务界，而非理论界或学术界，所言所论无不紧贴操作实践；二是丛书在深度方面既有基础性介绍又有深入分析，让诸多问题都真正得到了解决，落到了实处，非常实用；三是丛书中引用的案例、数据等信息翔实，并非泛泛而谈，更非纸上谈兵。

最后，丛书的风格非常新。丛书没有拘泥于传统的写法，也没有束缚于系列书籍统一风格之要求，在整体上追求新颖体例的同时，各部分尽量因题而异，就势而为。专业解读书籍采用了以矛盾带观点，用观点推体系，借体系显全貌的方式；专题实务和总体介绍书籍则采用了以案例引问题，用问题找答案，借答案促讨论的风格。整套丛书，娓娓道来，一改专业书籍陈腐之文风，读来犹如春风扑面。透过丛书风格，看到了作者敏锐、灵活和勇敢的心智与思维。

可以说，此套丛书在内容上着眼于系统性、实务性、专业性，在形式上兼顾生动性、新颖性、开放性。在私募书籍林林总总的今天，能够看到这样一套潜心研究、尽心呈现的精彩之作，真是难能可贵。

是为序。

中银国际首席经济学家

选择"有限合伙在PE中的深化运用"作为本书的核心内容，笔者有三个初衷，一是尝试着以有限合伙这个制度作为切入点，探讨PE运作在机制上的深层次问题，以期引发业内人士的关注和思考，从而促进PE运作不断向规范和成熟发展；二是希望借此主题给想做PE或正在做PE的人们一些善意的专业提示，降低运作中的风险；三是力求通过对经典的PE模式的解剖和比较来探索我国PE的发展步伐，进而激发我们更加清醒和勇敢地前行。

从PE制度层面看，有限合伙虽在局部地区已有试点，但中国真正的法律化在PE中实施的时间还很短，如果从外资PE角度看，更是刚刚开闸。我们不得不承认，国外已风靡几十年的有限合伙制度，在中国还是个新生儿。因此，如何认识、理解、运用有限合伙制度，乃至丰富、完善、发展之，是一个严峻的课题，尤其是在PE这样的专业领域，如何与有限合伙制度有机结合，则更是一个紧迫的任务。

从PE操作实践看，在PE迅速全民化的今天，有限合伙制度被接受之快，被运用之广，被赞誉之多，让人很是惊讶。但同时，这项制度在中国PE中的运用得理解之浅、理念之偏、方法之乱、变异之怪，则令人担忧。LP已逐渐GP化，GP则开始形式化，如此这般，"LP"在中国就有了"老婆"的别称，"GP"变成了"妻管严"。更令人担忧的是，诸多PE表面是有限合伙，实质则回到了合作、联营、委托，或转化为了公司制，甚至演变成了完全的"两张皮"。

PE在中国快速发展是件好事，说明我们的潜在投资能力是巨大的，我们对经济的预期是向好的，我们的投资理念和方法正在优化。但我们必须要看到，PE的发展有其客观规律，有其成长过程，在中国也毫不例外，不能"一哄而上"，更不能"一成不变"。如何客观、理性地评价我国的PE发展，有限合伙既可以作为一条主线，贯穿募、投、管、退全过程，又可以作为一面镜子，比较中外之异同，还可以作为一把钥匙，开启理论与实践的结合之门。

于是，我们执著地选择了"有限合伙"这个主题，试图去探求它在中国PE中的运用之道，并且力求深化。从制度理解、实践操作，到现状反思、发展创新，我们希望能呈现出一个有限合伙PE的基本轮廓；从募集设立、管理运作，到投资退出、变化消亡，我们希望能梳理出一个有限合伙制PE的完整体系。我们的团队历经一年多的共同努力，在多方支持、鼓励和指导下，中间几易其稿，今日总算成书并付印，感慨之极，感谢之极。

感慨PE之博大精深，感慨有限合伙制度之奥妙无穷，感慨中国PE的先行者们在理论与实践相结合的道路上孜孜以求之精神。

感谢所有为我们创作本书提供帮助的人们，感谢道可特所有参与本书策划和创作的同仁们，感谢中信出版社一如既往支持我们的编辑和老师们，是他们给了笔者最坚实的支持。同时，也感谢在有限合伙制PE领域勇敢的探索者们，感谢所有关注有限合伙制PE的专家学者们，感谢所有理解和支持有限合伙制PE的部门、机构和团体，是他们给了笔者最无私的帮助。

探索刚刚开始，关于有限合伙制PE，确实还有很多的课题需要我们去关注、去研究、去尝试、去深化，无论是理论还是实践，都还有很长的路要走，我们只是参与了这个征程的开启，如果这本书能让我们的同行者越来越多，足矣！

刘光超

2011-4-28

第一章

有限合伙的理论与制度基础

第一节　有限合伙制度概述

一、合伙制度

（一）合伙制度的产生

合伙也许是人类群体共同合作的最古老的表现形式。据记载在远古时期的血缘家族里，由于人们劳动的聚合以及人们合作关系上的相互制约，共有财产不便分散，家族就有了共产合伙的一些特征，[①]但此时的合伙与现代意义上的合伙概念不同。

有文字记载的合伙，最早出现在公元前 18 世纪古巴比伦的《汉穆拉比法典》中。当时的合伙只是人与人之间合作的一种经营方式，虽然也具有共同出资、共享收益、共担风险等合伙的特征，但并未形成法律制度，与当今的合伙性质不同，仅仅是同用一个名词而已。

直至罗马共和国时期，合伙制度已基本成型。此时，合伙被称为一种合意契约，据此两人以上为了实现某一合法且具有共同利益的目的，将物品或劳务集中在一起；合伙不仅具有合伙人之间的合意，而且具有了一定的组织形式。这与我国民法中的个人合伙已极为相似。

---

①　资料来源：赵旭东.企业法律形态论.中国方正出版社，1994:135

（二）合伙的内涵和外延①

随着商品经济的发展，合伙的外延也变得越来越丰富。在大陆法系国家或地区，如德国、日本、法国，认为合伙包括民事合伙、无限公司、两合公司以及隐名合伙。在英美法系国家或地区中，对合伙的外延的规定略有不同。如英国法律认为合伙包括普通合伙、有限责任合伙以及无限公司；而美国法律认为合伙不仅包括普通合伙和有限合伙，还包括有限责任公司、有限责任合伙、有限责任有限合伙。在我国法律中，合伙仅指民法中的个人合伙，以及合伙企业法中规定的普通合伙企业、有限合伙企业。

虽然各国对合伙的内涵和外延的规定有差别，但多是形式和表述上的不同，除了美国法律把有限责任公司归入合伙外，合伙的内涵和外延在本质上并没有什么不同。首先，各国法律都认为合伙是一种相对稳定的企业组织形态；其次，各国法律都承认合伙人无限责任的基础地位，但对有限责任，可以灵活安排；再次，各国法律都认为合伙是在发起人合意的基础上共同出资、共同经营、共负盈亏的；最后，各国法律都认为合伙是两人以上组成的两合体。

总之，合伙是一种经营方式和组织形态，是由两个以上的合伙人根据合伙协议共同出资、共同经营、共负盈亏的一种企业组织形态。

从上述定义中我们可以看出：

（1）合伙是以合伙协议为基础成立的。合伙协议是全体合伙人协商一致的契约，可以是书面的，也可以是口头的。合伙协议是对合伙人之间权利义务的分配，对所有合伙人都有约束力。如果只是设立简单的个人合伙，达成口头协议即可，但如果要设立合伙企业，合伙协议必须是书面的。不管是设立什么类型的合伙，都必须有合伙协议，否则，不能称其为合伙。

（2）合伙须由全体合伙人共同出资、共同经营。出资是合伙人的基本

---

① 资料来源：合伙制度的相关理论及比较法研究，http://wenku.baidu.com/view/876397d184254b35eefd346b.html

义务，是取得合伙资格的前提。合伙人对出资方式可以进行协商，只要其他合伙人认可，可以采用现金、实物、土地使用权、知识产权、劳务、技术、管理以及商誉等方式中的任一种方式出资。合伙中每一个合伙人都代表合伙，都可以合伙的名义与第三人签订合同。当然，合伙人也可以推选出代表或外聘职业经理人对合伙进行管理，但这并不意味着合伙人因此丧失合伙的经营权。

（3）合伙须共负盈亏，对合伙债务承担无限连带责任。合伙如果有盈余，那么合伙人之间可以按照合伙协议约定的比例进行分配；如果合伙协议没有约定，也可以按照合伙人之间的出资比例进行分配。但如果合伙对外负债且合伙剩余资产并不能偿还所有债务时，所有合伙人对合伙的债务承担补充连带责任。

（4）合伙是一种联合的组织，具有人合性和团体性。合伙是人与人之间基于信任组建起来的，一旦形成就具有很强的稳定性，如果新的合伙人加入，一般要经过其他合伙人的一致同意。人合性体现在一旦彼此的信任丧失，往往意味着合伙将走向变更或解散。合伙的团体性体现在合伙往往有一定的组织形态，具有一定的稳定性。

（三）合伙的分类

合伙不仅在不同的国家有不同的分类，而且按照不同的标准可以划分为不同的类型。在我国，根据合伙人的身份不同，可以将合伙划分为自然人合伙和法人合伙；根据合伙的法律性质不同，可以划分为个人合伙和合伙企业；根据合伙人承担的责任不同，合伙划分为普通合伙与有限合伙。下面将重点研究一下普通合伙与有限合伙。

普通合伙又可以分为一般的普通合伙和特殊的普通合伙。一般的普通合伙是指由对合伙企业债务承担无限连带责任的普通合伙人组成的合伙企业；特殊的普通合伙是指一个合伙人或数个合伙人在职业活动中因故意或者重大过失造成合伙企业债务的，应当承担无限责任或者无限连带责任，而其他合伙人以其在合伙企业中的财产份额为限承担责任的合伙。有限合伙是指由对合伙债务承担无限连带责任的普通合伙人，及以认缴出资额为限承担责任的有限合伙人组成的合伙企业，有限合伙最少要有一名普通合伙人。

二、有限合伙制度

（一）有限合伙制度的历史渊源

有限合伙是为了顺应航海贸易发展而产生的特殊合伙制度。历史考证普遍认为，有限合伙起源于 10 世纪前后意大利商港的"康曼达"契约。在中世纪早期，统治着欧洲的教会法仇视商业投机和放贷生利行为，商人和贵族手中的大量资金无法通过放高利贷获得收益，投资普通行业又无法满足其追逐暴利的欲求。为了规避教会法同时减少经营风险，并最大限度地扩大其利润，商人们同冒险家们共同发明了"康曼达"契约。

根据双方签订的"康曼达"契约，一方合伙人将商品、金钱、船舶等资本转交于另一合伙人经营，作为完成艰难而危险航行的报酬，从事航行的人可以获得 1/4 的利润，并对外承担无限责任；提供资金的合伙人，仅以其出资为限承担风险并可分得 3/4 的利润。

起初，"康曼达"契约都是临时的，只用于一次航行，航行完成即告终止，后来逐渐成为一种定期或不定期的关系。在 15 世纪以后，意大利出现了以丰富的资本进行投资，但不参加经营的康曼达人，而管理者从事经营并以个人财产对经营债务承担无限连带责任。

此后，这种康曼达契约经营方式开始向两个方向分化，一种发展为隐名合伙，另一种则演变为法国的两合公司，这种两合公司的形式随同法国探险者和殖民者传入美国，逐渐形成今天英美法系意义上的有限合伙制度。

（二）有限合伙制度在英、美的发展

从严格意义上来说，有限合伙是英美法系的概念。但不得不说的是，不管是英国的有限合伙制度还是美国的有限合伙制度，都是移植于大陆法系的两合公司。

1. 有限合伙在英国的发展

第一部现代意义上的有限合伙法是 1907 年英国制定的《有限合伙法》，此法的出台是为了划清贷款和投资的界限。1890 年《英国合伙法》第三条规定："某人借钱给从事营业的个人或企业，如果出借人根据盈利状况分享利润或以一定比率收取利息，并且有由当事人本人或其代理人签字的书面合同存在，出借人并不能被自然地视为合伙人。然而，一旦出借人参与了经营，则被认为是企业合伙人。"这显然容易混淆贷款和投资的概念。

所以，在 1907 年制定的《有限合伙法》中将有限合伙明确地表述为："有限合伙由至少一个普通合伙人和至少一个有限合伙人组成，普通合伙人对有限合伙债务承担无限连带责任，有限合伙人仅以其出资为限对有限合伙债务承担有限责任。"作为有限合伙人不用参与企业的经营，就可以享有分红的权利，所以，是否参与实际经营已不再成为合伙人的判断标准。

在英国的有限合伙制度中，有两点值得注意：其一，英国有限合伙规定了合伙人数量的上限，除几例特殊情况外，不得超过 20 人；其二，有限合伙人不得在经营期撤资。正是由于这两点，使得有限合伙制度在英国的发展受到了很大的限制，制约了合伙灵活性的发挥。故从 20 世纪 80 年代开始，一直在探讨其修订的问题。

2. 有限合伙在美国的发展[①]

美国最早是从两个州有限合伙立法，出现在 1822 年的纽约州和肯塔基州；宾夕法尼亚州也于 1836 进行了有限合伙立法，随后，东部沿海各州纷

---

① 资料来源：http://news.9ask.cn/hhjm/rmzt/200906/194030.html.2009-6-24

纷依据纽约州的有限合伙法立法模式制定本州的有限合伙法。

当时有限合伙法的立法动机，是"以允许进行贸易投资，对公众没有损害，也不对特别合伙人（当时对有限合伙人的称谓）造成其投资以外的损失的方法鼓励商业活动"。①但为了保护债权人的利益，仍对有限合伙进行了十分严格的限制。例如，纽约州最早立法规定，有限合伙人必须申报有限合伙证书且必须保证有限合伙证书内容真实，否则，有限合伙人需要承担与普通合伙人同样的责任。

为了使有限合伙制度能普遍适用，美国"统一州法全国委员会"于1916年通过了《统一有限合伙法》。该法虽然保留了有限合伙人参与合伙事务就丧失有限责任的概念，并且总体上仍倾向于保护债权人的利益，却以不同的方式减少了有限合伙人承担合伙企业责任的风险。例如，只有在明了了有限合伙证书申明的事实不真实的情况下，有限合伙人才丧失有限责任，并且有限责任的丧失仅局限于某一特定事件中等。

1976年和1985年国家对《统一有限合伙法》进行了两次修订。1976年的修订是为了应对六七十年代出现的拥有成千上万有限合伙人、以复杂融资安排和跨州经营为特点的大型有限合伙这一新情况。该次修订一方面仍部分保留有限合伙人参与合伙事务即丧失有限责任的概念，另一方面又明确，唯有在有限合伙人参与合伙事务达到控制有限合伙的程度时，它才会丧失有限责任的保护，并且详细列举了有限合伙人可以合法参与有限合伙事务的事项，即所谓的"安全港"条款。1976年《修正统一有限合伙法》有很多突破，比如，授予了有限合伙人派生起诉的权利，允许有限合伙人以劳务出资等，使新的有限合伙更接近现代意义上的公司。

与1976年的相比，1985年的《修正统一有限合伙法》主要区别有两点：首先，有限合伙的债权人如果主张有限合伙人应对有限合伙债务负责，

---

① 资料来源：1793 年的案例 Waugh v.Carver.Bromberg & Ribstein on Limited Partnership,1998

那么，必须证明其有理由相信该有限合伙人是普通合伙人；其次，有限合伙人不再是有限合伙必须申报的事项，并且有限合伙的基本文件变更为合伙协议。现在，美国大多数州适用的是 1985 年《修正统一有限合伙法》或 1976 年《修正统一有限合伙法》。2001 年，美国又制定了全新的《统一有限合伙法》。

（三）有限合伙的概念和特征

有限合伙就是由至少一名普通合伙人与至少一名有限合伙人组成的合伙，其中普通合伙人对企业债务承担无限连带责任，有限合伙人则以出资额为限承担有限责任。在有限合伙存续期间，普通合伙人负责有限合伙的经营和管理；而有限合伙人一般并不参与有限合伙事务的经营，在有限合伙中往往只是充当监督者的角色。

有限合伙的特征主要有：

（1）有限合伙组织结构和责任形式的二元性。[①]有限合伙是由普通合伙人与有限合伙人组成，并且普通合伙人与有限合伙人都必须有至少一名，否则，有限合伙就丧失了成立和存续的前提条件和基础。结构决定责任，因此有限合伙在对外责任的承担上也具有二元性，主要表现就是普通合伙人对有限合伙债务承担无限（连带）责任，而有限合伙人对有限合伙的债务只在其出资的范围内承担有限责任。

（2）有限合伙兼具"人合性"和"资合性"。有限合伙的"人合性"不仅体现在有限合伙的设立时，还体现在有限合伙的变更上。有限合伙的设立虽基于合伙协议，但是最深的根基无疑是合伙人之间的信任；而对有限合伙变更设定严格的程序，原因也是如此。有限合伙的"资合性"则表现在有限合伙人是有限合伙出资的主要主体，并且有限合伙人的出资也是有限合伙对外承担责任的信用基础。

---

① 资料来源：张庆林.我国有限合伙制度研究，2007-5-20

（3）有限合伙经营管理的特殊性。在有限合伙中，有限合伙人并不具有经营管理权。根据"权责相适应"原则，有限合伙人之所以不具有经营管理权，是因为有限合伙人只对有限合伙承担有限责任。而这种责任不是基于经营关系，而是基于有限合伙人对有限合伙企业的投资关系而成立的。因而，有限合伙人也具有相对的独立性，可以不必受同业竞争和竞业禁止的限制和制约。

（4）有限合伙财产归属的特殊性。有限合伙的财产虽然是由普通合伙人与有限合伙人出资组成的，但是有限合伙财产并不是笼统地归全体合伙人共有。在有限合伙中，普通合伙人出资组成的财产与有限合伙人出资组成的财产具有不同的性质，普通合伙人出资归全体普通合伙人共有，而有限合伙人出资则归有限合伙所有。

三、有限合伙与其他制度形式的比较

（一）有限合伙与普通合伙的比较[①]

有限合伙与普通合伙都是合伙制度的具体表现，它们的法律基础都存在于合伙制度之中，所以，有限合伙与普通合伙不可避免地会有相同之处。比如，都需要按照法律规定的程序进行设立、登记，在合伙人数上都必须要在两人以上以及均享有税收上的优惠等。

有限合伙与普通合伙不同点表现在以下 4 个方面：

1. 合伙人的组成不同

有限合伙须由至少一名普通合伙人和至少一名有限合伙人组成。没有普通合伙人的合伙不是有限合伙，没有有限合伙人的合伙要么解散要么成

---

① 资料来源：胡广渝.有限合伙制度研究，http://www.cnki.net/kcms/detail/detail.aspx?dbCode=CMFD&dbName=CMFD2004&FileName=2004103680.nh&filetitle=

了普通合伙；而普通合伙只由普通合伙人组成。

2. 出资方式不同

有限合伙的普通合伙人的出资方式与普通合伙的合伙人的出资方式是相同的，可以任何财产或财产权利的方式出资，甚至可以以劳务出资；有限合伙的合伙人的出资方式，在法律上往往有限制。根据我国《合伙企业法》的规定，有限合伙人不能用信用、劳务进行出资。

3. 设立、变更程序的严格程度不同

一般而言，有限合伙人对有限合伙债务只在其出资范围内承担有限责任。这与普通合伙相比，不利于合伙的债权人利益的保护。为了平衡有限合伙人的有限责任与债权人的利益保护，各国法律倾向于对有限合伙实行强制登记制度，并要求在登记时披露有限合伙人的相关信息。而普通合伙无此要求。

4. 合伙组织的稳定性不同

有限合伙具有"人合性"和"资合性"。有限合伙人与普通合伙人的联合主要是"资合"，因此，有限合伙人入伙、退伙或死亡以及将其所占份额赠与或转让，对有限合伙本身都不会造成实质的影响，一般不会导致有限合伙的解散。普通合伙则更强调"人合"，合伙人的退伙、死亡等同样的情况，往往很容易导致合伙的解散。

（二）有限合伙与特殊普通合伙的比较

在我国《合伙企业法》中，普通合伙还包括特殊的普通合伙企业。有限合伙与特殊的普通合伙企业除上述4点不同外，由于特殊普通合伙企业的特殊性，其不同点还包括以下两方面：

1. 责任的划分及有限责任的承担主体不同

在有限合伙中，普通合伙人承担无限责任或无限连带责任，有限合伙人以出资为限承担有限责任，合伙人身份一旦确定，承担责任的方式也就确定了；在特殊的普通合伙中，有限责任仅仅存在于有合伙人因故意或重大过失造成合伙企业债务这一具体情形中，非因故意或重大过失，有限责任不会出现。所以，特殊的普通合伙的合伙人往往会因不同的情况划分为不同责任方式的承担主体。

2. 适用的行业领域不同

由于能够最大程度把人才和资本整合在一起，有限合伙能够充分发挥人才和资本的协同效应，主要适用于风险投资和高新技术创业企业。有限合伙人作为投资者一般并不参与合伙企业的经营，负责合伙企业的运营的普通合伙人往往是行业内的专业人士和知识精英。特殊的普通合伙则主要适用于以专业知识和专门技能为客户提供有偿服务的专业服务机构，如律师事务所、会计师事务所等。

（三）有限合伙与公司的比较

从企业组织形式变迁的角度来讲，公司是后于有限合伙出现的。作为现代企业制度的代表，公司在当今世界大行其道。但是有限合伙非但没有因公司的出现而没落，反而异军突起，俨然有与公司并驾齐驱之势。

一般而言，企业究竟选择什么样的组织形式，往往取决于以下因素：设立的难易程度、纳税、责任承担、管理控制集中度、融资方式、投资者保护等。[①]公司之所以对当今经济社会影响如此之深主要是因为以下两点：

首先，股东的有限责任。公司是独立的法人主体，有独立的名称、财产支配权，可以独立承担责任。就公司与股东之间的关系来说，股东和公司是两个彼此独立的主体，股东只是公司的投资者，只对公司承担出资并转移其出资财产的所有权、使用权或其他财产权利的义务。除此以外，股东并不直接对公司的债务负责，这也就是股东的有限责任。股东的有限责任不仅有利于公司的融资，而且为投资者提供了较好的保护，使投资者所承担的风险控制在可以承受的范围内。

---

① 资料来源：http://www.chinavalue.net/Blog/369313.aspx.2009-12-17

其次，公司彻底实现了财产所有权和经营权的分离。由于公司具有了独立的人格，股东履行出资义务后，股东就丧失了财产的所有权而相应地获得了公司的股权或股票；此时公司成为股东出资财产的所有者，可以享有占有、获取收益、使用、处分的权利，即公司在进行各项经营活动时不再以股东的名义而是以公司的名义。这样就彻底实现了股东财产的所有权与经营权的分离。这样，不仅有利于资本的聚集，而且可以避免委托代理产生的经营成本。

但是，公司的缺点也同样明显：

其一，双重征税问题。根据有关税收的规定，公司作为纳税人其盈利需要缴纳企业所得税；当公司进行收益分配时，股东作为独立的纳税人仍然需要缴纳个人所得税或企业所得税。也就是说，公司的同一笔经营收入在企业层面和股东层面分别被征收了所得税。

其二，公司成立难度较大。公司股东由于只承担有限责任，从本质上来说，公司就像一个没有担保的债务人。在这种情况下，公司的经营风险就被转移到公司的债权人身上。由于公司的破产而导致债权人的债权不能实现的情况，在实际生活中比比皆是。为了保护这些债权人的合法权益，国家对公司的设立、成立、经营条件以及治理机构等方面，都进行了比较严格的限制，成立难度和成本相对较大。

其三，公司的实体保护问题。[①]公司具有独立的人格，使得公司对外独立承担无限责任，而公司的股东则被保护起来。这本来是公司的一大优势，但是在公司的股东滥用公司的独立人格而损害第三人的利益时，又很难直接追究股东的责任。这也是公司法中"法人人格否认"制度产生的原因，但是这一制度实现的成本较高。

其四，委托代理权责不相适应问题。公司一般交由董事会或执行董事

---

① 资料来源：http://www.chinavalue.net/Blog/369313.aspx.2009-12-17

来经营管理，但是在实际中存在这样一种情形：除非出于故意或重大过失，董事会或执行董事对因其决策失误导致的公司损失或对外负债不承担任何责任。虽然公司法对董事、高级管理人员规定了勤勉义务，但是并不能从根本上解决董事、高级管理人员的道德风险问题。

有限合伙由于也引入了"有限责任"，彻底地解决了合伙制度融资规模受限的问题，有限合伙的融资能力在我国虽然还无法和公司相比，但是融资能力也已经得到了很大提升。除此以外，与公司相比，有限合伙还具有下列优点：避免双重纳税、设立程序相对简单、有利于保护第三人的利益、运营管理简洁高效、权责相适应、激励上有很大的自由度等，正是这些优点使得有限合伙有重整复兴之势。

【信息链接】

私募股权投资基金青睐有限合伙形式①

2007 年《合伙企业法》修订实施后，在实践中，一种结合资本与智力的有限合伙制私募股权投资基金应运而生——拥有财力但不参与经营管理者作为有限合伙人投入 99% 的资金，拥有专业知识和技能者作为普通合伙人只投入 1% 的资金，二者共同组成以有限合伙为组织形式的投资机构。这种有限合伙制私募股权投资基金，较好地避免了公司制私募股权投资基金的不利之处。

比如，有限合伙制私募股权投资基金在决定投资企业后，投资者可以有一个拨付资金的时限，在此时限内，投资者向基金拨付资金，再由基金向企业进行投资。这样可以有效避免公司制私募股权投资基金资金闲置的问题。另外，根据规定，有限合伙人虽然投入 99% 的资金，但只能分得

---

① 信息选自：私募基金青睐有限合伙形式，税收政策还需加以明确，http://www.xm-l-tax. gov.cn/content/19875.shtml.2010-08-23

80%左右的利润，作为普通合伙人，基金管理人虽然只投入1%的资金，但能分得20%左右的利润，有限合伙制私募股权投资基金的激励机制明显比较强。

（四）有限合伙与信托的比较

信托是指委托人依照合同或者遗嘱的规定，为了自己或受益人的利益，将财产上的权利转移给受托人，受托人按委托条件和范围，占有、管理、使用信托财产，处理并获得收益。

信托有如下特征：[①]

（1）信托成立的前提是基于信任。既包括委托人对受托人诚信上的信任，也包括委托人对受托人能力上的信任。

（2）信托成立的基础是信托财产和财产权的转移。信托是以信托财产为核心的法律关系，没有信托财产就没有信托。有了信托财产而不把信托财产转移给受托人，也不是信托。

（3）信托的重要特征是为了受益人的利益，受托人以自己的名义管理处分受托财产。这也就意味着：第一，委托人将丧失对信托财产的控制权；第二，受托人以自己名义管理处分信托财产；第三，受托人管理财产须按照委托人在信托合同中约定的意思进行；第四，必须是为了受益人的利益。

（4）信托是一种由他人进行财产管理、运用、处分的财产管理制度。

信托作为一种特殊的财产管理制度，不仅可以代人理财，拓宽投资者的投资渠道，而且能够聚拢社会闲散资金为经济服务，还能够规避和分散风险、促进金融体系的发展和完善。

从上文可以看出，有限合伙与信托的相同点如下：

首先，不管是有限合伙还是信托，其最终成立都是基于信任；其次，

---

① 资料来源：http://baike.baidu.com/view/8159.htm

不管是有限合伙还是信托，都需要转让财产的占有；最后，有限合伙与信托都能够聚拢社会上的闲散资金，扩大投资人的投资途径。

有限合伙和信托的区别如下：

（1）基础合同性质不同。有限合伙的基础合同是普通合伙人与有限合伙人之间的双方合同，而信托合同是委托人、受托人以及受益人之间的三方合同。

（2）财产所有权的变化不同。有限合伙的合伙人虽然将财产转移给了有限合伙，但是合伙财产并不具有独立性，其财产权属仍归各合伙人；而信托财产具有独立性，委托人必须转移信托财产的所有权。

（3）成立的前提和基础不同。有限合伙的成立需要有合伙协议，需要履行登记的手续，而信托虽然也基于信托合同，但是不转移信托财产，信托将最终无法成立。

（4）对财产的控制程度不同。有限合伙中的有限合伙人虽然也不参与有限合伙的经营管理，但是合伙财产还是处在有限合伙人的监督之下；而信托则不然，由于受托人管理信托财产是在法律、法规的框架下的，所以，一般不受委托人或受益人的监督。

（5）涉及的权限不同。有限合伙的普通合伙人运用和处理有限合伙的财产必须要经过合伙人大会的决议，权利受到一定的限制；而信托受托人根据合同约定管理、运用信托财产具有广泛的权利和充分的自由，委托人不能干预。

（6）期限的稳定性不同。有限合伙协议存续期限往往可以经过全体合伙人一致同意的方式予以变更，稳定性较差；而信托一旦成立，原则上是不能解除的，即使委托人、受托人死亡或撤销或破产等也不影响信托期限，稳定性相对较强。

第二节　有限合伙理论体系

一、GP和LP的基本理论

（一）GP的基本理论

1. GP的概念、特征及分类

GP，General Partner的缩写，即普通合伙人，是指在有限合伙中负责合伙的经营管理并对合伙债务承担无限责任或无限连带责任的合伙人。从上述定义中我们可以看到，普通合伙人具有两大基本特征：其一，负责有限合伙的经营管理；其二，对有限合伙企业债务承担无限责任。

根据充当普通合伙人的主体不同，普通合伙人可以分为自然人普通合伙人、法人普通合伙人、非法人组织普通合伙人。所谓自然人普通合伙人就是指自然人充当普通合伙人；法人普通合伙人是指法人充当普通合伙人；非法人组织普通合伙人是指非法人组织充当普通合伙人。

2. 成为GP须满足的条件

（1）自然人普通合伙人。根据《合伙企业法》第十四条规定："如果合伙人是自然人的，应当具备完全民事行为能力。"由此可知，自然人普通合伙人，首先必须是具有完全民事行为能力的人。但是根据普通合伙人的特征，自然人普通合伙人不仅要具有完全民事行为能力，还必须具备相应的专业技能、工作经验以及一定的风险承受能力和财产，否则，自然人普通合伙人就不能满足有限合伙对普通合伙人最本质的要求。

（2）法人和非法人组织普通合伙人。如果有限合伙的普通合伙人是法人或非法人组织，那么一般情况下能够满足有限合伙对普通合伙人的本质特征的要求：具备经营管理能力以及风险和责任承担能力。但是有必要注意的是：法人和非法人组织能否成为有限合伙的普通合伙人在不同的法律环境下往往是不同的。

在英美法系中，法人和非法人组织都可以成为普通合伙人，比如合伙、公司、政府、政府分支机构以及信托机构等；然而在大陆法系的一些国家和地区的立法中，却出现了禁止法人成为普通合伙人的情况，如日本和我国台湾省等。我国现行《合伙企业法》虽然允许法人和非法人组织成为普通合伙人，却对此也有一些限制。如我国《合伙企业法》第三条规定："国有独资公司、国有企业、上市公司以及公益性的事业单位、社会团体不得成为普通合伙人。"

之所以禁止法人成为GP，在不同的立法中可能有不同的考虑。我国在《合伙企业法》修订之前也是不允许法人成为GP的，但那时是在实际经济中，我国还是存在法人合伙的，比如，合伙型联营，其本质就是法人合伙。所以在《合伙企业法》修订的时候，也允许法人成为有限合伙的普通合伙人，但之所以禁止国有独资公司、国有企业、上市公司以及公益性事业单位、社团为普通合伙人一般认为是出于对国有资产、公共资产的保护。

3. 实践考量

虽然从理论上自然人、法人以及非法人组织都可以成为普通合伙人，并且在实践中也确实存在自然人、法人、非法人组织充当普通合伙人的情况，但是从根本上说最能满足有限合伙对普通合伙人本质要求的是法人。法人之所以成为最适合充当有限合伙普通合伙人的原因在于：第一，法人可以通过一定的途径和手段聚集当时业内最好的经营管理者，这是自然人和非法人组织所不具有的；第二，法人具有独立的人格，独立承担责任和风险的能力也是最强的，不仅有利于对有限合伙债权人的保护而且能够避免法人的股东直接暴露在无限责任之中。所以，法人已越来越多地成为普通合伙人的首要选择。

如果LP也想成为GP参与到有限合伙的经营管理中，那么，LP既可以选择成为已设法人型GP的股东或者雇工，也可以自己作为发起人重新设立一个新的法人型GP，这样都有利于有实力的LP充分掌握有限合伙的发展。

如果因为GP丧失了民事行为能力、死亡或宣告死亡等情形，不能再作为GP时，GP的继承人并不当然取得普通合伙人地位；如果此时有限合伙没有其他GP，又无法在合理期限内确定GP的情况下，有限合伙可能会提前解散。

（二）LP的基本理论

1. LP的概念、特征和主体范围

LP，Limited Partner的缩写，即有限合伙人，是指承担向有限合伙主要的出资义务，却不参与有限合伙的经营管理，并且仅以出资额为限，对有限合伙的债务承担有限责任的合伙人。从上述定义中，我们发现有限合伙人的特征：其一，具有雄厚的财产实力，其二，只承担有限责任。但有限合伙人最本质的特征是要具有雄厚的财产实力。

所以，不管是自然人、法人还是非法人组织还是其他机构，只要是具备了一定的财产实力，并且不违反法律法规的强制性规定，都可以成为有限合伙的有限合伙人，所以，有限合伙人的主体范围比较广泛。在立法实践中，各国的法律对有限合伙人的主体范围也几乎没有限制。如美国在1976年修订的《统一合伙企业法》中，有限合伙人的主体范围包括自然人、合伙、有限合伙、信托机构、集团、联营以及公司等；我国《合伙企业法》也规定，自然人、法人、其他组织都可以成为有限合伙人。

2. 成为LP须满足的条件

有限合伙人由于只承担出资义务并且不实际负责有限合伙的经营管理，

从这个角度来看，有限合伙人与其称为是"合伙人"不如称为"投资者"更恰当。但投资有风险，所以，即使在法律上并不限制有限合伙人的主体范围，但也不意味着所有的民商事主体都可以成为有限合伙人。法人和其他机构一般具有相当的财力以及风险抵抗能力。所以，在实践中，法人和非法人组织成为有限合伙人没什么问题。

但值得探讨的是，自然人有限合伙人。首先，自然人有限合伙人的财产实力和风险抵抗能力与法人、非法人组织等机构相比，显然逊色。其次，有限合伙一般都有人数上的限制，比如我国《合伙企业法》中就明确规定，有限合伙人数须在两人以上 50 人以下。为了充分地利用人数争取更多的融资，自然人合伙人往往不会成为首选的对象。

所以，在有限合伙募集实践中，往往会对自然人有限合伙人的资产提出要求，如拥有财产要达到一定的规模等。像 KKR、黑石、凯雷等有限合伙在募集有限合伙人时，一般要求自然人的资产要达到 500 万元人民币。有此要求一方面有利于有限合伙企业的稳定和发展，另一方面也是对投资者负责。当然像社保基金、政府以及保险机构，由于具有雄厚的财力以及良好的风险承受能力和再投资能力，无疑是最优质的有限合伙人。

3. 法律的规制

有限合伙人由于是主要出资人，所以，在出资方式上各国法律往往有限制。一般情况下，有限合伙人不允许以信用和劳务出资，但是并不尽然。如美国法律就允许有限合伙人可以劳务出资，但在我国法律中是明文禁止的。

有限合伙人是自然人时也不要求必须是完全民事行为能力人，但是初始自然人有限合伙人还是需要具备完全民事行为能力的。限制或无民事行为能力人成为有限合伙人一般是发生在赠与或继承等情况下，但是此时还需要看合伙协议有无不同规定。

（三）GP与LP的区别

GP与LP之间的区别还是很显著的，除了主体资格以及行为能力的区别外，主要区别如下：

（1）法律地位不同。有限合伙普通合伙人的法律地位与普通合伙的合伙人的法律地位是类似的，普通合伙人在有限合伙中享有独占的经营管理权，并且在对外事务中代表有限合伙；而有限合伙人更多的是充当"消极投资者"的角色，并不参与有限合伙企业的日常经营管理事务，但这绝不意味着有限合伙人在有限合伙企业中毫无作为，相反，有限合伙人的有效监督是有限合伙正常运转的一个重要前提。

（2）出资要求不同。有限合伙人一般只能以金钱或有形资产出资，不能以劳务、信用出资；而普通合伙人出资形式则更为广泛，不仅可以金钱或有形资产出资还可以用财产权利、劳务等方式进行出资。

（3）责任承担方式不同。责任承担方式的不同是普通合伙人与有限合伙人的最重要的区别。普通合伙人对有限合伙企业债务承担无限或无限连带责任，即普通合伙人以其全部的资产承担企业的债务；有限合伙人非有特殊原因则仅以出资额为限，对有限合伙企业的债务承担有限责任。

二、有限合伙中的责任

（一）有限合伙中的无限责任和有限责任

1. 普通合伙人的无限责任

普通合伙人的无限责任是指普通合伙人在有限合伙财产不足以清偿有限合伙债务时，以自己所有的全部财产对有限合伙债务承担无限责任。从定义中，我们知道以下几点：

（1）承担无限责任的主体和方式。有限合伙的无限责任与普通合伙的无限责任一样，原则上将是由有限合伙企业与普通合伙人来承担的。有限合伙企业先以合伙企业的财产进行偿还，如果合伙企业的财产不足以偿还，此时方才执行普通合伙人的财产。也就是说，普通合伙人承担的是补充无限责任。

（2）承担无限责任的对象。普通合伙人承担无限责任的对象只是有限合伙企业的尚不能清偿的所有债务。至于普通合伙人对合伙企业造成损失所要承担的无限责任不包括在内。

（3）承担无限责任的财产范围。普通合伙人要以其所有的全部财产来偿还有限合伙企业的对外债务。如果普通合伙人是自然人，全部财产包括投入到有限合伙企业中的财产，也包括属于合伙人的家庭财产部分以及其他归合伙人所有的合法财产。如果普通合伙人是法人，全部财产就是指法人所有的全部资产，如果法人不能偿还的话，可能会导致破产。

（4）如果普通合伙人是多个的情况下，有限合伙的债权人可以向某一个或几个普通合伙人主张全部或部分债权，并且普通合伙人不得以普通合伙人之间协议约定为由来对抗债权人的请求权。

普通合伙人如果是由有限合伙人转化的，那么仍然要对转化前的所有有限合伙企业债务承担无限连带责任；但如果是新加入的，那么就没有必要对入伙前的企业债务承担责任，但对入伙后产生的企业债务仍要承担无限连带责任。

虽然普通合伙人对有限合伙企业债务承担无限责任，但无限责任的实际承担效果，却会因充当普通合伙人的主体的不同大相径庭。如果普通合伙人是自然人或是由自然人组成的非法人组织，那么很显然，普通合伙人的无限责任就是组成普通合伙人的自然人的无限（连带）责任。由于我国法律尚未引入自然人破产制度，所以，如果自然人的财产不足以偿还有限合伙企业债务，此责任会一直延续到自然人死亡。

但如果普通合伙人是法人或者是由法人组成的非法人组织，那么普通合伙人的无限责任其实就是法人的无限责任，由于法人的股东一般受"有限责任"的保护，所以，实际上即使法人破产，无限责任也不会落到法人的股东身上。所以，如果自然人普通合伙人想避免承担无限责任，那么可以选择出资成立一个法人作为有限合伙的普通合伙人而不是由自己直接充当普通合伙人。在实践中，已有很多普通合伙人是采用这种形式来规避无限责任。

但有必要注意的是，我国《公司法》规定了"法人人格否认制度"。也就是说，如果法人的股东滥用法人人格，利害第三人可以请求人民法院直接追究法人相关股东的责任。

2. 有限合伙人的有限责任

有限合伙人的有限责任，是有限合伙人仅以其出资额为限对有限合伙的债务承担责任的方式。从定义中，我们可知以下几点：

（1）有限责任的承担主体。有限合伙的有限责任是有限合伙人的有限责任而不是有限合伙企业的有限责任，即有限责任的责任主体是有限合伙人，有限合伙企业如上文所说仍要对企业债务承担无限责任。

（2）承担有限责任的对象。有限合伙人其实与公司的股东一样并不直接对企业债务承担责任。所以说，有限合伙人承担有限责任的直接对象是合伙企业，但是最终对象还是有限合伙企业债务。也就是说，只要有限合伙人履行了出资义务就等于对企业的债务承担了责任。

（3）承担责任的方式。有限合伙人并不直接对有限合伙企业债务承担责任，所以，承担是一种间接责任。有限责任就成了投资者与有限合伙企业债务之间的"隔离带"；即使有限合伙人尚未履行出资义务，有限合伙企业的债权人也不可以直接向有限合伙人行使请求权。

（4）有限责任的范围。有限责任仅以有限合伙人的出资额为限承担有限责任，即使有限合伙企业以及普通合伙人的全部财产都不能偿还债务，不管是债权人还是普通合伙人还是有限合伙企业，都无权要求有限合伙人在出资额范围外承担责任。

有限合伙人如果是普通合伙人转化的，那么，对于转化前的合伙企业债务仍然要承担无限责任，对于转化后新产生的债务，则受有限责任的保护；如果是新入伙的有限合伙人，那么仍受有限责任的保护。

有限责任是"资合性"在有限合伙中的体现。正是由于有限责任，有限合伙人能够更自由的控制投资风险，此外，有限合伙人加入或退出有限合伙也更加灵活和便捷。有限合伙这种商业组织形式之所以在吸收投资促进高风险、高收益行业发展方面更具适应力和吸引力，原因就在于此。

（二）有限合伙人的有限责任无限化

1. 有限责任无限化的判断标准

为了判断有限合伙人执行合伙事务的性质以最终决定有限合伙人的责任形式，美国法律曾演化出了"控制标准"、"信赖标准"和"安全港条款"三种标准。[①]根据"控制标准"，唯有对有限合伙事务达到控制程度的有限合伙人方承担无限责任，否则有限合伙人仍受有限责任的保护；根据"信赖标准"，只要善意第三人基于有限合伙人的行为有理由相信其是普通合伙人的，有限合伙人就要承担无限责任；而根据"安全港条款"，则仅有那些超出法律允许的范围执行有限合伙事务的有限合伙人要承担无限责任，否则，有限责任就是其"安全港"。

但我们可以看出，上述三种标准都不是完美的。"控制标准"中所谓的"达到控制程度"概念并不很清晰，更多的需要司法人员根据实际情况进行再解释，但是在解释的过程中，很容易出现同类案件不同判决的结果；"信赖标准"就是为了解决"控制标准"引起的混乱而被提出来的，但是"信赖标准"却把判定有限合伙人是否承担无限责任的权利给了善意第三人，从而使得有限合伙人是否承担无限责任具有很大的"任意性"，不利于有限

---

① 资料来源：张军.论有限责任在有限合伙中的例外适用，http://cdmd.cnki.com.cn/Article/CDMD-10652-2010162463.htm.2010

合伙人参与有限合伙事务，特别是不利于有限合伙人发挥应有的监管作用；"安全港条款"可谓是为有限合伙人提供了一个适宜的活动空间，有利于发挥有限合伙的积极性。

2. 有限责任无限化在我国法律中的适用

我国《合伙企业法》第六十八条第二款规定："有限合伙人的下列行为，不视为执行合伙事务：（1）参与决定普通合伙人入伙、退伙；（2）对企业的经营管理提出建议；（3）参与选择承办有限合伙企业审计业务的会计师事务所；（4）获取经审计的有限合伙企业财务会计报告；（5）对涉及自身利益的情况，查阅有限合伙企业财务会计账簿等财务资料；（6）在有限合伙企业中的利益受到侵害时，向有责任的合伙人主张权利或者提起诉讼；（7）执行事务合伙人怠于行使权利时，督促其行使权利或者为了本企业的利益以自己的名义提起诉讼；（8）依法为本企业提供担保。"第七十六条第一款规定："第三人有理由相信有限合伙人为普通合伙人并与其交易的，该有限合伙人对该笔交易承担与普通合伙人同样的责任。"这两项条款无疑就是"安全港条款"以及"信赖标准"在我国法律中的体现。

由于"安全港条款"通俗易懂，此处不再展开讨论。下面我们来重点研究一下"第七十六条第一款"即我国的"信赖标准"。根据第七十六条第一款的规定，我们可以发现，有限合伙人要承担无限责任需要满足以下两个条件：

（1）有限合伙人在客观方面存在令第三人误解为普通合伙人的事由。有限合伙人本是不参加合伙事务的，但是如果参与了合伙事务的执行或者充当了有限合伙企业对外的代表，那么第三人就有理由相信其为普通合伙人。

在实际生活中，下列情形一般足以使第三人相信其是普通合伙人：

①有限合伙人对外代表合伙企业与第三人签订合同。

②有限合伙人的名片上明确注明其为合伙企业负责人。

③有限合伙企业以有限合伙人的姓名作为商号。

④有限合伙人明知被他人声称是合伙企业的普通合伙人，而不予以否认。①

（2）在主观方面，第三人须是善意、无过失并且与之进行交易。也就是说，第三人确实不知其为有限合伙人，并且给予信任认定其是普通合伙人并与之进行了交易活动。如果只是确实不知其是有限合伙人，但并没有与之进行任何交易，那么，此项对第三人不能主张该有限合伙人承担无限责任。

只要满足上述两个条件，相对第三人就可以主张与之交易的有限合伙人承担由此交易所产生的债务，因只能主张本次交易产生的债务，不具有规范性。

【信息链接】

有限合伙人一定只承担有限责任吗？②

2008年3月18日，陈军峰、吴旭和一名法人投资者共同组建了有限合伙企业——北京绿野眼镜行，全体合伙人实际认缴的总注册资本为100万元人民币，法人投资者为北京皓视明科技有限公司，投资额为80万元，陈军峰、吴旭分别投资10万元。

合伙协议约定，由陈军峰和吴旭负责经营，吴旭作为执行合伙人；皓视明公司只负责出资，不参与经营；如果合伙企业出现亏损，陈军峰与吴旭负责清偿债务，皓视明公司除已认缴的80万元出资外不承担任何清偿义务。

2009年5月12日，北京皓视明科技有限公司的法定代表人谢林在陈

---

① 资料来源：曾祥生，周珺.关于有限合伙人的有效责任，http://www.lawtime.cn/info/hehuo/hehuolunwen/201012221309.html

② 资料来源：http://amulet.fabao365.com/public/article_972.html.2010-3-12

军峰与吴旭完全不知情的情形下，与潇湘公司签订一批眼镜的买卖合同。北京绿野眼镜行由此遭到潇湘公司索赔 12.9 万元。陈军峰、吴旭要求皓视明公司共同承担该笔债务。皓视明公司以自己是有限合伙人为由，拒绝承担责任。

本案中，皓视明公司为有限合伙人，一般情况下，仅以出资为限承担有限责任；但本案中有限合伙人皓视明公司它的法定代表人谢林在未经授权的情况下自作主张签订眼镜购销合同，且眼镜购销合同的另一方当事人潇湘公司有理由相信谢林的交易行为代表了北京绿野眼镜行。根据修订后的《合伙企业法》之规定，有限合伙人承担有限责任也有例外。因此，皓视明公司应当承担相应的责任。

三、有限合伙的适用

作为特殊的合伙，有限合伙是介于个人独资企业与公司之间的过渡性企业组织形式的一种特殊组织结构。作为现代企业制度体系中的一部分，有限合伙在经济活动中之所以具有旺盛的生命力，主要是因为有限合伙存在其独特价值。

（一）有限合伙的价值

1.丰富的出资方式

各国法律对有限合伙的出资虽有不同的规定，但是对于普通合伙人的出资方式都没有给予限制。作为有限合伙企业的发起者，可以根据自身的实际状况来选择适合自己的出资方式，这样为创业者打开了创业的大门，即不管是拥有财富、技术，还是技能，都可以通过设立有限合伙的方式进行创业。对于有限合伙人的出资各国限制得较多，但主要是限制信用和劳务出资，这样的考虑主要是为了能够为有限合伙募集到更多的资金，从而为企业的发展打下基础，实现人才和资本的无缝对接。

2. 独特的责任制度

有限合伙采用责任二元制，不仅吸收了普通合伙的优点也吸纳了公司的长处。可以说，有限合伙是普通合伙与公司的混合体。一方面有限合伙不仅设立的程序简单、设立的成本较小，而且由普通合伙人进行管理精简了企业的管理机构，集中了企业的经营管理权，使有限合伙的运营成本降到最低；另一方面有限合伙的有限责任有利于投资者将投资风险控制在可承受的范围内，也有利于激发那些偏好低风险的投资者的热情，保证了企业相对强劲的融资能力。普通合伙人与有限合伙人相互协作、相互监督不但有利于避免管理者的道德风险，而且有利于有限合伙的稳定和发展。

3. 高效的分配机制

《合伙企业法》在收益分配上给予有限合伙很大的自由度，比如，有限合伙协议可以约定有限合伙的收益只分配给一部分合伙人而不分配给另一部分合伙人。如果GP作为发起人，为了吸引投资者，可以在合伙协议中约定在有限合伙刚开始经营的3~5年，发起人可以较少分享或不分享收益；如果LP作为发起人，为了吸引有能力的人或为了激励GP努力经营，可以约定在管理费用外，给予高比例的激励收益，一般为20%，但有更高的。这样就能真正实现资本和人才的结合，从而实现利益的最大化。

（二）有限合伙在中小企业中的适用①

从有限合伙产生目的来看，有限合伙宜于处在种子期或成长期的中小企业。根据美国1916年《统一有限合伙企业法》规定，我们可以知道有限合伙制度主要还是为中小企业提供法律支持。

1. 中小企业的特点

中小企业有其共同的特点，一方面由于中小企业普遍规模较小，抗风

---

① 资料来源：刘成江，王素杰.论有限合伙，http://www.civillaw.com.cn/Article/default. asp?id=38476.2008-4-3

险能力弱，资金有限，并且后续融资较难；另一方面很多中小企业的发展前景较好，后期收益较高。但现实的问题是，中小企业一般都缺乏企业发展所需要的资金，而融资渠道单一几乎仅限于银行贷款。但中小企业由于经营风险太高同时又不能提供更多的担保品种，银行往往对中小企业惜贷。

2.有限合伙适于中小企业的原因

有限合伙之所以适于中小企业，不仅在于有限合伙能够帮助中小企业解决融资难的问题，而且又为中小企业的发展开辟了一条又新又活的路。首先，合伙企业比起公司，在注册环节方面更为便捷，尤其是有外资参与的合伙企业，可以节省商务部审批的环节，注册手续简单，周期缩短，节约了设立成本；其次， 合伙企业强调的人和性高于公司，这对促进内部团结合力经营企业大有裨益；另外，有限合伙企业已将普通合伙人捆绑在责任架上，使其能够全心服务于合伙企业；最后，有限合伙企业存在的承担无限连带责任的普通合伙人，也为企业在运作之初获得业务机会提供了便利，毕竟与一个合伙企业做生意，债务可以向普通合伙人追偿，有利于实现对债权人利益的保护。

有限合伙制的优势不一而足，而这些优势恰好能弥补处于起步或成长期的中小企业的缺失——凝聚力的缺失、业务机会的缺失、管理经验的缺失等。总之，预计有限合伙制度在处于起步或成长期的中小企业中是可以得到广泛应用的。

（三）有限合伙在具体行业中的适用

在行业适用方面，很难准确框定有限合伙到底适用于哪些具体行业，但是我们可以从否定要件角度讲，有限合伙制不适用于那些以招投标项目为主要业务的企业，因为招标条件中一般要求投标企业有法人资质；从肯定要件角度讲，有限合伙制企业适合资金、资源与运作能力等多方面能够相互结合的行业，即有资金、资源的人并不愿意参与经营，希望借助有能力者的运作使资本增值。

以下，我们仅以风险投资行业为例，论述有限合伙制企业在其行业内的适用问题。之所以选择这一行业，一方面是考虑有限合伙制度的起源，便是为了给风险投资业打开便利之门；另一方面，考虑风投行业最大限度地体现了资本与运作能力的结合，对解释有限合伙制度的优越性有很强的说明力。

1. 有限合伙与风险投资行业

从行业选择上来看，有限合伙更契合于风险投资和私募投资行业。在美国，自从1969年第一家风险投资机构采用有限合伙制度以来，目前已有80%的风险投资机构采用有限合伙制基金模式。有限合伙之于风险私募投资行业就像鱼与水的关系那么紧密。在公司、信托等众多组织形式中，有限合伙是最适合风险私募投资机构的组织形式。

有限合伙适用于风险私募投资行业并不在于风险或私募投资企业都是中小型企业，其实有限合伙企业不仅适合于中小型的风险投资机构，对于大型的风险投资机构，有限合伙制度也许更适合，像黑石、凯雷、KKR等跨国的风险投资巨头，也都是采取有限合伙的组织形式。

2. 有限合伙适用于风险投资行业的原因

有限合伙制风险投资机构之所以取公司制而代之，一个主要的原因就是有限合伙能够避免双重征税的问题。对于规模愈大的投资机构，避税的意愿愈强烈，因为巨额的税负会蚕食掉企业很大一部分利润，这对企业来说就是不能容忍的事情。

当然，风险投资和私募行业之所以选择有限合伙制，并不仅仅在于有限合伙制能够帮助风投机构合法有效地避税，更重要的原因是有限合伙制度的设计本身比较适合投资领域高风险、高收益的特点。首先，有限合伙满足了风险投资机构低成本组建的经济需要。有限合伙与公司相比，不仅设立程序简单，而且也能够尽可能精简风险投资机构的内部设置，能够最大程度地节约组建和运营的成本。其次，有限合伙满足了风险投资机构资金运用灵活性的需求。有限合伙的运行是建立在合伙协议的基础上的，对于如何运用合伙资金可以灵活约定，这样就可以根据风险投资机构的具体需求来约定资金运用方式，以最大程度地发挥投资机构经营者的主观能动性。最后，有限合伙满足了投资人资金有效运用的需要。有限合伙协议可以约定在找到投资项目以后再由有限合伙人出资，可以有效地解决资金闲置造成的资源浪费的难题，对提高资金的运用效率有很大的帮助。

有限合伙之所以被广泛运用于风险投资和私募投资行业，最主要的原因还是有限合伙的融资功能。对于风险投资和私募投资来说，募集到资金是基金存在的前提。与公司相比，有限合伙的资合性、有限责任两大特征使得有限合伙具有了不弱于公司的融资功能。此外，有限合伙的有限责任极大地减轻了有限合伙人的责任负担，使得有限合伙人的投资风险降到了可控制、可承受的范围内，这样也能充分地调动投资者的积极性。

【信息链接】

南海成长：国内首家有限合伙制PE实施首期15%现金分配[①]

国内首家有限合伙制创投企业——南海成长，向合伙人分配了相当于投资本金15%的现金。这是自《合伙企业法》颁布实施以来，全国首家有限合伙制创投首次实行现金分配。

深圳市南海成长创业投资有限合伙企业（简称"南海成长一期"）于2007年6月26日成立，募集资金2.5亿元，由同创伟业、郑伟鹤、黄荔担任GP，由同创伟业和深圳高新技术产权交易所担任投资顾问。

南海成长一期的主要投资人（LP）多为高净值资产人士，以民间资本为主。资金募集期和投资期正值中国股市本轮牛市最顶峰时期，LP表示，

[①] 资料来源：国内首家有限合伙制PE分红，南海成长实施首期15%现金分配，http://www.njzq.com.cn/njzq/xwzx/xwzq_template.jsp?docId=1022410.2009-3-17

投资南海成长直接规避了资金在二级市场的风险，所投资的企业也规避了实体经济大幅下滑的风险。PE作为资产组合起到了优化资产配置、降低投资风险的作用。

（四）小结

总之，不管是中小企业还是风险投资机构，它们一个共性就是高风险、高收益。有限合伙之所以适用于它们，就是因为有限合伙不仅具有相对强大的融资功能，而且又能很好地降低经营风险，最大限度地发挥有限合伙经营者的专业优势。可以说，有限合伙有限责任与无限责任的混合责任形式完美地体现了人才和资本的结合。所以，凡是需要大量资本的领域，都有有限合伙的立足之地。只不过在具体抉择的过程中，可能需要仔细考量有限合伙与公司到底孰优孰劣。

第三节　我国有限合伙的沿革和法制基础

有限合伙在我国的发展历史并不长，在 2006 年才正式被法律明文规定。在我国虽然还是比较新鲜的事物，但有限合伙能够被法律所确认并非是一件偶然的事。

一、我国有限合伙的立法沿革

我国有限合伙的发展经历了一番从地方试验到国家确立的过程，其与我国一贯推行的新制度实行渐进式改革的思路是一脉相承的。

（1）修订前的《合伙企业法》。1997 年出台的《合伙企业法》并无有限合伙的规定，但是在该部法律推出之前，在八届全国人大财经委提交全国人大常委会审议的合伙企业法草案中，设专章对于有限合伙人进行了规定。但遗憾的是，在八届人大第二十二次会议审议《中华人民共和国合伙企业法（草案）》时，最终删除了"有限合伙人"一章，导致现行《合伙企业法》中并无"有限合伙"字样。人大在审议《合伙企业法草案》时未通过"有限合伙"一章，是出于以下考虑：目前国内还没有有限合伙的组织类型，我们没有具体的经验，国外立法虽有先例，但没有现实的实践作为参照，盲目立法也有所不妥，加之我们制定合伙企业法又是第一次对合伙企业进行独立立法等。

（2）深圳：《深圳经济特区合伙条例》、《深圳经济特区高新技术产业园区条例》。深圳作为经济特区，其拥有特殊地方立法权限，可以先行试验其他地区不能推行的制度。有限合伙制度最早在1994年《深圳经济特区合伙条例》中即予以规定。该条例于1994年5月1日实施，共分四章（总则、普通合伙、有限合伙、附则），明确写入有限合伙制度，可谓是有限合伙的最早探索，首开有限合伙立法的先河，充分体现了特区立法的先行性和时代敏感性。

2001年5月1日，《深圳经济特区高新技术产业园区条例》颁布实施。该条例第十七条中规定："风险投资机构可以采取有限合伙制的形式，有限合伙的合伙人由有限合伙人和一般合伙人组成。投资人为有限合伙人，以其出资为限承担有限责任；资金管理人为一般合伙人，承担无限责任。有限合伙的合伙人应当签订书面合同。合伙人的出资比例、分配关系、经营管理权限以及其他权利义务关系，由合伙人在合同中约定。"

（3）浙江：《浙江省政府关于印发浙江省鼓励发展风险投资的若干意见的通知》。浙江省人民政府于2000年10月20日颁发并实施的《关于印发浙江省鼓励发展风险投资的若干意见的通知》中，专门设置了"积极培育风险投资主体"一节。该通知第四条规定："风险投资机构主要采取公司、有限合伙制、基金制等组织形式。"第六条规定："组建风险投资公司，可根据实际情况采取有限责任公司、股份有限公司等组织形式，也可积极探索试行有限合伙制……在国家有关有限合伙制企业的法律法规颁发以前，可暂按有限责任公司的形式办理工商注册登记，在公司章程中明确有限合伙人和主要合伙人的职责、权利。"

（4）北京：《中关村科技园区条例》、《中关村科技园区有限合伙管理办法》。2000年12月8日，北京市第十一届人大常委会第二十三次会议通过了《中关村科技园区管理条例》，该条例于 2001 年 1 月 1 日起开始施行，这一条例对有限合伙形式作出了明确的规定。

2001 年 2 月 21 日，北京市人民政府又颁布了一个名为《中关村科技园区有限合伙管理办法》的配套性规章制度，共分 17 条，对有限合伙作了更为详细具体的规定。该办法第三条规定："本办法所称有限合伙，由有限合伙人和普通合伙人共同组成，有限合伙人以其出资额为限对有限合伙承担责任；普通合伙人对合伙债务承担无限连带责任。有限合伙不具有独立的法人资格。"

(5) 珠海：《珠海市科技创业投资暂行规定》。2001 年 6 月 7 日，珠海市颁布并施行了《珠海市科技创业投资暂行规定》。该规定分 28 条，对"有限合伙"作了确认。该《规定》第七条规定，创业投资机构可以采用股份有限公司、有限责任公司和有限合伙作为组织形式。第十二条规定："有限合伙由 2 人以上 20 人以下的普通合伙人与有限合伙人共同出资设立。投资人为有限合伙人，以其出资额为限承担有限责任；资金管理者为普通合伙人，承担无限责任……"并对有限合伙的人数、出资总额、管理、纳税也作出了规定。

(6) 山西：《山西省高新技术产业发展条例》。2002 年 5 月 24 日，山西省第九届人民代表大会常务委员会第二十九次会议通过了《山西省高新技术产业发展条例》，并于 2002 年 10 月 1 日起施行。该条例第四十四条规定："创业投资机构采取有限合伙形式的，合伙人应当由有限合伙人和普通合伙人组成。投资人为有限合伙人，以其出资额为限承担有限责任；资金管理者为普通合伙人，承担无限责任。有限合伙的合伙人应当签订书面合同，约定合伙人的出资比例、分配关系、经营管理权限以及其他权利义务关系。"

(7) 2006 年《合伙企业法》修订。2006 年 8 月 27 日，第十届全国人大常委会第二十三次会议通过的《中华人民共和国合伙企业法》正式确立了有限合伙制度在我国的法律地位，该法第二条明确规定："有限合伙企业由普通合伙人和有限合伙人组成，普通合伙人对合伙企业债务承担无限连带责任，有限合伙人以其认缴的出资额为限对合伙企业债务承担责任。"修订后的《合伙企业法》在第三章专门规定了有限合伙企业，详细规定了有限合伙企业的法律适用和内外法律关系。

二、《合伙企业法》出台及修订情况

（一）《合伙企业法》的出台

《合伙企业法》于 1997 年 2 月 23 日第八届全国人民代表大会常务委员会第二十四次会议通过，同年 8 月 1 日起施行。在《合伙企业法》出台之前，合伙关系主要由《民法通则》来调整；由于经济体制改革尚未深入人心，理论上的分歧较大，所以《民法通则》仅仅规定了民事合伙，总共 7 个条文。

由于《民法通则》过于简略，为了解决大量的合伙纠纷问题，只好借助各种规章、解释，初步建立起了以法律为主，以行政法规、规章为辅的法律体系。但不得不说的是，由于立法技术落后，体系内部冲突矛盾严重，遏制了合伙制度功能的发挥。为更系统地建立适应市场经济的现代企业制度，引入新的商事合伙的企业组织形式，我国《合伙企业法》就此出台。

《合伙企业法》确立了合伙企业的市场主体地位，由此，合伙企业成为与公司、个人独资企业相并列的企业组织形式，并在规范合伙企业设立与经营以及鼓励民间投资上发挥了积极作用。但是由于市场条件和认识上的局限，《合伙企业法》尚存在先天不足，比如，《合伙企业法》在合伙人范围上规定模糊，经推定得知只有自然人才能成为合伙人，在合伙类型上，仅仅确立了普通合伙，其他类型的合伙则被排除在外。

（二）《合伙企业法》的修订背景及必要性[①]

随着我国社会主义市场经济体制的完善，经济生活中出现了一些新的情况和问题，再加上民间投资、风险投资以及专业服务机构对特殊合伙组织形式的不同需要，原《合伙企业法》由于调整的范围过窄，已经不能满足经济和社会发展的需要，急需修改。

首先，促进民间投资的需要。我国加入WTO以后，市场经济日益向纵深发展，在竞争性投资领域，国家投资正逐渐退出，客观上要求扶持民间投资的发展。但要促进民间投资的发展，首先必须扫清法律上的障碍，因为民间投资的投资人会因投资形式、经营理念以及资本额度等限制，需要法律提供多种不同类型的组织形式，如有限合伙、有限责任合伙等。

其次，促进风险投资发展的需要。促进民间投资的有效方式之一就是风险投资，而风险投资采用的组织形式通常是有限合伙。在原《合伙企业法》中，不仅没有关于有限合伙的规定，有关条文对有限合伙的形成也构成了直接限制。所以，不修改《合伙企业法》等于是不让风险投资适用有限合伙的组织形式，最终势必会影响风险投资的发展。

最后，有关专业服务机构的发展急需适合其特点的有限责任合伙形式的出现。专业服务机构，比如，律师事务所、会计师事务所等，最近几年在我国得到迅猛发展。对专业服务机构来说，专业知识和信息是立命之本，资金本不是其优势。如果按照原《合伙企业法》设立普通合伙，每一个合伙人对合伙债务都承担了无限责任，我们可以想象，本就松散的组织形式在残酷的现实面前根本就缺乏存在下去的动力。为了吸引国际上一些大中型的专业服务机构进入我国，并促进我国同类机构的发展，则需要为它们提供更适合它们的有限合伙的组织形式。

---

① 资料来源：关于《中华人民共和国合伙企业法（修订草案）》的说明，http://www.npc.gov.cn/wxzl/gongbao/2006-09/26/content_5354974.htm.2006-4-25

（三）《合伙企业法》修订的主要内容①

修订后的《合伙企业法》共 109 条，与原《合伙企业法》相比，在三个方面作出了重大调整：一是专章增加了有限合伙企业，二是在原有普通合伙的基础上增加了特殊普通合伙，三是明确了法人也可以参加合伙。

1. 新增了有限合伙企业专章

在《合伙企业法》中引入有限合伙制度，是本次修订的最大创新之一。为了适应风险投资行业的发展，该法从合伙人的责任形式、合伙人的人数、对有限合伙企业的公示要求、有限合伙人的权利、有限合伙人有限责任保护的免除，以及有限合伙企业与普通合伙企业的不同 6 个方面进行了规定。合伙企业法对有限合伙企业未作特殊规定的，适用于有关普通合伙企业的规定。

关于合伙人的责任形式，修订后的《合伙企业法》第二条明确规定："……普通合伙人对企业债务承担无限连带责任，有限合伙人以其出资额为限承担有限责任……"至于合伙人的人数，该法则要求除法律另有规定外，有限合伙企业由 2 人以上 50 人以下的合伙人设立。之所以如此规定，一方面是为了防止有人利用有限合伙进行非法集资，另一方面体现了合伙的人合性，并为合伙企业未来的实践预留了空间。

对有限合伙企业的公示要求。修改后的《合伙企业法》为了保护相对人的利益要求，有限合伙企业名称中要含有"有限合伙"字样，并需要在登记事项中载明有限合伙人的姓名或名称，以及认缴的出资份额。有限合伙人的权利在有限合伙企业中受到了一定的限制。比如，《合伙企业法》规定有限合伙人不能以劳务出资，不执行有限合伙企业事务，不对外代表有限合伙企业。

修订后的《合伙企业法》还规定了有限合伙人承担无限责任的情况，

---

① 资料来源：关于《中华人民共和国合伙企业法（修订草案）》的说明，http://www.npc.gov.cn/wxzl/gongbao/2006-09/26/content_5354974.htm.2006-4-25

即当第三人有理由相信有限合伙人为普通合伙人，并与之进行交易时，该有限合伙人要与普通合伙人一样承担无限责任。此外，还规定了有关有限合伙企业独有的一些内容，比如，除合伙协议另有约定外，有限合伙人可以与本企业进行交易，可以自营或与他人合伙经营与本企业业务相竞争的业务，还可以不经全体合伙人的一致同意，转让或质押在合伙企业中的财产份额等。

2. 引入特殊普通合伙制度

特殊普通合伙可以说是为专业服务机构量身定做的一项制度，它能够帮助合伙人尽可能减少所面临的风险。在本次修订中，在普通合伙中专辟一节来规范特殊普通合伙企业。

修订后，《合伙企业法》首先明确了特殊普通合伙的适用范围。该法第五十五条第一款规定："以专业知识和专门技能为客户提供有偿服务的专业服务机构，可以设立为特殊的普通合伙企业。"特殊的普通合伙企业虽然也是普通合伙企业，但特殊的普通合伙企业的特殊之处就在于仅适用于一些专业服务机构，并且是实际注册为企业的专业服务机构，比如像律师事务所由于并未注册为企业，所以不适用《合伙企业法》的规定。

对于特殊的普通合伙企业，修订后的《合伙企业法》明确要求在企业名称中注明"特殊普通合伙"字样，这样做也是为了保护相对第三人的利益。这是因为根据该法第五十七条的规定我们可以知道，唯有在执业过程中因故意或重大过失造成合伙企业债务的合伙人，承担无限责任或无限连带责任，其他合伙人仅以在合伙企业的财产份额为限承担责任。

正是由于特殊普通合伙企业这种责任承担形式，《合伙企业法》第五十九条明确规定："特殊的普通合伙企业应当建立执业风险、办理执业保险。"这也是特殊普通合伙企业的一个特殊之处。

3. 法人参加合伙

在原《合伙企业法》中，能够成为合伙人的只能是自然人，自然人以外的主体如法人、其他组织则被排除在合伙以外。修改后的《合伙企业法》则确立了法人、其他组织也可以成为合伙人的法律地位。如，该法第二条规定："本法所称合伙企业，是指自然人、法人和其他组织依照本法在中国境内设立的普通合伙企业和有限合伙企业。"虽然所有的市场主体都可以成为合伙人，但是出于对国有资产、上市公司利益以及公众利益的保护的考虑，该法还指出了一些市场主体不适合成为普通合伙人。比如，该法第三条规定："国有独资公司、国有企业、上市公司以及公益性的事业单位和社会团体不得成为普通合伙人。"这无疑是在宣告，上述企业只能成为有限合伙企业的有限合伙人，即作为投资者的角色存在。但对其他类型的法人来说，则没有限制。

除了上述 3 个主要调整内容外，《合伙企业法》还在合伙企业的所得税的征收问题上明确了合伙人才是唯一的纳税主体；并规定了合伙企业不能清偿债务时，债权人可以向人民法院申请破产清算；此外，《合伙企业法》对外国企业和个人在国内设立合伙企业也有规定。

三、有限合伙制度的配套法规体系

2006 年《中华人民共和国合伙企业法》第一次在法律层面上确认有限合伙的法律地位，同时一些配套的制度也相继出台。目前，已公布的有关有限合伙制度的法律法规文件有：《中华人民共和国合伙企业法》、《中华人民共和国合伙企业登记管理办法》、《外国企业或个人在中国境内设立合伙企业管理办法》、《外商投资合伙企业登记管理规定》、《国家工商行政管理总局关于做好合伙企业登记管理工作的通知》，当然还有一些地方性法规，如《深圳经济特区合伙条例》、《北京有限合伙管理办法》等，不过在《合伙企业法》修订后都已经失效。目前尚没有新的地方性法规。

（一）有限合伙企业的登记

根据《中华人民共和国合伙企业登记管理办法》第二条第一款规定："合伙企业的设立、变更、注销，应当依照合伙企业法和本办法的规定办理企业登记。"有限合伙企业作为合伙企业的一种，当然也需要进行登记，不管是设立、变更还是注销。

有限合伙企业的登记还包括有限合伙分支机构的登记。但是不管是有限合伙企业的设立、变更、注销登记，还是有限合伙分支机构的设立、变更和注销登记，都必须先明确申请登记的主体，受理登记的部门，登记事项，登记程序还有登记需要提交的文件。

就申请登记的主体来说，不同类型的登记申请登记的主体也有不同，设立、变更登记的主体是全体合伙人指定的代表或共同委托的代理人，但是注销登记的申请主体是清算人。

在登记机关上，有限合伙的登记机关是工商行政管理部门，但在具体的实践中会有更具体细致的分工。一般来说，登记管辖与行政区域的地域划分是重合的，地方的只能负责本辖区内的登记，而国务院的工商行政管理部门可以负责全国范围内的有限合伙的登记。

有限合伙的登记事项大部分与普通合伙的登记事项一致，但是需要注意的是，有限合伙的名称后必须注明"有限合伙"字样。在具体的登记程序上，一般要经过申请、受理和登记3个步骤。如果申请登记的材料齐备，可以当场进行登记，否则，要等待20天的时间。在所准备的材料中，合伙协议、登记申请书、出资确认书以及主要经营场所证明等是必须具备的。当然，根据不同的情况，需要准备的材料可能会有所不同。

（二）外商投资有限合伙

根据《外商投资合伙企业登记管理规定》第十一条规定，外商投资的合伙类型可以是有限合伙。又《外国企业或者个人在中国境内设立合伙企业管理办法》第二条规定，外商投资有限合伙可采用两种方式：一是指两个以上的外国企业或个人在中国境内设立有限合伙；二是外国企业或个人与中国的自然人、法人或其他组织在中国境内设立有限合伙。

外商虽然可以投资有限合伙，但是必须要遵守《合伙企业法》以及其他法律、行政法规以及规章的规定，并且符合外商投资的产业政策。《外商投资产业指导目录》中，禁止类和标注"限于合资"、"限于合作"、"限于合资、合作"、"中方控股"、"中方相对控股"和有外资比例要求的项目，不得设立外商投资合伙企业，当然也不能设立外商投资有限合伙企业。

外商设立有限合伙企业还是有其特殊之处的。在设立登记管辖上，外商投资有限合伙企业的登记管理工作由国家工商行政管理总局主管，被授予外商投资企业核准登记权的地方工商管理部门也有权负责本辖区内的登记管理工作。以投资为主业的外商投资有限合伙企业的登记由省、自治区、直辖市及计划单列市、副省级市的工商行政管理部门负责。

在设立登记程序上，外资与内资大致相同，不同的是对于《外商投资产业指导目录》中没有法定前置审批的限制类项目或者涉及有关部门职责的其他项目，企业登记机关应当自受理申请之日起5日内书面征求有关部门的意见。企业登记机关应当在接到有关部门书面意见之日起5日内，作出是否登记的决定。予以登记的，发给（换发）营业执照，同时将有关登记信息向同级商务主管部门通报；不予登记的，应当给予书面答复，并说明理由。

当然，与内资有限合伙最大的不同在于设立时提供的文件材料。根据《外商投资合伙企业登记管理规定》，外商申请设立登记提供的材料除设立登记申请书、合伙协议、资格证明或身份证明、主要经营场所证明、委托书以及出资确认书外，还需要提供下列文件：

（1）全体合伙人签署的符合外商投资产业政策的说明。

（2）与外国合伙人有业务往来的金融机构出具的资信证明。

（3）外国合伙人与境内法律文件送达接受人签署的《法律文件送达授

权委托书》。

（4）本《规定》规定的其他相关文件。

如果在外商投资的有限合伙企业的经营范围中有需要前置审批的行业，还需提交批准文件；外国合伙人用人民币出资的，应当提交外汇管理部门出具的境内人民币利润或者其他人民币合法收益再投资的资本项目外汇业务核准件等相关证明文件；外国普通合伙人以劳务出资的，应当向企业登记机关提交外国人就业许可文件，具体程序依照国家有关规定执行。

第二章

有限合伙制度与PE的结合

第一节　国外有限合伙对PE发展的贡献

有限合伙制度虽然发源于欧洲大陆国家，但是在实践中最终产生实际重大影响的为英美两国，而有限合伙制PE的发展也以英美两国为典型，它们不同的发展模式带来不同的发展结果，以下主要以这两个国家的有限合伙PE的发展说明国外有限合伙PE的发展。

一、有限合伙在国外PE中的运用状况

（一）美国有限合伙PE与私募股权基金的发展

在美国，有限合伙PE的发展实质上伴随着私募股权基金的发展。

私募股权基金最早发源于美国，而美国也是当今世界上私募股权基金最为发达、相关法律制度最为完善的国家。在美国私募股权基金的发展历史中，私募股权基金并不是一开始就是以有限合伙制度为主流组织形式，其经历了一个由公司制为主流到有限合伙制为主流组织形式的发展演变过程。

1946年，美国第一家私募股权投资机构"美国研究与开发公司"（ADR）成立，其组织形式为股份有限公司。1958年美国颁布了《小企业投资公司法》，规定由美国小企业管理局对符合相关条件的小企业投资公司给予优惠

贷款扶持政策，促进了小企业投资公司的成立。另外一些不需要政府扶持的私募股权投资机构，大多采取股份有限公司的组织形式。公司制的私募股权投资机构为美国股权投资的发展作出了巨大的贡献，它们不仅培育了一大批的创业企业，而且培育了一大批的风险投资家。

直到 1958 年，第一只以有限合伙形式组建的著名基金——Draper, Gaither and Anderson LP才出现。但总体来说，在 20 世纪 60~70 年代，有限合伙形式在美国风险投资行业比重很小。

进入 20 世纪 70 年代以后，美国的私募股权投资机构越来越多地采用有限合伙形式，有限合伙逐渐成为私募股权基金的主流组织形式。随着 1978 年美国《雇员退休收入保障法》（ERISA）的修改，养老基金被允许对创业投资投入资金，并且作为有限合伙人无须缴纳资本所得税，这一修改极大地推动了私募股权基金的机构化，并且成就了有限合伙制度在私募股权投资领域的主导地位。到了 20 世纪 80 年代，有限合伙即成为美国主要的私募股权基金的组织形式，到了 1988 年，有限合伙制私募股权基金的比重为 80%。1980 年，有限合伙型风险投资基金参与的风险投资仅为 20 亿美元，占当年美国风险投资总金额的 42.5%；而到 1995 年，有限合伙型风险投资基金参与的风险投资已高达 1 432 亿美元，所占的份额已高达 81.2%。[①]

（二）英国有限合伙PE的发展

作为欧洲私募股权基金的发源地，英国的私募股权基金被认为等同于风险投资基金，英国私募股权基金出现于 20 世纪 70 年代后半期。但 1979 年英国风险投资协会成员的风险投资额仅为 2 000 万英镑，到 20 世纪末，英国的风险投资业已当之无愧地位居欧洲首位，在世界上也仅次于美国。

与美国私募股权基金刚起步时相同的是，英国的私募股权基金在最初

---

① 资料来源：杨洋.有限合伙型风险投资基金制法律分析，http://cdmd.cnki.com.cn/Article/CDMD-10652-2009121102.htm

也都是采取公司制。1945年，由英格兰银行和一些主要的清算银行成立了一家工商业金融公司，该公司后来改名为工业投资者公司，就是一家公司型的风险投资机构。20世纪60年代英国的私募股权投资曾经历过一个快速发展阶段。然而其发展态势在70年代未能保持下去。80年代以来，英国政府采取了"税收优惠"、"贷款担保计划"和"企业扩大计划"等一系列鼓励私募股权投资发展的政策措施，英国的私募股权投资业再次迅速发展。

1980年11月，英国建立了未上市证券交易市场（USM），为私募股权投资提供退出通道。经重新修改后的公司法允许企业主回购股份，由此可实现对企业的控制，也为外部持股人提供退出的机会。1983年1月，成立了英国创业投资协会（BVCA），以探讨私募股权投资发展中的一些问题，并推动政府立法。经过几十年的发展，英国成为欧洲私募股权投资行业最为发达的国家。

20世纪80年代，出于免税的考虑，开始出现有限合伙制私募股权基金。但从总体上看，其资金规模并不大。因为英国《1907年有限合伙法》规定有限合伙的人数不得超过20人，并且有限合伙运行期间合伙人不得随意退伙。这些限制不符合私募股权基金在资本筹集以及基金投资者及时退出等方面的要求。这在很大程度上限制了英国有限合伙私募股权基金的发展。

目前，英国的私募股权基金主要组织形式为风险投资信托。1995年英国政府为了促进私募股权基金的发展，通过修改《金融服务法》，特地增加了有关"风险投资信托"的条款，规定按照该法案设立的"风险投资信托"必须将70%以上的资产投资于净资产在1 000万英镑以下的企业。作为一种补偿，"风险投资信托"可以获得全面的税收豁免。该法案的实施，极大地促进了英国的风险投资信托快速发展。[①]

---

① 资料来源：钟海峰.有限合伙私募股权基金法律制度研究，http://cdmd.cnki.com.cn/Article/CDMD-10652-2009121472.htm

二、有限合伙在国外PE中发展的原因

（一）从比较法角度看有限合伙在国外PE中发展的原因

首先是法律政策环境的影响。有限合伙PE在英美两国呈现出不同的发展状况，实际上是两国不同的法律政策环境作用于有限合伙PE的直接结果。例如，美国的《投资公司法》和《投资顾问法》规定，如果公司制私募股权基金的投资者超过14人，对风险投资家就不得实行业绩报酬。这一规定限制了许多优秀的风险投资家的积极性，反而凸显了有限合伙制的灵活性和激励机制，于是许多优秀的PE人才加盟或创立了有限合伙制的私募股权基金。而英国《1907年有限合伙法》不仅直接限制了有限合伙的人数，而且对于投资者的退伙进行了限制，这无疑不利于有限合伙PE的募集，限制了有限合伙PE的发展。

其次是税收环境的影响。在美国法中，公司制私募股权基金要缴纳公司的资本收益税，这一税率曾高达49.5%，又要在其利润分配给股东后，由股东缴纳个人所得税，这种双重税负制度对公司制私募股权基金非常不利。于是出于避免双重税负的考虑，有限合伙制的税收穿透性受到私募股权基金的推崇，越来越得以采用。在英国法中，如上所述，由于信托制PE也具有相应的税收优惠，使得有限合伙PE并未显现出税收优势，因此在英国税收环境下，有限合伙PE并未像美国一样受到推崇，发展也相形见绌。

最后是投资者的门槛设定。1978年美国劳工部对《雇员退休收入保障法》的"谨慎人规则"的修改等，允许和放开养老基金进入私募股权投资领域，为有限合伙制私募股权基金提供了合适的投资者，增加了有限合伙人的范围，这极大地促进了美国有限合伙私募股权基金的发展。但在英国法律中，并未有相应扩大投资者的规定，并且由于有限合伙制本身的人数和投资退出局限，也制约了有限合伙PE的有效发展。

（二）探究美国有限合伙PE盛行深层次原因

在以上比较英美两国有限合伙制PE不同发展原因的基础上，我们下面进一步探究美国有限合伙PE发展的深层次原因。

1. 美国出台有至今世界上最健全的关于有限合伙PE的立法

有关美国有限合伙PE的立法比较多，除上面我们提过的《雇员退休收入保障法》、《投资公司法》、《投资顾问法》，其他比较重要的法律还有：作为有限合伙基本法的《统一有限合伙法》；还有其他与风险投资机构的筹资、投资、退出等一系列运作过程相关的法律，诸如《税法》、《保险法》、《担保法》、《知识产权保护法》、《政府采购法》、《证券法》、《证券交易法》、《信托契约法》、《证券投资者保护法》等法律；还包括美国各州、美国证监会（SEC）制定和发布的条例、规则，以及由各级法院作出的数以千计的判例。这些法律形成比较健全的有限合伙PE法律环境，不仅保障了有足够合格的投资者，也保障有充足的投资资金来源，而且在PE退出市场上也建立健全有关证券市场，保障PE投资退出问题。

美国目前的《统一有限合伙法》是一部较为完整、系统、独立的有限合伙法，其将有限合伙视为一种具有较大独立性的营业组织进行规范，不仅规定了有限合伙人的权利和义务，而且规定了普通合伙人的权利和义务，还规定了有限合伙组织与运行的方方面面。美国有限合伙立法的特点主要体现在以下几个方面：第一，有限合伙企业设立条件和程序简便和宽松，为市场融资大开方便之门，满足了不同阶层投资者的需要；第二，强调有限合伙作为商事主体的地位，淡化行政管理的强制性。基于此，美国的有限合伙法在有限合伙人的数量上并未作出限制，而且允许有限合伙人和普通合伙人的撤资，且程序简单，只需要履行对其他合伙人的通知义务即可。有限合伙企业设立的简易性、运行的方便性，使其在美国得到大力发展，极大促进了有限合伙制私募股权投资基金的发展。

美国在有限合伙制度上一直进行推陈出新，紧跟时代发展步伐，并且适时根据有限合伙实际运作状况进行改进和调整，契合有限合伙制PE发展需要。有限合伙制度作为美国私募股权投资（主要是风险创业投资）的主要组织形式，其形成与发展是技术创新和金融创新相互作用过程中逐步形成的一种创新制度安排，它适应了高新技术产业发展的特点。微软、苹果，甚至是著名的华尔街投资银行高盛公司，都经历了一个有限合伙—有限公司—上市公司的历程。因此，私募股权投资发展历史实际也是一部有限合伙立法的缩影和体现，两者相辅相成，相得益彰。

2. 美国有限合伙制度契合PE发展的理想关系构造和架构搭建

第一，有限合伙协议通过有效约定、灵活安排，保障了私募股权基金的有效运转。

有限合伙协议作为有限合伙制度的核心协议文件，相当于有限合伙企业的章程类文件，指导和规范有限合伙企业的运转。《统一有限合伙法》（1985）规定了有限合伙协议的基本内容，如规定了合伙人名称，存续期限，出资的形式及责任，合伙人的权利义务分配及责任的分担，入伙，退伙及解散等事项，规范了合伙人之间的内部关系，为不同的投资者按照自己的意愿安排合伙事务提供了方便。

另外，有限合伙协议会作出一些限制性规定。为了防止普通合伙人为追求高额回报而牺牲有限合伙人的利益，从事过度风险投资行为，合伙协议一般对合伙的投资作出限制，比如约定对一个企业或两个到三个最大投资项目的累计投资金额不得超过合伙基金总额的一定比例。这个约定对于分散风险具有积极的意义，可以一定程度上抑制普通合伙人的道德败坏行为。

第二，有限合伙制度的二元责任形式，可以有效满足不同主体利益需求。

有限合伙制度最大的优势在于其内部实行二元责任形式，既存在普通合伙人的无限连带责任，又存在有限合伙人的有限责任。这两种责任形式有机结合，既满足了基金管理者不用出资就可以管理基金的要求，又能满足投资者不用管理就可以获取投资回报的希望。并且有限合伙制度的责任安排为法律强制性规定，不允许当事人通过协议约定予以变更，即使普通合伙人内部通过约定按比例承担责任，对于有限合伙人以及有限合伙企业外部债务人也不具有法律约束力。

这样的责任制度安排，满足了部分资金充裕闲置投资者的投资需求，使得他们可以放心将资金让渡于有限合伙企业及普通合伙人管理经营，而不必担心承担超出投资范围的风险和责任，故满足其投资需求和风险规避责任限制的要求；另外，也会创造具有丰富管理经验经营者的管理能力发挥空间，并且通过无限连带责任也会对其加以有效约束，普通合伙人可以充分利用其管理经验、能力和资源进行经营管理，同时企业通过有关管理费以及业绩提成也会对基金管理者形成激励，促使其更加积极地经营管理基金，实现利益和业绩的有效统一。

当然，二元的责任也有利于有限合伙基金的内部主体利益统一，关系协调，有限合伙人与普通合伙人各尽所能，各司其职，激励和约束有效统一，各方利益与责任风险相匹配，这样使得有限合伙企业内部关系处于一种动态的制衡关系中，达到一种平衡和稳定的状态。

第三，有限合伙制度能够有效地解决运营成本和信息对称问题。

任何一种企业制度在运行时都会存在运营成本，而决定哪种企业制度最终可以得到更大范围适用，其中最重要的因素为运营成本的高低。公司制企业存在的最大问题是委托代理成本问题和信息不对称问题，公司制通过三会制度在一定程度上解决了委托代理成本和信息不对称，但是仍然存在职业经理人道德风险问题以及信息无法透明问题。而有限合伙制风险投资组织是一种契约关系，投资者与基金管理者主要通过合同联接，精心设计一些约束条款来保证利益、控制风险，如出资制度、组织存续期、分阶段投资、报告与会计制度等。而这些约定条款都是试图解决基金投资运作过程的一个基本问题，即降低基金管理者作为资金管理人而非所有者的代理人风险，并尽可能使得基金管理者与投资者之间信息对称。

另外，有限合伙通过合伙协议安排，把基金管理者的报酬与基金的经营业绩联系起来，这种安排可以促进基金管理者基于自身利益的考虑而尽全力促进基金利益的最大化，而此举可使有限合伙人的利益最大化。这也在一定程度上降低了企业内部委托代理成本，因为管理者与企业以及投资者利益存在趋同性，各方利益存在共同实现的多赢，而非一方获利另一方受损或者与此无关，这样有利于各方通过利益共同点捆绑在一起，实现发展方向和努力业绩的有效统一，这也会实现各方尽可能减少内部管理成本，实现信息透明和对称，实现企业利益和各方利益最大化。

三、有限合伙对国外PE发展的实际贡献

从以上对于英美两国有限合伙PE发展现状以及原因分析，我们可以看出，有限合伙制度在同样法系的两个国家呈现出不同境地的发展状况，但是无论如何，有限合伙制度在公司法人制PE以及信托制PE之外，提供了第三种可能性，通过美国成功的发展经历可以说明，国外有限合伙制度对于PE发展作出了实质性的和不可磨灭的贡献。

（一）有效解决基金投资者与管理者关系，构建稳健管理架构

有限合伙制度通过二元责任机制，有效调和了普通合伙人与有限合伙人的关系，各方基于不同的责任机制，确定了不同权利和义务，各方的利益和约束机制也有效结合在一起，有限合伙人通过出资放弃管理权力取得有限责任的好处，而普通合伙人虽不用出资或少额出资却需要履行管理责任并承担无限责任，并获得高于出资比例的回报激励。这样的机制，对于有限合伙人和普通合伙人实现了一种权利和义务的制衡，各方通过各自擅

长的专业、经验和资源的有效结合，实现了利益的最大化，同时也实现了PE内部关系的有效统一，这也构建了PE稳健的内部架构，保障PE可以持续有效地进行投资和运营。

（二）有效解决基金管理者道德风险问题，降低委托代理风险

有限合伙制度最大的优势在于，其可以通过普通合伙人与有限合伙人之间的约定分配各自权利义务，从而有效降低管理者道德风险。首先，在出资方面，虽然普通合伙人一般只承担1%的出资，但是一般其会先出资到位，并且约定发生亏损首先以普通合伙人出资抵偿，并且普通合伙人承担无限责任也决定其利益与实际基金紧密相关，所以其不大会出现道德风险问题。其次，在激励方面，实行普通合伙人与出资比例不一致的约定，而且其管理业绩越为突出和优异，其业绩提成将大幅提升；而当其业绩不突出或者无法达到协议约定要求时，普通合伙人不仅不能得到业绩提成，甚至可能平时的管理费也会成问题，这些安排将形成对于普通合伙人的极大激励。最后，在约束方面，有限合伙协议中会要求对于有关投资的特别约定，如不能对于同一家企业投资超过一定比例，超过一定比例投资需要经过什么决策程序。所以，有限合伙制度能够相对灵活方便地解决管理者风险问题。

（三）有效通过制度性安排解决管理成本问题，提高运营效益

有限合伙制由于其人合性特点，其一般不被视为企业法人主体，在制度安排上一般会直接针对合伙人，而不是有限合伙企业本身，这很大程度上降低了合伙企业本身应承担的法律责任，包括其本身不作为直接法律责任的承担主体，不作为直接税负承担主体。这样将避免出现双重税负问题，有效降低管理运营成本，并且可以有效解决PE作为投资专业工具区别于其他企业主体的问题。当然，税收问题基于各国情况不同效果不尽相同，比如英国信托制PE实行的税收优惠，使得有限合伙制PE并未体现出其优势，但是作为有限合伙制度而言，其本身存在的特点决定其税收管理成本是一

元的，可以避免双重赋税的问题。

另外，合伙人之间事先通过约定确认基金管理费方式，这在一定程度上确定了基金管理的固定成本，避免基金管理过程中发生其他不可预知成本。也就是说，通过普通合伙人承包经营方式彻底解决了运营费用问题。

（四）有效解决投资者管理和监管问题，有限责任得以实施

西方有限合伙制度在处理投资者有限责任问题上，创设了"安全港条款"和派生诉讼规则，使得投资者有限责任得以有效实施。作为基金的投资者，投资者可以在保证其有限责任的同时，履行对于基金投资运营监管职责和一定的管理职责，而不至于被认定为普通合伙人，承担无限连带责任。西方有限合伙制度创设了"安全港条款"，即有限合伙人如果不是实质性管理合伙企业，仅是在实行一些管理建议权、提议权或者督促权，其不会被视为对于有限合伙履行了管理职责，要求其承担无限连带责任。而派生诉讼，则是赋予有限合伙人一种权利——在普通合伙人或者管理机构侵害合伙企业利益，而普通合伙人以及呼唤企业怠于行使诉讼索赔权利时，有限合伙人可以直接向侵权人行使有关诉讼及索赔权利，这样将有利于有限合伙人切实保护投资利益，同时保护自身利益。

"安全港条款"和派生诉讼是涉及有限合伙人的两项重要制度，也是西方有限合伙制度发展过程创设的两项有关有限合伙人的有效制度，其有效解决了有限合伙人责任划分以及利益保护问题，解决了在有限合伙制PE中，有限合伙人参与管理责任划分疑难的重大问题，使得有限责任得以确实推行。

第二节　有限合伙在中国PE中的运用

有限合伙在中国出现的时间并不长，但是自从其在法律上得到确认以来，有限合伙制PE已经得到较为长足的发展，成为在公司法人制、信托制以外的另一选择形式，并且其发展前景也呈现较好的态势。

一、有限合伙在中国PE中的运用状况

虽然有限合伙制度正式得到法律确认是在2006年《合伙企业法》修改之后，但是中国的有限合伙PE发展却在这之前已经开始，中国的有限合伙PE（特别是风险投资机构）与有限合伙制度的发展有着密不可分的关系。

（一）地方立法促使有限合伙PE萌芽

如第一章所述，有限合伙的立法并非直接由全国人大启动，而是源于地方性的立法，比较典型的有北京、深圳、珠海三地分别出台的有关有限合伙的地方法规，而上海、浙江、江苏、广州等地也颁布了有关私募股权基金的立法与政策。这些地方性的立法与政策为有限合伙制私募股权基金的萌芽创造了良好的环境。但尽管如此，由于我国以前的全国人大立法并

无关于有限合伙的规定，所以各地都把有限合伙作为风险投资组织形式的适用范围，控制在很小的地域范围内，如北京市只限定在中关村科技园区、深圳市只限定在深圳适用，具有很强的地方区域性。而且，国家立法的滞后也导致了一些有限合伙PE的夭折。典型案例如"天绿创业中心"的被"叫停"事件。可见有限合伙PE在中国的发展，在法律正式确认之前还是阻力重重。

【信息链接】

"天绿创业中心"被证监会叫停[①]

北京市《中关村科技园区条例》和《有限合伙管理办法》颁布后，全国首家采取有限合伙形式的创业投资企业，即北京天绿创业投资中心（中国第一家有限合伙创业投资机构）宣告成立。由于有限合伙的名称登记不能采用"公司"字样，该有限合伙便冠以"中心"之名。该有限合伙的有限合伙人是新疆天业股份有限公司和新疆石河子开发区经济建设发展总公司，其中新疆天业股份有限公司为上市公司，它们分别出资4 000万元和950万元；普通合伙人是北京新华信企业管理咨询有限公司，该公司出资50万元。

不料未及一年，新疆天业股份有限公司在披露的年报中就称"由于有限合伙没有明确的法律依据，为规范公司行为，决定从北京天绿创业投资中心撤资"。该事件发生的背景是，中国证监会则按照《合伙企业法》，明文规定上市公司对外投资不能承担无限连带责任，故此在核查"天业"的经营报表时，认为其投资违规，必须纠正。"天业"无奈，只得退出。"天业"撤资，并不是因为其投资行为违法，而是当时国家的法律法规没有明确规

---

① 资料来源：郭卫锋.论我国有限合伙立法及其在创业投资领域的实践，http://www.tedaonline.com/disp_sh.asp?id=41446

定有限合伙这种形式。对"天业"在"天绿"的投资、财务、纳税、收益
分配、信息披露等的监管，证监会无"法"援引。

（二）部门规章加速有限合伙PE的发展

2003年3月1日对外贸易经济合作部颁布实施的《外商投资创业投资
企业管理规定》第四条规定了"创投企业可以采取非法人制组织形式，也
可以采取公司制组织形式"。采取非法人制组织形式的创投企业（以下简称
"非法人制创投企业"）的投资者，对创投企业的债务承担无限连带责任。
非法人制创投企业的投资者，也可以在创投企业合同中约定在非法人制创
投企业资产不足以清偿该债务时，由第七条所述的必备投资者承担无限连
带责任，其他投资者以其认缴的出资为限承担责任。从这种"非法人制创
投企业"责任承担的方式可以看出，它其实采取的就是有限合伙的组织形
式，这种对混合责任制的承认实际上是对有限合伙的承认，只是没有使用
"有限合伙"的概念罢了。

当时中国法律还没有确定有限合伙的法律地位，《外商投资创业投资企
业管理规定》的制定者希望利用中外合作经营企业法允许采取非法人制形
式的规定，创造性地提出了非法人制创业投资企业的概念，以回避直接表
述为有限合伙，其目的在于借"非法人制中外合作创业投资企业"之名行
"有限合伙"之实，并大力倡导在创业投资领域应用该组织形式。《外商投
资创业投资企业管理规定》的出台，使得外资PE在中国可以采取其较为熟
悉的有限合伙制度，对于外资PE在中国直接设立机构起到了积极的作用。
而在这之前，外资私募股权投资机构通常采取"离岸设立＋办公室"的方式，
即在离岸金融中心如开曼群岛（Cayman）、英属维尔京群岛（BVI）、百慕
大（Bermuda）等地设立有限合伙制私募股权基金，并在中国境内设置相
应的办公室，来开展境内的股权投资业务。

【信息链接】

赛富成长基金（天津）创业投资企业①

赛富成长基金（天津）创业投资企业（以下简称"赛富"）是中国第一家非法人制中外合作创业投资企业，合作双方是国际顶级创业投资基金——软银亚洲信息基础投资基金（SAIF）和天津市政府所属的天津创业投资有限公司（TJVC）。该基金于2004年获得商务部批准，2005年1月获得企业营业执照。基金注册地在天津市经济技术开发区，首期规模为5 000万美元，目标是1亿美元。基金的宗旨是通过购买、持有及变卖组合投资以实现长期资本升值，也可以与其他投资方共同投资于某一个目标公司，构成一个组合投资。基金投资领域为信息通讯、汽车电子、集成电路等高新技术领域，重点突出宽带网络、无线通讯。

该基金是中国第一个合资创业投资基金，对中国创业投资业起到很强的示范作用。该基金的最大创新之处在于借用非法人制形式，施行"有限合伙"的国际惯例。基金设立的主要法律依据为《中华人民共和国中外合作经营企业法》、《外商投资创业投资企业管理规定》等相关法律法规。

（三）法律落定确立有限合伙PE的地位

2006年8月全国人大通过《合伙企业法》的修改，正式确定有限合伙制度，并以专章予以规定，在"立法说明"开章明义地指出，有限合伙"这种组织形式主要适用于风险投资，由具有良好投资意识的专业管理机构或个人作为普通合伙人，承担无限连带责任，行使合伙事务执行权，负责企业的经营管理；作为资金投入者的有限合伙人依据合伙协议享受合伙收益，对企业债务只承担有限责任，不对外代表合伙，也不直接参与企业经营管

---

① 资料来源：郭卫锋.论我国有限合伙立法及其在创业投资领域的实践，http://www.tedaonline.com/disp_sh.asp?id=41446

理。根据我国建设创新型社会的需要，为鼓励推动风险投资事业发展，草案增加'有限合伙的特殊规定'一章"。

由此，这次修改《合伙企业法》，适应了私募股权基金行业的发展，同时为市场主体提供更多的企业组织形式，引进了有限合伙企业制度，并以专章的形式对其进行规定。实际上，此次修订的最大成果就是有限合伙制度的确立，从而为境内私募股权投资基金的发展提供了又一个发展路径，这也必将推动有限合伙制私募股权基金在我国的发展。

在有限合伙制度在法律上刚被确立不久，全国各地就出现有限合伙制PE。2007年6月，全国首家有限合伙制PE深圳南海成长股权投资基金成立；2007年7月，上海第一家合伙制私募机构朱雀投资发展成立；同月，温州东海创业投资合伙企业挂牌；2007年9月，北方地区首家民营有限合伙制PE青岛葳尔创投成立。2008年1月，北京第一家有限合伙制PE红石国际创业投资成立。

【信息链接】

2009年度中国私募股权基金市场新募资金类型[①]

从新募基金的类型来看，2009年度的大部分月份中，无论从完成募集基金数量上还是新基金募资金额上有限合伙制基金都占据绝对领先的地位，仅有5、7、8三个月公司制基金类型超越有限合伙制基金类型占据主导。这说明我国与其他国家一样，在基金成立时主要采用的组织类型是有限合伙制。具体数据如图2-1所示。

---

① 资料来源：2009年金融街PE中国私募股权市场募资研究报告，http://www.jinrongstreet.com/report_neirong.asp?id=8963

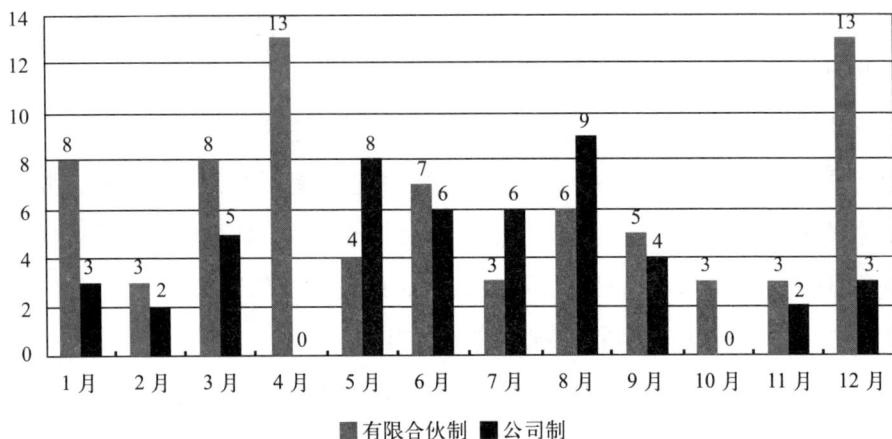

图 2-1　2009 年度 1~12 月新募基金类型分布（单位：只）

数据来源：金融街PE（JRS-PE）

（四）外资有限合伙PE艰难突进

《合伙企业法》2006 年确定了有限合伙制度，但是对于外资设立有限合伙却没有作出明确规定，只是规定"外国企业或者个人在中国境内设立合伙企业的管理办法由国务院规定"。而国务院直到 2010 年才出台了《外国企业或者个人在中国境内设立合伙企业管理办法》，有关外资PE中采用有限合伙制也在行政法规层面上得以确立。

但是该办法仍然未能详细具体地就外资有限合伙制PE作出规定，虽然该办法出台后，有关外资有限合伙PE在各地方（特别是上海、北京、天津、深圳等地）逐渐寻求设立途径，但是面临着"142 号文"的门槛，外资有限合伙PE设立过程存在着诸多不便，外资有限合伙PE设立依然困难重重。但是随着QFLP试点方案的出台，外资有限合伙PE将迎来发展的新时期。

【信息链接】

QFLP方案破局：京沪将成为第一批试点城市[①]

热议已久的合格境外有限合伙人（Qualified Foreign Limited Partner，简称QFLP）投资制度迎来破局，北京和上海将成为第一批试点城市，如无意外，最终批文将于春节前正式公布。

这次QFLP试点，允许已有项目的外资PE在基金层面进行结汇，其额度为30亿美元左右。额度批给各地金融局后，获得QFLP资格的外资PE可直接通过托管账户办理结汇。

外资PE的业绩水平是入选QFLP的主要衡量标准。第一批进入上海QFLP候选名单的外资PE包括凯雷复星人民币基金、黑石集团和软银赛富等。而2010年7月，凯雷集团也已与北京市政府合作建立了基金管理公司，计划募集人民币基金。

除了北京和上海，包括天津、重庆等其他城市也在积极争取。"如果其他城市也在争取进入首批试点，审批过程可能会耽误总体政策出台的时间。"接近北京市金融局的人士担忧。

此外，国家货币政策由宽松进入稳健，也为QFLP政策出台添加了几分不确定性。

QFLP政策的呼声由来已久，但政策推出鲜有进展，因此之前多家PE仍处于观望状态，但据接近地方金融局的人士透露，目前许多知名外资PE已经私下跟北京、上海两地金融局沟通，希望在有限的额度中分一杯羹。

QFLP制度仿照A股市场的QFII制度，给予投资私募股权市场的外资有限合伙人（Limited partner，简称LP）一定的人民币换汇额度，将资本金换成人民币，投资国内企业，在获得收益之后，通过托管账户将所得人民

---

① 资料来源：刁晓琼，陈子凌.QFLP方案破局：京沪将成为第一批试点城市，http://finance.sina.com.cn/china/jrxw/20110107/09319217877.shtml

币换成美元退出。

目前，外资PE普遍做法是在国内设立基金公司，作为一般合伙人（General Partner，简称GP）来管理旗下基金。一个外资GP可能同时运作外币和人民币两种基金，但都是独立运作，而美元LP的资金不能换成人民币，只能以美元的形式投资。

二、有限合伙在中国PE中的运用特点

有限合伙在中国PE中的运用时间并不长，短短10年时间，其发展尚属于起步阶段，这也决定其不可能达到美国有限合伙制PE成熟的发展水平，相关的制度法律环境还属于比较初级的阶段，而且发展状况更是与有限合伙制本身有不相吻合的地方，其发展呈现出与其发展环境相关的鲜明特点。

（一）官方主导色彩比较浓厚

从有限合伙最初在地方立法的尝试、部门规章的试验，到最终法律上的确认，这也是有限合伙PE在中国发展的真实历程，而且可以看出这一过程背后的推手，实际是以地方政府为主导的官方机构。随着各地方高新技术园区的建立，出于发展高新技术企业需要，急切需要有关风险投资机构的投资，而由于风险投资机构的特殊性，其对于投资内部机构的要求，对于有限合伙制度的出台有着天然的要求，由此地方政府为适应风险投资的发展需要，在自己职权范围内出台有关有限合伙制度的规定。这方面尤其以北京、深圳较为显著。北京就中关村科技园专门出台有限合伙管理规定，在中关村科技园适用；而深圳市则利用其经济特区立法权，针对其高新技术园区出台有限合伙管理规定。

而在法律上确定有限合伙制度后，热衷于私募股权基金发展的地方政

府更是为推行有限合伙制度不遗余力。这方面以天津、上海和北京最为突出。天津一直以来以发展金融中心为其工作重点和目标，而私募股权投资基金无疑是金融中心的重点，为促进有限合伙私募股权基金在当地的落户，天津在税收、审批、外汇方面出台了一系列优惠政策。在税收方面，LP如果是自然人出资人，则税收比其他地的税收要低一半左右；在审批方面，天津市工商局2007年11月印发了《关于私募股权投资基金、私募股权投资基金管理公司（企业）进行工商登记的意见》，加快有限合伙私募股权投资基金的审批注册时间；而在外汇方面，在1亿元以下，允许基金中外资的部分汇到外汇账户中，当有关项目投资获得批准，其将相关的材料报到天津外汇管理局，天津外汇管理局批准以后，便可以直接到天津当地的银行进行换汇。而北京和上海在《外国企业或者个人在中国境内设立合伙企业管理办法》，纷纷出台地方有关外资PE的规定，诸如《在京设立外商投资股权投资基金管理企业暂行办法》、《浦东新区设立外商投资股权投资管理企业试行办法》、《浦东新区促进股权投资企业和股权投资管理企业发展的实施办法》，这些规定主要针对外资股权投资管理公司，而外资PE中，很多时候普通合伙人即是基金管理人，因此这对于外资有限合伙制PE起到积极的促进作用。

（二）有限合伙制PE尚处于一种试验和试错状态

有限合伙制自2006年《合伙企业法》修改确定后，陆续被私募股权基金所采用，逐渐打破了原先主要以公司制基金一统天下的局面。但是我们也可以发现，有限合伙PE在中国的发展并非一帆风顺。比较典型的如东海创投投资有限合伙企业，作为浙江首家有限合伙私募股权基金，其在2007年7月注册成立，而后不到一年的时间即告封盘，其中突出的矛盾就是，作为基金管理人的普通合伙人和作为投资者的有限合伙人之间就基金投资存在着重大意见分歧，有限合伙人并不甘心于只投资不管理，而是通过设立合伙人联席会议，由该会议全权负责企业的投资，甚至于企业的每笔资金的流动都需通过联席会议上合伙人的批准，虽然普通合伙人以基金管理人的身份参与意见，但更多地扮演找项目和项目执行的角色。颠倒了GP和LP的角色，更是与有限合伙制度的出台目的背道而驰并且与其本质有着巨大的差别。

像这样类似的中国本土化的有限合伙PE试验还有不少，不少私募股权基金形式上采取了有限合伙制度，但是其未按照有限合伙制度设置内部治理机构，内部主体关系未能遵循有限合伙制度安排，而更多加入了一些随意性和人为的因素，这也说明这一制度在中国的适应还需要一个过程，对于有限合伙制度的理解和运用还需要更多的实践考验。而我们发现在实践中出现的问题，也与我们有关有限合伙的立法存在的一些缺陷有着密不可分的关系。诸如《合伙企业法》明确规定有限合伙人不得执行合伙事务，不得对外代表企业，但是并未明确规定如果有限合伙人执行合伙事务、对外代表企业将承担什么责任。而有关有限合伙人"安全港"原则，《合伙企业法》第六十八条虽然进行了列举性规定，但是是否可以穷尽有限合伙人参与有限合伙事务管理也不无疑问，这还有待于实践进一步考验和调整。

另外基于法律法规规定的简单或不全面，且有限合伙制度为舶来品，其要融入中国环境也需要实际操作人一些具有创造性的运作，由此我们可以看到，一些在西方有限合伙制PE下，关于PE本身、关于GP、LP的惯例做法，（诸如合伙协议、组织机构设置）在中国本土环境下进行有中国特色的调整，或者根据本土情况进行特殊约定（诸如投资协议、私募投资术语），这些约定在不违背法律法规前提下，尽可能尊重当事人的自由意愿，并以实现各自愿望为目的，达到一种有效的巧妙安排。这些自主和创新的安排，都将显现出有限合伙PE在中国的发展还处于一种调整和发展过程中，处于一种不断试验和检验的过程中。

（三）受到本土宏观环境深刻影响

有限合伙制度在英美两国不同的发展境地已经说明，这一制度在不同国家会呈现出不同的发展状态。特别由于有限合伙制PE受到国家税收环境、退出渠道、投资环境等宏观环境比较明显的影响。

诸如税收环境，虽然有限合伙制PE具有税收穿透性，PE本身不是纳税主体，但是在中国环境下，是否其就必然比其他形式的PE具有更多的税收优惠？根据《关于促进创业投资企业发展有关税收政策的通知》的规定，符合规定条件的公司制创业投资公司，可以享受从应纳税所得额中抵扣其投资额的70%的所得税优惠。其中并不包括有限合伙制的私募股权投资基金，这样使得有限合伙制私募股权基金反而税负最重。因此，为了公平税负，并充分发挥有限合伙制对私募股权基金发展的促进作用，鼓励投资者参与有限合伙制私募股权基金，应允许有限合伙制私募股权基金比照该通知，从申报的应纳税所得额中抵扣其投资额的70%后，再将剩余的所得分配给其合伙人，并由合伙人分别依法缴纳企业所得税或者个人所得税。

就退出渠道而言，在合伙企业可以开立证券账户之前，有限合伙制PE投资后，希望通过上市退出无疑存在着重大的障碍，也极大地制约了有限合伙制PE的发展；随着创业板等开通，多层资本市场的发展和完善，进一步丰富了包括有限合伙制PE在内的私募投资基金的退出渠道。而有限合伙制PE的更深入发展恰恰有待于退出渠道的进一步完善。

就融资渠道而言，由于我国现行机构投资者，诸如商业银行、政策性银行、保险公司、证券公司、企业年金、信托公司等，是否可以投资有限合伙PE尚处于一个逐渐放开和试验的过程，现阶段政策性银行、全国社保基金、证券公司、信托公司已经加入或者逐步加入私募股权投资人的行列。随着这些机构投资者限制的放开，这必将为中国有限合伙制PE的发展带来充足的资金来源，有限合伙人的构成更加趋于丰富和多元化。这都给中国有限合伙PE带来深远的影响。

另外，还有外汇环境对于外资有限合伙PE的影响。随着国际货币宽松政策以及国内货币紧缩影响，外汇管制也进一步加强，外资PE的募集设立以及投资受到更加严格的监管，在这种情况下，外资普通合伙人在中国设立有限合伙PE，或者外资有限合伙人投资有限合伙PE，都受到或多或少的影响，现中国有限合伙PE受到宏观环境的影响因素是比较明显的。

最后，中国的信用制度尚未完全建立起来，有限合伙制PE发展时间较短，成熟的基金管理人比较缺乏，这些对于有限合伙PE的发展也有着直接影响，基金管理人责任承担能力，以及基金管理能力影响着有限合伙PE的健康发展。

三、有限合伙对中国PE发展的影响

有限合伙作为西方特别是美国最为通行的私募股权基金的形式，其在引进中国之初，立法者以及业内人士就希望其可以对中国私募股权投资特别是风险投资带来深远的影响，希望其可以促进中国的风险投资得以长足的发展。从不到10年的发展历程来看，中国有限合伙制PE的发展逐渐从星星之火发展起来，成为人们寄予厚望的未来中国PE形式之一。

（一）丰富了中国PE形式，提供了第三条路径

在有限合伙制度在法律上确认之前，中国私募股权投资基金主要形式为公司制，并且由于对于合伙企业上市的限制，也大大制约了有限合伙制私募股权基金的发展。所以直至今日，私募股权基金在中国仍然以公司制为主体，大多冠之于"投资有限公司"或者"投资管理有限公司"，一般人很难从公司名称上看出其与私募有任何关联。但是由于公司制本身的一些特点，其与私募股权发展有着不相匹配的地方，诸如双重税制，诸如出资制度等，在一定程度上制约了私募股权基金的发展。由此，自中国风险投资兴起之初，业内人士一直希望引进西方比较成熟的风险投资机构的企业形式，即有限合伙制度。从10年前的地方立法小范围进行试验，到最终

法律上确认，这说明了有限合伙制度在中国PE发展中有着其不可替代的地位，有着其独特的发展空间。

有限合伙制在西方与风险投资发展的相伴相行，说明了两者有着彼此契合之处，诸如灵活的出资制度、二元的责任机制、良好的激励约束体制、更多地尊重当事人的意愿表示等，这都与私募股权投资基金的投资工具以及私募特点有着较多共通之处，这也是其在西方特别是美国私募股权投资基金中得到长足发展的根本原因。而在中国环境下，虽然与西方政治经济法律有着诸多不同，但是基于同样的投资要求、资金募集以及责任风险规避要求，有限合伙制度同样有着其发展的土壤，因此可以想象，有限合伙制PE在私募股权投资基金发展过程中有其独特的优势，有限合伙制PE在近几年的良好发展态势正好印证了这一点。

（二）深入考虑治理优化问题，促使PE更优化发展

有限合伙有着适合PE的基本因素，有限合伙具有适合PE的一般商业模式的完整结构，其通过普通合伙人与有限合伙人关系的有效构建，创建适应于PE商业结构的法律结构，而这种结构是一种开放的法律结构，允许各方在内部形成不同的角色定位，同时也给以各方在合伙企业的管理与控制方面不同的角色定位，而这种灵活性为创建科学高效的治理结构提供了可能，该结构给予投资管理人自己所需要的控制程度，也就是说，给予投资者在特殊领域和特殊情形下的控制权，并且有限合伙企业法律通过强制性规则和选择性规则，在某种程度上提供了一个宽泛的多样性结构。有限合伙有相对比较科学的资本结构，是能区别对待资本贡献以及损益分配的资本结构，其还为创建有限寿命闭锁式的基金结构提供了方便，有限合伙企业法律特别强调了有限合伙企业的有限寿命、退出以及清算事宜。

在中国PE的发展过程中，在公司制与信托制之外，再加上有限合伙制，构成了中国PE比较完整的形式，各种形式之间可以相互借鉴，取长补短。而有限合伙制PE无疑在治理结构、资本结构、投资效率等方面具有相对于公司制、信托制更突出的优势，本土PE在考虑设立基金时，可以借鉴有限合伙PE的优势和特点，进一步优化自身。在实践中，各种不同形式的基金相互之间可以借鉴，共同构建更为合理科学的基金架构。

（三）积极改进中国PE发展环境，促进整体经济发展

有限合伙PE的发展对于客观环境的影响比较显著，诸如合伙企业被允许开立证券开户就是一个显著的例子，随着有限合伙PE投资活动越来越活跃，退出渠道最终放开势在必然；而有限合伙PE的发展对于外汇管制的影响也很明显，即将进行的GFLP制度的试点已经触及外资PE发展的主要门槛；而对于有限合伙人的数量增加和进入门槛的降低，必将进一步推进机构投资者涉足私募投资，拓宽有限合伙PE的融资渠道；而信用制度环境的完善，普通合伙人品牌和管理能力的进一步提升，将为PE创造良好资本运作环境，并提供一大批优秀职业经理人，这将大幅度提高中国PE的管理水平和投资水准，无疑也将进一步提高中国PE的整体运作水平。

由此可见，有限合伙PE的发展在进一步拓展其发展空间，优化外围发展环境的同时，其实也在进一步优化整个PE市场环境、法律和经济环境，整体提高中国PE发展水平，这对于中国经济，特别是包括高新技术等新兴行业在内的发展来说无疑是福音。

第三节　中国PE选择有限合伙制的考虑因素

一、有限合伙PE与类似制度比较

（一）有限合伙PE与普通合伙PE的比较

有限合伙PE和普通合伙PE都属于合伙制PE，一般而言，PE更倾向于采用有限合伙制，有限合伙制在国外更普遍适用PE中，成为PE比较流行采用的组织形式。但是采用普通合伙制的PE并不少见，即PE内部主体为GP+GP，而非有限合伙制的GP+LP。2010年《外国企业或者个人在中国境内设立合伙企业管理办法》刚出台，凯雷复星（上海）股权投资企业即在上海成立，其取得了全国首张外资股权投资合伙制企业营业执照，而凯雷复星（上海）股权投资企业就是普通合伙制的PE。

1. 有限合伙PE与普通合伙PE的相同点

有限合伙PE和普通合伙PE都是合伙制PE，其法律基础是合伙制度，两者存在诸多共同点。

（1）普通合伙人资格方面。无论是有限合伙PE，还是普通合伙PE，普通合伙人资格是一样的。《合伙企业法》规定除非有限合伙企业及其合伙人有特别规定，否则应适用普通合伙企业及其合伙人的规定。《合伙企业法》并未就有限合伙企业普通合伙人作出特别规定，因此有限合伙企业普通合伙人适用普通合伙企业普通合伙人资格规定。

（2）对外责任承担方面。无论是有限合伙PE还是普通合伙PE，都保持了无限责任的特征，在普通合伙PE中，所有合伙人均对合伙企业债权人承担无限责任。在有限合伙中，一个或一个以上的一般合伙人应对合伙企业承担无限责任。

（3）纳税形式方面。有限合伙PE和普通合伙PE都是合伙企业，在纳税方面，两者均不作为直接的税负承担对象，而由PE内部的合伙人作为直接的税收缴纳主体。

（4）在合伙的设立、变更、终止程序方面。有限合伙PE和普通合伙PE在设立、变更、终止程序等方面存在许多相似之处，如对重要事项的设立、变更必须依法履行登记手续，等等。在《合伙企业登记管理办法》中也没有就有限合伙企业和普通合伙企业设立、变更、注销作为区别性规定，故统一予以适用。

（5）合伙协议是合伙存在的基础。不论是有限合伙PE，还是普通合伙PE，其存在的基础都是基于合伙协议。合伙协议为合伙人就合伙的一些具体内容，如合伙名称、合伙人的权利义务、利益分配、亏损承担、合伙存续期限、合伙人出资方式、合伙解散等达成合意，签订合伙协议，没有该合伙协议的存在，无论是有限合伙PE，还是普通合伙PE就不能产生。

2. 有限合伙PE与普通合伙PE的不同点

（1）在合伙人的组成方面。在普通合伙PE中，所有的合伙人具有相同的地位，合伙人都承担无限责任。而在有限合伙PE中，存在两种合伙人：普通合伙人和有限合伙人。而有限合伙人提供资金并以其出资为限承担有限责任。这是有限合伙PE和普通合伙PE最大也是最明显的区别。

（2）主体范围方面。因为有限合伙PE中，有限合伙人主要为向PE提供资金，其并不实际参与PE的经营管理，所以法律上并未有太多限制，有限合伙人可以是自然人、法人、非法人组织等任何民事主体，甚至还包括外国人、无国籍人、外国企业和其他组织等。然而由于普通合伙人实际参与PE的经营管理，并且承担无限连带责任，因此大部分国家对于普通合伙人资质都有一定限制，并非所有主体都可以担当。从我国《合伙企业法》的规定也可以看出，国有独资公司、国有企业、上市公司以及公益性的事业单位、社会团体不得成为普通合伙人。由此，有限合伙人的主体资格要远远广泛于普通合伙人的主体资格。

（3）合伙的稳定性。在有限合伙PE中，有限合伙人一般负责PE99%以上的资金，他们是PE的主要资金提供者，该出资一般根据PE投资需要分期到位，实行承诺制出资方式。而在PE内部管理方面，有限合伙人一般不可直接干预经营活动，因为他们仅是扮演着投资者的角色。但为了维护他们自身的利益，有限合伙人有权对企业的经营状况作全面了解，同时普通合伙人也有义务向有限合伙人报告有限合伙企业的经营状况。与之相反，有限合伙PE中的普通合伙人主要负责PE的内部管理和外部投资，他们对PE仅提供带有象征意义的极少部分的资金，普通合伙人对于PE具有重要的影响和作用。因而，有限合伙人的变动，即有限合伙人的入伙和退伙或丧失行为能力等对有限合伙组织并不会产生实质性的影响。有限合伙人入伙、利益转让、变更、病故等因素并不必然导致有限合伙的解散。而对于普通合伙PE，如果出现其中普通合伙人的退伙或者丧失行为能力的情况，将对普通合伙PE产生重大影响。

（4）合伙人权利义务的范围。无论是有限合伙PE还是一般合伙PE，合伙人都须为PE的债务承担责任，只是对于有限合伙人来说，他们仅以其出资额为限，对合伙组织的债权人承担有限责任，而一般合伙人则须对合伙组织的债务承担无限责任。根据权利义务相对应的原则，他们享有的权利范围也不同。例如作为有限合伙人，无权参与合伙组织的经营和管理，也无权干涉一般合伙人对合伙组织的管理事务，而且有限合伙人也无权对外代表合伙组织。

（5）合伙人与合伙组织的关系方面。无论有限合伙PE还是普通合伙PE，普通合伙人在合伙组织中扮演的角色实际上是企业主的角色。他们主要负责PE的经营、管理，对外代表PE与第三人进行交易。一旦合伙企业发生债务，一般合伙人须向合伙企业的债权人承担无限连带责任。

但是有限合伙PE中的有限合伙人则不同，其所扮演的角色是一种投资者的角色。有限合伙人须向PE负责出资，这是有限合伙人一项重要的义务。但有限合伙人并不参与合伙企业的经营管理，无权对外代表合伙企业组织。一旦PE发生债务，他们仅以其出资为限，对合伙组织的债务承担有限责任。基于有限合伙人在有限合伙PE中扮演的这种"投资者"的角色，使他与合伙组织的关系相对于普通合伙人较为松散。因此，有限合伙人具有较大的独立性，这使得有限合伙人可以同时担任若干有限合伙组织的有限合伙人，即有限合伙人一般不受竞业禁止的限制。

3. 有限合伙PE的优点综述

从以上对有限合伙PE和普通合伙PE的比较分析中，可以看出，有限合伙PE具有下列优点：

第一，在普通合伙PE中，每个合伙人均有参与管理的权利，对PE的内部管理、外部投资等有较多的控制权和发言权，这对于合伙的发展无疑是有利的，因为这样可以集思广益，培养每一个合伙人的参与意识；但这种经营管理方式也确实存在着很大的弊端，每一个合伙人都有权参与管理，导致合伙权利的分散，决策效率的下降，不利于企业管理的集中和统一，不利于实行科学化的管理，在市场竞争日益激烈的今天，这对合伙是非常不利的。而有限合伙PE恰恰能克服这一弊端，因为在有限合伙PE中，有限合伙人只负责出资并在出资范围内对合伙债务承担风险的义务，他不享有合伙组织的经营管理权，只享有分享合伙利润的权利，而普通合伙人以自己的名义独立对合伙组织行使经营管理权，行使权利时不受有限合伙人的制约，有利于普通合伙人根据瞬息万变的市场需要，及时作出正确的决策，维护PE的利益，同时也有利于对PE实行高效、集中和科学的管理。

第二，在普通合伙PE中，由于每个合伙人对合伙债务都承担无限连带责任，因此，一旦合伙经营失败，合伙人不但得不到合伙财产，而且还要用个人财产偿还合伙债务，很容易导致合伙人倾家荡产；在有限合伙PE中，有限合伙人仅对合伙债务承担有限责任，即以其合伙出资额对合伙债务承担有限责任，这就减轻了有限合伙人的风险责任，即使PE投资失败出现，有限合伙人的个人财产也不受任何损失，这可以吸引很多人入伙，有利于PE的资金募集。

（二）有限合伙制PE与公司制PE、信托制PE的比较

1. 公司制PE与信托制PE

除了在美国比较盛行的有限合伙制PE外，公司制PE和信托制PE也是PE采用比较多的两种形式。

顾名思义，公司制PE即采用公司法人制的私募股权基金，投资者即作为公司的股东，私募股权基金作为公司形式存在。公司制PE涉及主体主要包括投资者和管理层两部分。公司制PE一般会存在自我管理和委托管理两种形式，自我管理即PE自身运用基金资产对外进行风险投资，委托管理即委托专业基金管理公司进行管理。一般而言，专业基金管理公司具有丰富的基金管理经验，委托专业基金管理公司进行管理比成立新的管理机构自行管理的成本低，更符合经济效益原则。而且事实上，委托管理的模式中，基金管理公司往往就是PE的第一发起人或主要发起人。我国目前设立的私募股权投资基金很多就是以委托专业基金管理公司进行管理的方式存在。

而信托制PE即采用信托制的私募股权基金，在中国现阶段实际只能采用集合信托计划这种形式开展。该种形式PE一般会涉及投资者（受益人）、基金管理公司和基金托管人三方，三方之间的法律关系是建立在基金合同

基础上的信托关系。投资者和基金托管人之间是一种信托关系，基金托管人作为受托人，负责保管基金的资产并对基金的运作进行监督，投资者作为受益人享有基金受益权。而基金管理者与二者又是一种合同关系，依照基金合同负有管理和运作基金资产的责任。

2. 有限合伙制PE与公司制PE

一般而言，公司制PE存在着以下优势：第一，公司制本身是法人主体，建立公司制PE能建立一个完善的法人治理结构，便于公司内部治理，实现民主科学的管理。第二，现行法律环境下公司制PE具有一定的税收优惠。特别是按照现行的税收管理办法，有一个间接的税收优惠，公司制基金本身可以抵扣基金的所有收益，其中包括20%的业绩报酬都可以用作抵扣。第三，设立公司制PE能够获得充分的法律保护，因为现行有关公司立法较为健全，比较易于评估和预测有关风险。第四，公司制PE的股权转让不会影响另外的股东和公司的稳定。因此，公司制股东要退出也很容易，不会影响公司的存续。

相比较而言，有限合伙制PE具有以下特点：第一，合伙制本身虽然是否是法人实体，在法律上存在一定争议，但是有限合伙制PE内部有限合伙人与普通合伙人之间可以通过协议约定实现一定的治理结构，特别是通过基金管理人管理PE，与严格的公司内部治理相比较有自己的特点和优势。第二，虽然现行环境下公司制PE占据着一定的税收优势，但是其无法避免双重税收问题，即不仅公司层面征税，而且股东层面还需征收；而有限合伙制PE本身不作为税收主体，只在合伙人层面征收税收，有效降低税负，随着有关税负政策的梳理和明朗，相信有限合伙制PE必将逐渐呈现出税收的优势。第三，有关政策法律环境，目前虽然公司制明显地比较健全，但是有限合伙有关法律法规也在进一步出台和完善，而且有限合伙本身其实可以通过合伙人之间合伙协议约定等实现对于有关风险的规避和预判，有关有限合伙制度构建国外已经有比较成熟的经验可以借鉴。第四，有关组织的稳定，有限合伙制PE其实通过合伙人之间约定搭建内部结构也可以实现组织的稳定，并且可以更为充分体现合伙人的自由意志。第五，有限合伙制PE其实最大区别于公司制PE的优势在于，其可以通过内部合伙约定实现有限合伙人与普通合伙人之间激励约束机制，在体现合伙人自由意志的同时，实现了对于合伙人的激励约束。

3. 有限合伙制PE与信托制PE

信托制PE比较明显的优势有：第一，通过信托基金管理公司专业管理，可以实现私募股权基金的专业化管理，低成本运作；第二，通过托管银行监管资金运作，可以保证基金高度的资金安全性；第三，一般信托基金为开放式，投资人退出机制较为灵活方便；第四，信托制PE不作为实体法人，可以免于双重征税。

相比较而言，有限合伙制PE具有以下特点：第一，有限合伙制也可以实现专业化管理，一般普通合伙人都是PE业界的投行专家，其个人经验和专业以及背后的管理团队可以保证PE的专业化管理；第二，有限合伙制PE也可以通过与银行或信托机构合作，实现资金监管，保证资金的高度安全性；第三，相比较信托制，有限合伙制在证券开户后更易于退出，信托制PE至今在上市退出上依然存在障碍；第四，有限合伙制同样不作为纳税直接主体，具有税收穿透性，可以免于双重税收；第五，相比较于信托制PE，虽然两种形式都比较松散和尊重投资主体的自由意志，但有限合伙制PE比信托制PE无论是内部架构还是治理上都更加稳定和完善，更易于开展有关股权投资。

4. 三种形式PE的综合比较

三种形式PE的综合比较如表2-1所示。

表2-1　三种形式PE的综合比较

比较项目	有限合伙制PE	公司制PE	信托制PE
组织机构和资本稳定性	由有限合伙人与普通合伙人组成，资本和"知本"结合，稳定性介于公司和信托之间	独立法人人格，公司财产独立于股东财产，稳定性比较好	基于一系列合同而存在，稳定性较差
约束和激励机制	普通合伙人责任以及合伙协议安排，普通合伙人与基金成败息息相关，有效实现激励和约束	投资者与管理者追求目标和利益不一致，极易出现代理风险	信息存在不对称，投资期限较长，市场回报激励有限，存在管理者发生道德风险的可能
收益与成本	设立成本较低，企业不用缴交所得税，不存在双重税负	设立和运营成本较高，且组织结构较为复杂，双重税负	设立成本比较低，而且管理费和托管费一般定额，可以控制
运作效率	一般普通合伙人自主决策，效率较高	决策程序较为严格复杂，有"三会"决策，不一定专家决策，效率有限	管理者具有较大主动权和决策权，效率较高

二、中国PE选择有限合伙应考虑的因素

虽然通过以上比较，我们可以发现有限合伙制度是一种比较适合PE发展和采用的制度，但是我们从有关英美两国不同境况以及中国发展有限合伙PE出现的一些问题，也可以看出，有限合伙PE的发展并非空穴来风，需要建立在坚实的本土政治经济法律环境基础之上，只有依托于与之相匹配的本土环境，才能最终发展成为参天大树。以下主要探讨一些有关中国PE采用有限合伙制度应当考虑的因素。

（一）进一步改善现有法律环境，加强有限合伙相关立法

虽然《合伙企业法》已经确立有限合伙制度，但是基本还是制度层面上的规定，更为细化的操作性规定还比较缺乏，诸如派生诉讼和"安全港"原则尚未在法律上得以明确规定，而有限合伙人无过错退出也没有涉及；现在外资设立有限合伙企业在已经出台的《外国企业或者个人在中国境内设立合伙企业管理办法》有所体现，但是语焉不详，缺乏具体明确的操作指导。

另外对于GP承担无限连带责任，如果是自然人该如何承担？在自然人破产法律尚未作出明确规定之前，无疑对此存在很大的问题，因此有关个人破产、无限责任的立法应当跟进。而且，在现今中国，有限合伙尚是新鲜事物，不像公司那样为人们所熟知和接受，这导致有限合伙PE在经济主体确认、对外承担责任能力等并未十分明确。这也需要在立法上加以明了。

最后，有关有限合伙PE的专门立法也需要在适当时机推出，通过《合伙企业法》加以规范有限合伙PE存在立法的直接针对性和适用性问题，与有限合伙PE的立法不相匹配，因此有关《私募股权投资法》、《私募股权投资投资基金法》、《有限合伙股权投资基金管理办法》应当抓紧立法研究和讨论，争取时机成熟适时推出，满足私募股权投资基金特别是有限合伙PE的设立和运作。

（二）积极改善相关经济环境，营造适合有限合伙PE发展的土壤

有限合伙PE在现今中国环境中，其相关优势并未完全体现出来，特别是有关税负问题上，并未体现其税收穿透性的优势，也并未与公司制、信托制的税负加以更多的区分，在一些税收优惠上有限合伙甚至与公司制站在同一起跑线上，因此有限合伙制PE本来的税收优势反而在很大程度上被削弱了，甚至不如公司制和信托制那么明朗和可以预估。而对于一种企业形式而言，税负很大程度上代表了其运行成本，故而限制了有限合伙PE的

进一步发展。因此，应当针对有限合伙制PE出台与其企业形式相适应的税负制度。

有限合伙制度的发展，其实是迎合了经济发展的大趋势，中国现在正处于经济的快速增长阶段，资金比较充裕，投资者也比较多，如何营造适合于投资者进行投资的体制和渠道是一个比较迫切且重要的问题。而私募股权基金作为有效引导投资者投资、理性投资的途径应当积极加以引导和规范，特别有限合伙PE本身具备的"知本"和"资本"相结合的特点，可以有效地合理吸收市场上充裕的资金，但是至今有限合伙PE并未呈现其制度优势，反而出现这样那样的非法募集问题，由此在现有经济环境下，适合于有限合伙PE发展的理性的投资者、专业的基金管理人以及规范经济环境都需要进一步培育和发展，这也制约了有限合伙PE的长足发展。

最后，有限合伙PE作为一种充分的市场经济发展的产物，要求整个社会的市场经济呈现出更为积极和健康的发展态势，中国的市场经济经过30多年的发展，在市场经济道路上的改革越来越深入，并且已经取得比较骄人的成绩，有限合伙PE其实在一定程度上也是迎合市场经济深化改革的发展，包括募集资金渠道的放开，机构投资的进一步放开，投资退出途径的扩大，这都得益于市场经济的深化。因此，只有进一步深化市场经济改革和发展，有限合伙PE的发展经济环境才得以进一步改进。

（三）积极培育社会信用体系，改善社会信用问题

中国有限合伙PE发展过程出现了比较明显的问题，即LP对于GP的不信任，除了GP本身品牌、专业和经验方面无法满足投资者的要求之外，这里面存在最大的问题就是整个社会信用氛围尚未建立，社会信用体系比较初级，市场经济的市场交易规则很多时候并未得到遵行，中国现行经济体系还是呈现出政府主导的经济运行机制，由此市场经济的各个主体之间缺乏充分的信任，或者相互之间达成信用关系往往需要过多的交易成本。这无疑在很大程度上削弱了有限合伙PE在中国适用的基础性条件，因为有限

合伙PE本身作为一种合伙制度，作为一种投资者与专业管理者相互有效结合的制度，GP与LP之间的相互信任关系是有限合伙PE有效运行的基础。但是现行社会信用体制下，缺乏一些足够的制度性安排或设置，使得LP对GP难以建立足够的信任。在无法足够信任的情形，LP往往更多地希望亲历亲为，这使得有限合伙PE在中国的运行出现若干异化现象。

另外，社会信用体系的改善，对于建立GP的信义责任、契约精神，规范GP承担无限连带责任等都具有积极和深远的影响。只有积极建立社会信用体系，才可以加强GP在资金募集、设立以及运营管理有限合伙制PE中的勤勉、尽责，规范GP的关联交易和同业竞争等行为，这样可以更加理顺GP与LP的关系。

（四）适度规范有限合伙制PE监管，纳入有序发展途径

作为更多体现投资者和管理者意志的私募股权基金形式，有限合伙制PE双方之间权利义务更多通过合伙协议加以体现，更多地体现了GP和LP的自由意思。但是由于其涉及资金的募集、投资，巨额资金的运作和安排，所以在一定程度上会影响到一个国家金融体系的稳定和运转。我国作为外汇管制国家，外资PE的募集设立也会影响到国家外汇资金监管和安全；而且私募基金由于其非公开性，一般无法从外界得知其具体运作。由此，国家在一定程度上需要将有限合伙制PE纳入一定的监管程序，进行适度的监管，即须以保证基金的市场调节为前提，不得以通过监管而压制、限制基金机构竞争和发展的活力。对基金管理人的监管应采取一种比较宽松的模式，但是这种宽松并不是一种无序的放任，将有限合伙PE纳入良性有序发展渠道，明确有关的有限合伙制PE的披露义务，明确有关基金管理人的资质和责任，明确资金募集投资的风险和责任，明确基金备案的基本内容，等等。

【信息链接】

美国加强股权投资基金监管①

2009年3月26日，美国出台了金融体系改革方案，该方案旨在加强对金融市场尤其是股权投资基金的监管。这些措施主要表现在以下几个方面：一是要求股权投资基金包括对冲基金的管理人在SEC进行注册；二是要求股权投资基金以保密方式向证交会定期报告管理资产量、贷款额以及其他重要信息；三是加强对衍生产品的信用风险的控制，从产品开发人到承包商必须在该产品中保留部分经济利益，防止风险的全部转嫁；四是成立专门的系统性风险监管部门，对规模最大的金融机构进行风险监控。

三、有限合伙制PE的操作性问题

（一）初步体系的制度性基础

自从2006年《合伙企业法》修改确立有限合伙制度以来，有限合伙制PE已经登上中国私募股权基金舞台；而2010年出台的《外国企业或者个人在中国境内设立合伙企业管理办法》，也为外资有限合伙制PE设立进一步扫清了障碍。另外有关合伙企业法相关税负也已经有相应的法规规定，《关于个人独资企业和合伙企业投资者征收个人所得税的规定》（财税【2000】91号）、《关于〈关于个人独资企业和合伙企业投资者征收个人所得税的规定〉执行口径的通知》（国税函【2001】84号）、《关于合伙企业合伙人所得税问题的通知》（财税【2008】159号）等已经比较有体系。

可以说，从法律上看，有限合伙制PE在中国已经具有初步可行的操作

---

① 资料来源：赵玉.有限合伙型股权投资基金本土化的法律思考，http://www.mykh.net/forum. php?mod=viewthread&tid=935845 2010-12

性。但是由于有关制度和环境的不匹配，不成熟，限制了有限合伙PE的进一步发展。诸如有关私募股权基金统一的立法至今还未完成，现实募集过程出现非法募集、非法集资情形屡见不鲜；而有关个人破产的法律也没有出台，限制了GP的进一步发展和成熟，存在一定道德风险；另外，机构投资者的投资并未完全放开，限制了LP的投资和组成范围，也限制了有限合伙PE的募集资金渠道，同时对于机构投资者的资格、投资门槛等也缺乏明确规定，不利于一些机构投资者自我风险防范，容易带来投资风险问题，等等。但是从目前制度性基础来看，有限合伙PE在中国已经具备操作性基础。

（二）GP的专业化发展

有限合伙制PE成立的基础从表面层面看，应为普通合伙人和有限合伙人，即GP和LP。一般而言，有限合伙PE都是由GP发起募集设立的，GP一般都是私募投行界具有影响力的资深专家，具有较强的号召力和品牌影响，LP一般均为慕名而来，甘心出资由GP管理经营，而坐收渔利。在中国现行环境下，因为投行发展历史比较短，成熟而有丰富经验和影响力的GP相对比较少，这在一定程度上限制了有限合伙PE的发展，也限制了GP和LP关系的协调。在很多本土化的有限合伙PE出现的LP越权和越位现象，与此不无关系。

但是从目前发展态势来看，GP的发展也呈现出比较多元化的态势。首先，经过一些年的发展，外资PE以及本土投行已经逐渐培育了一批具有行业口碑和业绩的基金管理人，其在投行业界具有比较不错的发展势头，以其作为发起人或者基金管理人募集设立的基金成为市场上较为成熟且发展势头良好的有限合伙PE。另外，GP的发展也突破了原始的积累式发展，而更多的是根据市场发展态势，从LP或者项目发展中组建GP形式，这在一定程度上满足了GP的需求，并且也解决了GP和LP矛盾，当然不可否认中间会存在GP专门化和职业化问题。但是GP发展的多样化，符合一定时期有限合伙PE发展的要求。

（三）投资者来源问题

反观LP，在中国现行环境下，成熟的有限合伙投资人还比较少，特别是机构投资者在现行法律环境下受到一定的限制，诸如商业银行、企业年金等依然不能直接参与股权投资，其他机构开放程度尚不彻底，限制依然存在；而有限合伙人也呈现出不理性，事事希望躬亲，直接干涉PE管理投资等问题，这极大影响了有限合伙PE的正常发展。

然而，可以看出现今有限合伙PE的来源还是在不断扩大之中，首先是中国经济的迅速发展带来的积极影响，资金充裕的投资者越来越多（特别是沿海或富裕地区的实业家们，其通过成功的创业积累了可观的财富），而投资渠道并不能完全满足投资需求，由此呈现出市场上热钱涌动现象，因此，需要通过一定的投资渠道加以疏导。其次，机构投资者的范围进一步扩大，保险机构在2010年通过《保险资金投资股权暂行办法》确定了其作为机构投资者的地位，而社保基金作为机构投资者的地位越来越巩固，并且成为私募股权基金竞相争邀的投资者，而证券机构、政策性银行、信托公司等其他机构也已经涉足私募股权投资，可以想象机构投资者的门槛将进一步调整，而机构投资者将成为有限合伙PE重要的投资者来源。再次，外资投资者的门槛和管制虽然并未松动，但是外资设立有限合伙PE已经可以操作，虽然近两年人民币基金呈现超越美元基金发展态势，但是不可否认的是，外资事实上在境内股权投资中依然作为一股重要的投资力量存在，其地位仍然不可动摇；最后，在股权投资基金投资中，以政府为背景或推手的产业基金呈现比较强的推动作用，其作为基金的基金、作为引导基金发挥着积极的引导和催化作用，成为基金投资者的重要来源之一。

（四）投资模式优势和渠道

随着中国经济的快速发展，通过股权投资形式越来越为投资机构所接受和采用，股权投资与其他投资方式相比较而言，其本身具有规模效应（集合分散资金集中投资，能够投资大规模项目）、分散投资效应（分散投资于不同项目，分散投资风险，提高投资效益）、资源整合效应（通过GP或LP的资源整合，实现资金、管理、市场、技术等资源的有效整合，提高资金投资运营效率）等，这些效应使得股权投资相形与其他投资形式，成为比较具有竞争力的方式。

另外，现今中国的投资项目随着经济的发展呈现出越来越多的态势，其不仅局限于原先风险投资青睐的高新技术产业，而逐渐拓展到其他资源产业、新兴行业、基础设施行业等，投资项目的来源不仅局限于国有投资行业，越来越多的民营新兴行业更成为投资项目的根源。而这些项目对于资金的需求也远不是原有金融机构可以满足的，故更多需要融合社会资本，更多地整合社会资源，以实现投资项目的运作效果。由此，包括有限合伙PE在内的股权投资基金，可以在迅速发展的中国经济中呈现出积极而强有力的贡献。

（五）退出渠道

有限合伙PE随着合伙企业证券开户问题的解决，其通过IPO退出已经不存在法律和实际操作上的障碍；有限合伙PE不必像之前一样还需要转化为公司制或者从一开始投资即放弃有限合伙形式，从而给有限合伙PE投资扫除实质性障碍。

随着创业板的推出，为私募股权基金通过IPO退出增添了新的退出渠道，而场外市场新三板也即将扩容，随着其进一步发展和完善，其也将成为私募股权基金考虑退出的渠道之一。新三板及其他场外市场诸如产权交易市场、股权交易市场等，和主板以及中小板一起构成中国多层次资本市场，成为私募股权基金退出的多元化路径。另外，境外资本市场也是私募股权投资基金退出渠道之一，中国概念的投资项目为境外资本市场一段时间以来所追逐，而且市盈率也屡创新高，由此包括有限合伙PE在内的股权投资基金可以考虑将其作为投资退出渠道。

第三章

有限合伙制PE的募集与设立

第一节　有限合伙制PE的发起

若要成立一个有限合伙制PE企业，首先应当由一个或者几个发起人对PE的募集、设立等工作进行组织安排。这些发起人在有限合伙制PE的成立过程中起着至关重要的作用。

一、有限合伙制PE的发起模式

有限合伙制PE的发起存在多种模式。从不同的划分方法出发，可以有多种分类。从PE发起的目的出发，可以分为项目主导型、基金主导型和混合型发起。有的PE就是单纯为了某个项目而设立的，因此它的发起模式可以视为项目主导型发起；有的PE只是为了设立一支基金，在基金设立之后再寻找项目，这样的发起模式可以认为是基金主导型发起；也有的发起目的不仅为了已有的项目，而且募集额度远远超过已有项目的需求，多余的资金拟投向其他项目，这样的发起模式是混合了前两种模式，可称为项目、基金混合型发起。

另外一种划分方式是从基金成立后，发起人在此PE中所担任的角色来看。如果发起人成为了设立后PE的LP，则可称为LP发起型；如果发起人成为了PE设立后的GP，则可以称为GP发起型。另外还有LP和GP的混合发起型。显然，从这个划分角度出发，有限合伙制PE的发起模式可以分为：LP主导型、GP主导型、LP和GP混合型。下文将以此种分类模式为标准，对有限合伙制PE的发起模式进行阐述。

（一）LP主导型

LP主导是指发起人的身份是将要成立PE的有限合伙人（LP），他们在基金的募集、设立过程中起主导作用，负责基金招募、设立等相关工作的组织、安排和推进。在这个发起模式下，有限合伙制PE的LP已基本具备，因此，发起人进一步需要做的工作是在其主导下，成立一个资产管理公司或者投资顾问公司，作为该有限合伙制PE的普通合伙人。或者发起人选择一家已有的投资管理机构作为GP，通过双方合作的方式成立新的有限合伙制PE。

（二）GP主导型

这种模式是指发起人的身份是拟成立的PE的普通合伙人（GP）。在此基金的募集、设立过程中，由此GP负责相关工作的组织、安排和推进。这种模式在有限合伙制PE成立的实务中比较常见。实际案例中，基金发起由GP来进行的比较多见。GP一般通过私下联络、协商，针对特定对象，在小范围内召开说明会等方式宣传自己，募集LP。一旦出现有意向投资者，则二者之间将签订有限合伙协议，约定双方的权利和义务。当募集到足够数量的LP，或者募集金额达到目标之后，即设立有限合伙制PE。

（三）LP和GP混合型

有时会出现一部分有意向的LP，联合GP共同发起一只基金。LP在有限合伙制PE的发起工作中承担一定的任务。在基金成立后，LP本身的角色不发生变化，仍然成为有限合伙制PE的LP，由发起人中的GP来管理基金。这种发起模式，虽然发起人中LP和GP发生了混合，但是仍然可以认为是GP主导型。

本文，所说的LP和GP混合型发起是指，在实际的操作中，一部分LP或者全部LP在成立后的有限合伙制PE中担任GP的情况，也就是说发起人在身份上发生竞合。在有限合伙制PE中，发起人既是LP，同时又是基金的GP。这种发起模式从实质的工作内容来说，与上述两种模式没有太大差别，一般需要在募集说明中向其他LP，或者GP合作者说明自身身份的特殊性即可。只要其他LP或者合作者接受，对有限合伙制PE的成立不会产生太大影响。

（四）特殊情形

上述发起模式的分类没有将外资发起人列入考虑范围。因为一旦发起人含有外资成分，则整个发起工作将适用相关外资创投企业的法律法规，比如2002年对外贸易经济合作部颁发的《外商投资创业投资企业管理规定》，2010年实施的《外国企业或者个人在中国境内设立合伙企业管理办法》等。在这些专门调控外资设立创投企业的法律法规中，对外资作为发起人或者GP都有特殊的规定。

【信息链接】

《外商投资创业投资企业管理规定》中关于外资发起人有关规定（节选）

第六条　设立创投企业应具备下列条件：

（二）非法人制创投企业投资者认缴出资总额的最低限额为1 000万美元；公司制创投企业投资者认缴资本总额的最低限额为500万美元。除第七条所述必备投资者外，其他每个投资者的最低认缴出资额不得低于100万美元。外国投资者以可自由兑换的货币出资，中国投资者以人民币出资。

（五）除了将本企业经营活动授予一家创业投资管理公司进行管理的情形外，创投企业应有3名以上具备创业投资从业经验的专业人员。

第七条　必备投资者应当具备下列条件：

（一）以创业投资为主营业务。

（二）在申请前3年其管理的资本累计不低于1亿美元，且其中至少5000万美元已经用于进行创业投资。在必备投资者为中国投资者的情形下，本款业绩要求为：在申请前3年其管理的资本累计不低于1亿元人民币，且其中至少5000万元人民币已经用于进行创业投资。

（三）拥有3名以上具有3年以上创业投资从业经验的专业管理人员。

（四）如果某一投资者的关联实体满足上述条件，则该投资者可以申请成为必备投资者。本款所称关联实体是指该投资者控制的某一实体、或控制该投资者的某一实体、或与该投资者共同受控于某一实体的另一实体。本款所称控制是指控制方拥有被控制方超过50%的表决权。

（五）必备投资者及其上述关联实体均应未被所在国司法机关和其他相关监管机构禁止从事创业投资或投资咨询业务或以欺诈等原因进行处罚。

（六）非法人制创投企业的必备投资者，对创投企业的认缴出资及实际出资分别不低于投资者认缴出资总额及实际出资总额的1%，且应对创投企业的债务承担连带责任；公司制创投企业的必备投资者，对创投企业的认缴出资及实际出资分别不低于投资者认缴出资总额及实际出资总额的30%。

二、有限合伙制PE与其他形式PE发起模式的区别

成立PE可以选择有限合伙制的形式，可以是公司制的形式，还可以是信托制的形式。这3种PE的组织形式在发起模式上有一定的区别。

（一）与公司制PE的发起对比

1.依据的基础性规范不同

相比于公司制PE，有限合伙制PE的发起依据的最基础的法律文件是《中华人民共和国合伙企业法》，公司制PE的发起依据的基础性法律是《中

华人民共和国公司法》。二者发起所依据的基础性文件不同，将直接导致一系列发起工作的差异。如：公司制PE的发起人一般要认缴公司股份，成为此PE的出资股东，而有限合伙制PE的发起人不一定要承诺对PE出资；公司制PE的股东按照《公司法》规定"首次出资额不得低于注册资本的20%，也不得低于法定的注册资本最低限额，其余部分由股东自公司成立之日起两年内交足；其中，投资公司可以在5年内缴足"。一般各地方政策中，对公司制PE的最低出资额度有具体的规定。然而，在有限合伙制PE中，法律对此没有硬性规定，对于出资的要求多体现在《有限合伙协议》中。这直接导致了公司制PE发起工作的确定性（必须达到法律法规的要求条件），有限合伙制PE发起工作的协定性（LP、GP之间可以协商确定）。

2. 发起的实质性作用不同

对比两种不同组织形式PE的发起流程，不难看出，有限合伙制PE的发起工作的实质性要强于公司制PE的发起。也就是说，在PE设立、成立过程中，发起这项工作的重要性对于有限合伙制PE来说更加重要。

有限合伙制PE的发起要求主导发起人准备整套的募集、设立文件，对基金将来的成立、运作、投资、内控等事项已经完成可行性构想。如果是LP主导型的发起，需要挑选合适的GP或者成立新的GP；若是GP主导型的发起，则需要GP针对特定募集对象进行路演，介绍拟成立PE的设计框架、基金的定位、投向、策略等等一系列内容。在发起人将发起工作完成之后，才能开始设立、登记等程序性的工作。除非发起人的募集、寻找GP等发起工作异常顺利，否则有限合伙制PE的发起和登记在时间上存在较大的距离。可以这么说，发起对于有限合伙制PE的成立具有奠基性作用。

公司制PE的发起相对来说更像是一个流程性的工作，它的发起和登记往往是一脉相承的。发起人一般都是拟成立公司制PE的股东。只要发起人之间有意向或者签订了发起协议，再认缴出资，其余工商登记等事项都可以按照流程办理。当然，如果设立股份公司制PE，又采取募集设立，那么发起流程将会有一定工作量。如果采取非募集方式发起公司制PE，那么类似PE内部管控、投资方向、发展策略等工作内容，均可置于公司制PE成立之后进行考虑。

对比两种组织形式的PE的发起模式，可以看出，有限合伙制PE的发起工作具有很强的基础性，发起人需要事先想好PE的整个发展、运作，再开始成立基金；而公司制PE则可以先成立PE企业，再考虑PE的发展模式、投资方向、是否委托管理人等等问题。相比而言，公司制PE的发起更加偏向于程序化。

3. 发起的具体流程不同

GP主导型的有限合伙制PE的发起流程为：GP募集团队的组建，募集文件的准备，向特定对象路演，签订有限合伙协议，开始设立登记，最后完成发起工作。如果是LP主导型的发起模式，其发起的具体流程为：寻找合适的GP或者拟组建GP团队，共同准备募集文件，向特定对象路演，签订合伙协议，成立GP机构或者吸收其他GP加入，开始设立登记，最后完成发起工作。

公司制PE的发起流程相对简单，类似于发起工作的往往就是几个意向投资人之间的协商，这一般都是非正式的。很可能就是朋友之间一番无意的闲聊，都有可能促成一个公司制PE的成立。公司制PE进入正式的发起流程，一般要投资人召开全体会议或者创立大会（股份公司），然后认缴出资达到法律法规规定的最低限额即可。此时，发起人主要就是按照工商登记流程，报送文件，验资等开展设立工作。而对于怎样运作公司的基本框架、利益分配等方面的问题，发起人可以参照《公司法》的相关规定，或者稍作变通。至于是否要聘请专门的职业经理人或者委托其他创业投资企业、创业投资管理顾问企业作为管理顾问机构，负责其投资管理业务，则完全可以在公司成立后逐步探寻。

4.发起的结果不同

很明显，有限合伙制PE的发起若顺利进行，其结果就是成立有限合伙制PE；公司制PE发起的结果是成立公司制PE。但是，从后续的投资业务开展来看，有限合伙制PE的投资业务比较容易根据合伙协议的协定，以及已有的储备项目展开工作。公司制PE对这方面工作的准备充分度上可能不足，往往需要成立后再考虑具体的投资业务，而且人员的配备上，除了几个发起股东外，很可能专业的人员不能立即到位。得力于有限合伙制PE发起时的充分准备，所以，PE成立后，能比较迅速地进入业务状态；而公司制PE则成立在前，相关准备工作可以在成立后有序进行。

另外，一旦公司制PE发起成立后，作为股东的发起人，是不能抽逃出资的，也就是说，如果作为发起人的股东想要退出公司，只能转股或者优先分配利润退出。然而，这一点对于有限合伙制PE来说，在法律上不存在障碍，有限合伙人可以在《合伙协议》的约定下，或者经过全体合伙人同意，退出有限合伙制PE。

还有另一种情况，就是PE的发起失败。对于有限合伙制PE来说，这个失败的结果自然都由发起人承担，具体的责任承担由发起人各方约定或者协商解决；而公司制PE的发起失败，在法律上有明确规定。对于股份有限公司的发起设立失败的情况，发起人被明确要求承担连带责任、相关赔偿责任等。

（二）与信托制PE的发起对比

信托制PE实质是公司制PE，但是具有非常强的特殊性。如信托制PE所运作的资金与信托公司本身无关；受托方经营委托人的财产只是获得劳务报酬，而不是收益分成；信托公司的设立需要经过银监会的审批等等。在发起工作上，信托制PE的发起自然与有限合伙制PE的发起存在较大的差别。

1. 发起工作的资格性不同

如果发起人意在设立一家信托公司制的PE，那么在发起该PE的时候，必须要考虑是否能取得相关审批，以及能否找到具有资格的合作者，否则发起工作将很难取得成功。

除了满足《公司法》规定的设立公司的基本条件之外，发起一家信托公司制PE还要考虑银监会发布的《信托公司管理办法》。根据《信托公司管理办法》的规定，设立信托公司，应当经中国银行业监督管理委员会批准，并领取金融许可证；未经中国银行业监督管理委员会批准，任何单位和个人不得经营信托业务；发起信托公司制PE其注册资本最低限额为3亿元人民币或等值的可自由兑换货币；信托制PE公司的股东必须具备中国银行业监督管理委员会规定的入股资格；其高管也要具备中国银行业监督管理委员会规定的任职资格，等等。

从上述规定可以看出，发起一家信托公司制PE，必须考虑好能不能获得相关审批或者找到有资格的合作者。实践中，为了发起一家信托公司制PE，对获得资格的筹划成为了发起工作的重点。

相比之下，发起有限合伙制PE除了一些最基本的条件需满足之外，就没有再多的要求了。因此可以说，有限合伙制PE的发起"门槛"远低于信托公司制PE。

2. 发起过程受到的规范不同

如果已成立的信托公司，再由此公司发起信托计划，那么接下来的发起工作将受到《信托公司集合资金信托计划管理办法》的严格规范。

从信托计划的合格投资者的规定到信托计划文件的准备，从信托计划的募集方法到募集文件的具体内容，从信托计划发起人员的配备到受益人大会的召开安排等一系列的发起流程，在《信托公司集合资金信托计划管理办法》中均有十分细致的规定。比如，银监会就明文规定了信托计划的《信托合同》和《信托计划说明书》等募资文件必须具备的一些要素；严格的限定合格的投资者范围，也就意味着信托公司不得随意向他人募资，而必须有一定的选择条件；在信息披露上，规范文件也严格要求一些必须披露的内容，包括异地推介信托计划的，应当在推介前向注册地、推介地的中国银行业监督管理委员会省级派出机构报告。

可以这么说，信托制PE的发起是在《信托公司管理办法》、《信托公司集合资金信托计划管理办法》和《信托公司私人股权投资信托业务操作指引》等法律法规的严格规范下展开的。然而，有限合伙制PE的发起除了在募集时注意"非法集资"的红线之外，在许多流程上的事宜完全靠发起人自己把控，或者内部协商。

3. 发起过程的起、终结点不同

通过上面对信托公司制PE发起的相关描述，不难看出，对于信托制PE的发起，从着手设立信托公司开始为起点。在完成信托公司设立后，又需立即着手信托计划筹备和开展。所以，信托制PE的发起过程是以信托公司的着手设立为起点，持续到了公司成立后，直到信托计划完成为终结点。而有限合伙制PE的发起，一般就是以发起人的发起团队组建为起点，一直到有限合伙企业的登记成功为终结点（一般不考虑后续的加入）。

另一种情况是，由已经成立的信托公司直接发起信托计划，那么这个信托制PE的发起的起点就是从信托计划的设立开始，通过信托计划的推介，终结点是信托计划的完成。

从发起过程的持续性来看，对于有限合伙制PE的发起，持续的过程就是发起团队的组建到合伙的设立登记，而信托制PE的发起则必定要从信托公司发起人的确立延续到信托公司设立后。如果已成立的信托公司进行信托计划，那么发起的起点是信托公司出台信托计划。从这个情况分析，信托制的发起起点相比于有限合伙制PE的发起起点后置了。

4. 发起的结果不同

从法律意义上说，信托制PE的发起结果具有单一性，而有限合伙制

PE的发起结果具有复合性。

信托制PE的发起一般出现的第一个发起结果是成立信托公司，这个发起结果与是否募集到了足够的资金无关。如果信托公司成立后不开始发起信托计划，前面设立信托公司的发起工作成果也不会因为信托计划的放弃而付诸东流。在信托公司成立后，发起信托计划，可以看做是整个信托制PE发起的第二个要取得的发起结果。若成功完成信托计划，则发起过程中的资金募集得到实现。可以说信托制PE的整个发起工作才结束。如果是已经成立的信托公司发起信托计划，那么其发起工作只需要完成信托计划的结果即可。

有限合伙制PE的发起，其发起结果的复合性表现在：一旦有限合伙制PE完成登记，企业的设立与募集资金的到位在法律意义上一并实现，并不会像信托制PE一样分阶段实现发起结果。

三、有限合伙制PE发起模式对募集设立的影响

按照前文对发起模式的分类，有限合伙制PE的发起模式有LP主导型、GP主导型、LP和GP混合型。不同的发起模式，对有限合伙制PE募集、设立都会产生不同的影响，具体表现为以下几个方面：

（一）募集、设立工作重点的影响

如果有限合伙制PE的发起模式是LP主导型，那么发起人最主要的工作重点就是，寻找到理想的GP（如果由LP组建GP，则可参照LP和GP混合型）。由于是由LP发起，所以在资金的募集上准备工作一般会比较充分。而此时发起人最重要的是选择合适的GP，并与之达成合作协议。LP对GP的选择可以根据GP的擅长行业、投资业绩、内部管控模式、投资人员素质等方面综合考虑；LP与GP的合作协议则需要双方在收益分配比例、GP与

LP的权利义务安排、GP责任承担、项目投资决议流程和GP决策权限等方面实现有关有限合伙制PE的运作及项目投资事项的约定。同样，在设立方面，LP作为发起人要负责有限合伙制PE的设立登记工作。LP由于以出资为主，并不主要管理该PE，所以在设立地的选择上，重点应该向GP倾向，以GP开展业务便利为主来权衡设立地点。总之，在LP主导的发起模式下，有限合伙制PE的募集设立工作重点将围绕GP展开。

若以GP为主导模式的发起，那么有限合伙制PE发起工作的重点将是基金的募集和储备投资项目的寻找和整理。至于具体的有限合伙协议的框架安排、基金收益分配比例等，都可以根据实际情况作调整。实际上，GP主导型发起，其实质工作就是围绕LP展开。为了能募集到足够的资金，GP作为发起人，应该将潜在LP的筛选、路演的安排、潜在项目的整理和收益测算、募集资源的整合、潜在LP的跟踪访问等工作作为重点。在基金的设立上，登记设立工作应由作为发起人的GP负责。

如果以LP和GP混合模式进行发起工作，那么整个募集设立工作的重点将是LP的角色转换问题。LP在募集设立的过程中要充分准备好向GP过渡。对于这种混合模式的发起，意味着LP将在有限合伙制PE设立登记后，直接转换成基金的GP，那么基金一旦成立后，GP如何对外投资，如何寻找、选择项目等事项，都需要LP在有限合伙制PE募集设立时考虑妥当。另外在进行发起工作的同时，LP内部也要对基金管理、投资决策、内部议事规则等内部操作方面做好准备，以便在基金成立后，真正进入投资角色时，能保证有限合伙制PE的顺畅运行。

（二）募集困难程度的影响

结合我国目前的国情现状，有限合伙制PE在不同的发起模式下，对PE的成立有着重要影响。现在专家理财的观念，在我国尚有待进一步深入普及。国内一些资金丰富的个人和企业对于将资产交给陌生人投资的信任不足。从另一方面来说，国内的GP也有待进一步发展，还需要历史的业绩证明，进一步大浪淘沙。所以，在这两方面的作用力的促使下，在我国LP主导型的发起以及LP和GP混合型的发起，往往比较容易募集设立，难度不大。因为一般LP作为发起人，最后都会自己新成立一个GP，或者LP全部转换为GP，其实质还是自己管理自己的资金。而GP主导型的发起模式，在募集资金时会遇到比较大的困难，潜在的LP不太愿意将自己的资金交由他人管理。往往在GP募集时，LP会提出各种条件，如缩短基金的存续期限，不接受投资亏损，希望能够参与GP的决策等。这直接导致了GP主导型的发起模式要比LP主导型、LP和GP混合型发起模式的募集难度要大得多。

（三）募集、设立推进进程的影响

在3种发起模式中，不同模式的发起人对整个募集设立流程的控制性不同。比如由LP主导的发起模式，在募集设立流程中，对整个过程的推进能保持较高的可控性。这主要归因于GP对LP的选择条件绝对少于LP对GP的要求条件。所以，在协商合作条件时，资金占有方占优势地位。退一步说，如果LP没有选中合适的GP，完全可以自己成立一个GP来经营拟成立的有限合伙制PE。显而易见，由LP主导的募集设立流程，发起方的操控性非常强。因而，LP主导型的发起模式对整个有限合伙制PE的募集设立的进程推进能产生决定性影响。同样，LP和GP混合型的发起模式，由于前期的发起人实际也是LP，只不过在后期的设立时，LP全部转换成GP。这更加体现了发起人对募集设立流程的控制。由于不需要对外募集和寻找GP合作者，所以在这个发起模式下，发起人完全掌握了基金募集设立的推进进程。

对于GP主导型的发起模式来说，受限制的因素较多，受控性强，较为被动。所以有限合伙制PE的募集设立工作的推进则更多地取决于他人的态度。比如，GP在募集时，需要募集足够的资金，在没有募集到足额资金时，是不能开始设立登记的。所以，一旦资金募集不足，GP需要继续路演，寻找新的LP加入。如果LP对此基金不感兴趣，或者存在多种选择，出现了中途退出的情况，这虽然有协议的约定，但是也将间接地影响募集设立工作的推进；另一方面，GP主导的发起在募集路演时，更加需要注意"非法集资"的红线。也就是说，在路演的过程中，GP必须控制路演规模，注意募集方法，接受监管方的监督。这些不确定因素都可能直接影响基金募集设立工作的推进。所以，GP主导型的发起对有限合伙制PE的募集设立的推进达不到其他两种方式的可控效果。

第二节　有限合伙制PE的募集准备

有限合伙制PE的募集是对发起的顺承。在发起人团队明确、发起模式确定等发起准备工作完成之后，紧接着就是开始为基金的成立开始募集工作。在募集工作展开之前，最重要的是发起人对整个募集流程总体思路的把握。从多个方面对募集工作有系统性的思考，以便整个募集有序推进。

一、募集总体思路

（一）募集总体思路的形成方式

在募集工作开展之前，要对募集的总体过程有明确、清晰的思路。发起人应该对拟成立基金的定位、政策背景、募集对象和渠道、募集方式、路演安排、设立登记等方面的问题考虑妥当。一般在形成募集工作总体思路的过程中，发起人团队需要进行会议讨论、预测、评估等工作。

1. 募集工作筹划会议

募集工作的筹划是发起人需要对设立整只基金做一个系统性地安排和论证。发起人团队可以通过预备会等形式将设立基金可能牵涉的宏观问题，如基金投资方向确定、基金投资理念等进行明确；同时也应该预先论证具体问题的安排，如基金的设立地、基金的GP如何确定、基金的收益分配模式等；另外，对募集中的相关准备工作，包括团队组建、人员分工、专家顾问的联络等工作，都需要发起人通过筹备会议明确总体的思路。

2. 财务测算

一些基金在发起筹划阶段往往会在财务上做比较充分的分析和测算。一般这种财务测算涉及两方面：一方面是基金拟投资行业的财务分析；另一方面是基金项目的财务测算。关于行业的财务分析主要针对行业的毛利率、净资产收益率等。项目的财务测算是针对基金潜在的投资项目进行财务测算，主要对项目年净收益、投资回收期限、投资利润率等财务数据进行测算。通过这些财务测算，设计科学、合理和可行的财务管理方案，最终确定基金的收益分配模式。

（二）募集的总体思路

1. 关于基金本身

关于基金本身，发起人要明确将设立的有限合伙制PE的定位。基金的定位须基于对国家相关行业政策的了解，综合考虑国家宏观政策对行业的鼓励或者限制、未来的国家相关的产业规划、拟投资行业是否属于国家限制进入领域等问题。在此基础上，结合具体投资需求，要进一步明确基金主要关注行业的上游或者下游，还是只关注行业内的某特定类型企业。在确定基金投向的定位后，就是对投资方式进行梳理，考虑是采用投资行业内的成长型企业，还是参与行业内并购或者直接参与行业项目的投资建设等。

在基金募集方式的选择上，发起人初步分析是采用自行募集或是委托募集（后文"募集方式"中有专门介绍），要对募集对象的选择、募集渠道的利用、采用何种方式募集以及路演的安排等方面有大体的思路。在募集中，应明确知道哪种募集方式会触犯法律的红线，哪种募集方式合法合规。

在对基金的GP选择或者组建问题上，发起人要考虑是自己组建一支GP的管理团队，还是选择已有的管理团队。募集后的设立如何进行设立工作，国内什么地方对基金的设立有优惠政策，什么地方的设立要求正好符合本有限合伙制PE的条件，选择什么设立地点更加有利于日后PE运作的展开等，这些因素都需要综合考虑。

2.关于募集工作的准备

发起人对于募集时需要组建的团队一定要有具体的安排，比如如何安排人员分工，如何确定募集工作的岗位和职责，如何让募集团队系统、有序地开展募集工作，各个环节如何衔接等。募集中其他的准备工作还涉及相关募集文件材料的制作和发放，募集路演流程的安排。比如在路演的安排方面，应考虑路演应该如何进行，路演的进展速度、路演地点选取、路演阶段性安排等。同时，募集工作也要考虑通过什么渠道获得投资者的名单，哪些方面的投资者会对本基金产生兴趣，如何挑选合适的募集对象参加推介会等。这些问题都是在募集时需要重点考虑的。

募集总体思路就是对即将展开的募集工作的计划安排，相当于一个募集预案。募集思路并不直接体现在募集文件中，但是所有的募集工作推进、募集文件准备、募集资源整合、募集流程衔接等都是根据募集思路来安排的。作为发起人在募集思路上一定要清晰、明确。

二、GP的选择和组建

在募集准备工作中，非常重要的就是确定GP到底是选择已有的团队，还是新组建GP。一般来说，GP的选择是在LP主导型的发起模式下，一项主要的募集准备工作；而GP的组建，则涵盖了GP主导型的发起、LP和GP混合型的发起以及LP主导型的发起的特殊情况。

（一）GP的选择

在LP主导的发起模式下，发起人必须考虑如何选择一个合适的GP。从实践经验来看，首先LP面临的问题是，在选择GP时，无法确定自己需要何种类型、何种投资方向的GP，往往容易人云亦云，给双方的合作带来很大的隐患。所以，LP首先要明确自己的目标，然后再考虑如何考察、挑选GP。

1. 明确目标

目前，国内的LP选择GP时，存在着一些误区。比如盲目的知识崇拜，一些GP在管理团队中，列出了一系列的教授团、专家团。往往LP仅仅看到如此的团队构成，便下定结论，从而迅速决定合作。另外就是盲目轻信GP的各种指标，现在在PE行业里，评价PE机构业绩的指标琳琅满目，IRR、MRR等。在一些LP看来，唯数据是举，认为指标越好，就越代表这家GP机构值得选择。其实，这是由于LP没有明确自己的目标，而是盲目轻信专家、数据。这些往往是投资所忌讳的。

LP在选择理想中的GP时，首先要明确的是自己希望寻找哪种类型的GP，是保守型的，抑或风险型的；是擅长何种行业的GP，是IT业，还是通讯业等。因此，LP在作出投资选择之前，必须了解自己希望投资的领域以及投资偏好。同时，LP要发现自己的局限性。这样在考察GP时（具体考察的方面，下文将介绍），用上文提到的那些数据或者专家作为参考，明确目标寻找能弥补自身不足的GP，坚定自身的主导性、目标性，才能找到真正适合自己的GP。

2. 考察GP

（1）团队质量。考察GP机构，首先应该考察GP的团队质量。投资行业有句话"投资就是投人"，这从一定程度上反映了管理团队的重要性。GP团队的质量一般表现为以下几个方面：

第一，团队成员的专业或从业经历。GP成员的行业经验，对专业的敏

105

感性以及在其专长领域内的人际关系等都是与本人的从业经历分不开的。工作履历能体现GP成员对某个行业的把握力度，在项目决策时能有合理的判断，提高投资的准确度。同时，GP成员具备某个行业长期的工作积淀，积累的丰厚的人脉资源，这样对投资项目的成长很有帮助。

第二，团队的稳定性。对于一个PE来说，其发行的一只基金周期往往在10年左右。在如此长期的一个过程中，LP将资金交给一个稳定的团队管理是很有必要的。同样，越是稳定的团队，就表明了GP在最初投资的时候，是持谨慎和长期负责的态度进行的投资；越是稳定的团队，意味着在基金的后期，其收益是有保障的，不会出现项目投资完成，团队成员依次离开PE，只剩下下不熟悉情况的LP和新进来的GP成员，项目后期无人负责的状况。

从另一个方面看，一个稳定的GP团队，说明了这些PE管理成员之间能长期共事，互相之间的信任、合作和沟通应该十分默契。对于LP来说，这表明了LP的资金每投出一笔，每进入一个项目，虽然是经过具体项目经理个人的操作，但是若项目碰到困境，将会有整个GP团队出谋划策。可以看出，稳定的团队能发挥着强大的保障作用，为LP的投资保驾护航。

第三，团队的构成。项目的投资涉及多个领域的知识，财务、法律、行业、政策等。在GP的团队里，应该具备各方面的人选。如果在GP的团队全部都是单一专业的管理人员，或者都是局限于某领域从业经验的人员，这样在项目投资决议时，出于团队知识、专业、经验的结构性问题，容易出现意见的偏颇，有可能造成某一方面的探讨出现结构性隐患。

当然，出于管理成本等因素的考虑，并不是要求团队成员的构成都需要面面俱到，但至少LP在考察GP团队时，通过考察GP的决策流程或者顾问团队时，应该注意其在决策时会不会邀请相关专业人士参加，或者在其顾问团队中，与投资领域相关的各个方面的顾问专家是否具备。这样也能弥补团队成员结构偏差的问题。

第四，团队的历史业绩。GP团队所创造的历史业绩是最直接地能说明团队质量的证据。历史良好业绩表现最能吸引并说服LP选择该PE机构。所谓团队的历史业绩不仅仅是指其成功的项目，还要包括其失败的项目。通过成功的项目可以看出GP在投资中，比较擅长的领域和大致的收益情况。但是通过其失败的项目，可以看出GP对于错误的总结，是否能吸取失败的经验；团队内部对待失败项目的处理，是否影响整个队伍团结；项目投资失败后，GP如何与LP交流、沟通等。若这是一支成熟的GP管理团队，无论是成功或是失败的投资业绩，其均可以妥善处置，而不造成整个PE运转的失灵。

对待团队的历史业绩，尤其是那些成立不久的GP团队。由于其从事的投资项目较少，不乏出现全部成功或者全部失败的业绩情况。LP在选择时，并不一定说就是全部成功的GP团队就好。在GP投资项目基数太小的前提下，单凭业绩的成功率来判断GP团队，是缺乏科学性的。

（2）GP内部结构及制度。由于有限合伙制PE在管理方面的最大特点就是，合伙企业事务由普通合伙人执行，有限合伙人不执行合伙事务，不对外代表合伙企业。所以，LP在考察GP时，对其内部的组织结构一定要调查清楚，需要考察GP管理架构是否合规、内部有没有完善的机制、出资人与基金管理人之间的责任划分是否明晰、是否建立有效的激励和约束机制等。

在PE的内部组织结构上，要看GP有没有在内部治理结构中设置有投资委员会、顾问委员会和合伙人会议等机构。相关的制度流程是否已经设置完备，并且投入运转。风险控制机构以及制度的设置体系化是否完备，并且正常运转。比如在风险控制的制度上，是否从有限合伙协议，到GP基本管理制度，再到内部控制均有制度存在；组织体系上是否成立了专门部门管控，对PE机构的各类风险进行审核与监督，此内控部门是否对GP发挥作用。

现在我国的现状与国际上的PE惯例存在一定的不同。我国的LP比较倾向亲自参与GP的决策和管理。这给目前GP的机构设置和制度安排带来"中国化"的特色。比如我国的LP常常对有限合伙企业的投资决策拥有决定权，甚至对重大投资决策享有一票否决权；在投资决策委员会中，成员由LP和GP共同组成。LP参与投资决策委员会议讨论，并进行投票，进而作出最终决策，最后交给GP去执行。这就导致了LP在选择GP时，不能直接参照国外的做法，而要根据自己的喜好，来决定选择何种类型的GP管理者。

（3）投资策略、技巧。LP考察GP的投资技巧，主要看GP在投资过程中，对整个项目的市场判断、项目选取、策划、把握时机等方面的能力。不同的GP在此方面各有所长。有的GP倾向于投机，善于抓住市场先机，能比较准确地判断市场亮点，时机的把握比较好；有的GP对行业比较关注，关注企业的持续收益能力和其长期的成长性，能将一个实体企业做大做强；还有的GP能充分利用公关关系，能得到好的项目公司投资机会，甚至介入一些国有项目的投资，而且在后期的上市退出中能顺利实现项目要求等。

这些不同类型的GP，其投资的策略、规划肯定不一样。直接关系到这个有限合伙制PE的投资风格。LP在充分调查的基础上，甚至可以对其进行跟踪式的关注，综合GP投资的策略和技巧等各方面，选择最符合自己要求的GP。

（二）GP的组建

除了选择已有的GP管理有限合伙制PE外，无论采用哪种发起模式，在基金的募集准备中，都可能面临GP的组建问题。

具体地说，GP的组建包括了GP的新建和GP的重组。GP的新建，就是为了有限合伙制PE的成立新组建GP管理人队伍。此GP专门为这只基金设立，也只管理这一只基金。GP的重组是指在有限合伙制PE募集设立中，原定GP管理此基金，但是在募集、设立过程中出现了特殊情况，导致原定的GP不能管理拟成立的PE，而出现了或者加入新管理成员，或者已有的GP成员退出，或者只保留了GP的名称，具体的管理人员全部更新的情形。

1. GP的新建

对于LP主导型的发起模式，如果不选择已有的GP，LP就必须新建一个GP。GP的组织形式可以是公司制GP，也可以是合伙制GP，同样可以由个人作为GP。这个GP是新建的，而且要能被LP接受。一般来说，为了有限合伙制PE的顺利募集而专门设立一个GP的情况不少，而且这个GP多为企业形式。虽然在我国法律法规中个人成为GP并未被禁止，但是由于我国目前还未出台自然人破产制度，自然人成为GP的实例比较少见。

同样在LP和GP混合型的发起模式中，也会出现GP的新建。如果LP本身就是一家符合法规要求的资产管理公司，那么在以LP的身份募集时，需向募集对象说明拟设立有限合伙制PE中GP的真实情况。在这个情形下，相当于GP主导型的募集，只不过GP在此有限合伙制PE中多了一个LP的身份。因此只要各方接受，不需要新建GP。但是，如果LP本身不是适格的资产管理企业，或者LP在募集此有限合伙制PE时的初衷就是为了自己尝试去做GP，抑或LP没有找到合适的GP企业，那么为了募集工作的顺利推进，LP必须新设立一个管理企业，使自己成为GP。

在GP主导型的发起中，为了募集、设立的需要，也可能会出现发起人GP重新又再设立一个管理GP的可能。出现这种情况，一般是因为有限合伙制PE须选择合适的设立地点，而设立地的地方性法规所要求的GP条件，已有的GP不符合，因此，作为发起人的GP只好另设一个GP。还有一种情况就是，在募集时，为了吸收外商投资，让外商加入GP，承担有限合伙制PE的日常管理。这时，GP的性质将发生改变，适用的法律法规也发生变化。比如，根据北京的《在京设立外商投资股权投资基金管理企业暂行办法》，上海的《浦东新区设立外商投资股权投资管理企业试行办法》，二者均要求外商投资的管理人（GP），其组织形式必须是有限责任公司，注册资本不低于200万美元。因此，在这种情况下，法规对GP有严格的特殊规定，所以原有发起的GP不一定适格，从而导致发起人需要再新设一个适格的GP。

总之，在GP的新建中，要结合各地方的政策法规要求。如果发起人采用公司制GP，那么各地的法规对其注册资本、出资形式、实收资本等事项均有明确规定。发起人新设GP时，应注意这些条件要求，如果发起人采用合伙制GP，那么在各地方的规定中涉及的条件要求较少。比如天津市对合伙制GP没有提出要求，而在上海、北京等地没有提及合伙制GP的形式，这就需要参照各地设立GP的实例经验来考虑。

2. GP 的重组

GP的重组不涉及新的GP产生，是指原有GP内部的一些变动。随着有限合伙制PE募集工作的进行，一些LP的不断加入，可能会出现个别LP要求加入GP，参与基金的日常管理的情况。如果LP占据谈判的强势地位，就很有可能对GP的内部结构产生影响；另一方面，如果在募集设立的过程中发现了非常适合本有限合伙制PE发展的优秀管理人员，那么在发起人的建议下，GP是要尽可能地吸引这样的管理人员介入的。这样势必导致已经设立的GP发生变更，进行GP重组。

有限合伙制PE的募集是一个持续一定期间的过程，在这段时间内，已经设立好的GP成员可能发生变化，可能会出现部分GP成员退出GP的情况。这样也会导致GP的重组。

在另一种情况下，也会发生GP的重组。如果外资介入了有限合伙制PE，但是仅仅作为LP身份，这时有限合伙制PE适用的法规将变为与"外商投资企业"有关的规范文件，如《外商投资合伙企业登记管理规定》、《外国企业或者个人在中国境内设立合伙企业管理办法》、《外商投资创业投资企业管理规定》等。在这些规范中，有一些特殊的规定，比如投资范围受到《外商投资产业指导目录》的限制。那么，原来设立的GP在投资范围、投资方向上需要进行调整。GP需要进行重新修订章程、调整运作方式等重组工作。如果外商进入GP，管理有限合伙制PE，同时能够通过对原有GP进行重组而达到法规的要求条件，也可以进行GP的重组。

3. GP组建的考虑因素

从上文的阐述中不难看出，许多因素影响着GP的组建。从实务上看，GP的组建需要考虑一定的主、客观因素。

（1）资格条件因素：GP的组建首先必须符合法律法规的强制规定。根据《中华人民共和国合伙企业法》第三条规定："国有独资公司、国有企业、上市公司以及公益性的事业单位、社会团体不得成为普通合伙人。"所以，这几种组织形式不得成为GP的组建对象。

另外，在不同的地方，对GP的资格条件要求不同，比如天津市在《天津股权投资基金和股权投资基金管理公司（企业）登记备案管理试行办法》中规定，股份公司制GP的注册资本不少于500万元人民币；有限公司制GP的注册资本不少于100万元人民币；对于合伙制GP则没作要求；深圳市的要求是，股份有限公司制GP的注册资本应不低于1 000万元人民币；有限责任公司制GP的实收资本应不低于500万元人民币。

还有的地方政府特别针对有外商参与组建的GP出台专项政策。北京市出台的《在京设立外商投资股权投资基金管理企业暂行办法》中规定，有外商投资参与或者由外商组建的GP应以有限责任公司形式设立，注册资本不低于200万美元，还要有两名以上的合格高管人员。上海浦东也出台了《浦东新区设立外商投资股权投资管理企业试行办法》，对外资组建或者参与的GP作出了与北京相近的规定。

（2）时间因素：一般来说，GP的组建最好发生在募集工作之前。因为一个具有精良人员配备、资产结构等优势的GP更加容易吸引LP的加入，对募集工作能起到有力推动作用；而且提前组建GP能避免一旦募集完成，

LP队伍壮大了，众多LP各执一词、各持己见，最终导致设立工作的搁置。当然，在一些特定情况下，GP的组建也可以发生在募集之后。比如有限合伙制PE发起时，LP已经完全具备，而且合伙协议约定由LP共同选任、或者LP共同组建GP。那么这种情况下GP的组建必定发生在募集之后。另外，一些基金在募集工作完成之后，出于某些特殊情况出现的原因，也会出现对GP进行调整的情况。比如LP要求参与有限合伙制PE的管理而扩充GP；一些优秀行业投资家进入GP队伍；原有GP的成员退出GP团队；原有GP管理基金的资格不达标，而再设立或者改变GP注册资本、组织形式等硬性条件等。

（3）专业化因素：对于GP来说，专业性是其自身必备的素质。可以这么认为，没有专业化的GP团队就没有此PE的健康发展。在组建GP时，GP的成员必须要有很清晰的从业理念和发展规划，同时还要有坚定的信念。尤其在PE早期的时候，自身尚未成熟还对行业处于摸索阶段，再加上业绩和回报的压力，真正能坚持下来需要很大的毅力和决心。同时，组建的GP要熟练此行业的各种专用技术和投资工具，熟知各种投资模式，对市场和行业有足够的敏感度等。另外，GP成员要是有专业素养的从业人员，这不仅仅是说业务上是专业的，更是强调其在行业里形成了优良的行业习惯和职业道德。

（4）综合性因素：组建一个GP，除了要有专业的行业投资人才，还要在团队中纳入相关的法律、财务、金融等专业人才。当然，行政后勤人员的配备也要跟上。总体上来看，GP的组建又具有综合性。一个完整的GP需要各个专业的人员合理的分工合作，各司其职，各尽所能。实践中，虽然有的GP只有几个行业方面的投资管理人员，但是，一般这样的GP会有其他的服务机构，诸如会计师事务所、律师事务所与之合作，或者有的GP聘请顾问团队为之出谋划策。总之，GP在组建上除了专业方面的打造外，综合性也是非常重要的因素。

（5）信任因素：信任是GP组建的重要因素，充分信任有利于LP与GP的合作，对GP以后管理、运营基金产生积极的影响。组建的GP对LP应该有充分的透明度，需要加强与LP的沟通，可以与LP形成定期的联络制度。通过有效沟通，LP对组建的GP的行业经验、职业道德、市场敏感度、投资策略和沟通能力等综合方面产生认同。LP信任了LP将要投资的项目能产生很好的回报率，GP让LP相信GP将会怎样创造价值。即使在发起募集准备过程中出现了特殊的危机情况，GP也需要及时与LP沟通，并将自己的风险分析、防范措施、补救措施等情况与LP进行讨论。本着公开、坦诚、有效的原则，这样的沟通能增加双方的互信，LP会愿意更加深入地与GP合作。

三、《募集说明书》

募集文件的准备是一项工作量大，而且非常基础性的工作。通过文件的准备工作，能把拟成立的有限合伙制PE的组建框架、基金定位、运作方式、基本协议等内容体现出来。发起人需要准备的募集文件有许多，如《合伙协议》、《资产管理协议》、《资金托管协议》、《募集说明书》以及路演演示文件等。其中，在募集阶段最为重要的就是《募集说明书》。

（一）《募集说明书》的作用

《募集说明书》是特定投资者对要设立的有限合伙制PE最直接的信息来源。募集对象要了解这只基金，首先就是通过《募集说明书》的描述。而且投资者在阅读《募集说明书》时都带着疑问去阅读。所以，《募集说明书》在募集中能发挥巨大的作用。

1. 宣传介绍

《募集说明书》要针对本只基金可能涉及的方方面面进行介绍和宣传。

《募集说明书》要对拟投资行业进行分析、介绍；要向读者阐述拟成立的PE的运作构架，让读者大致了解PE收益的来源；通过《募集说明书》的介绍要让投资者清楚基金的风险如何控制，收益如何分配等。更重要的是，这种宣传和介绍要让读者知道基金的管理团队，并通过书面的描述，使得投资人对GP及其团队产生信心。

2. 指导作用

《募集说明书》中有些程序性的内容，帮助投资人对加入和退出基金的程序有大致了解。同时《募集说明书》中的一些关于LP和GP的权利义务配置、相关机构的设置等内容，又能让投资人知道成为LP之后，能如何参与有限合伙制PE的管理，如何形式LP的权利。从这个层面上说，《募集说明书》又能给投资人一定的指导作用。

3. 吸引关注

一份制作优良的《募集说明书》定能吸引投资者的关注。无论是丰富的内容，还是版面的设计、详略的安排等，都能让投资者有兴趣去翻阅。如果通过《募集说明书》能吸引投资者的关注，那么就能加大投资人投资基金的可能性。

（二）《募集说明书》的制作

1. 基本原则

《募集说明书》的制作或繁或简，或长或短，均没有固定格式和篇幅的要求。但是，总体上需要掌握以下原则：

首先，《募集说明书》要真实，可执行。从某种层面上说，《募集说明书》对发起人具有一定的约束效力。当《募集说明书》制作完成并向投资者发放时，在投资者看来，这份《募集说明书》表明了发起人运作的总体思路。其中对基金的投向、GP管理操作、GP的收益分成、储备项目、风险控制和信息披露等内容，都应该是发起人在有限合伙制PE成立后应该做到的。《募集说明书》相当于给投资者一个前期承诺，如果这些承诺是虚假的，或者不可执行的，那么轻者引起投资者反感，而要求退伙；重者可能触及《刑法》中的集资诈骗等罪名。

其次，《募集说明书》内容合法合规。在制作《募集说明书》时，要注意国家法律法规对相关事项的限制性条款。比如，在基金投资的行业上，一些国家禁入的行业，作为一个私募基金是不允许进入的，那么即使行业收益再高，发起人也不能在《募集说明书》中宣称对此行业的投资；或者有限合伙制PE含有外资成分，那么其投向将受到《外商投资产业指导目录》的影响，《募集说明书》中就不得对外资禁入的行业进行投资导向性描述。

另外，有限合伙制PE的募集方式属于私募，因此在《募集说明书》中不能出现公开募集，或者变相公开募集的内容。比如类似"广大投资者"、"推介会"、"欢迎传阅"等内容和用语是不应该出现在《募集说明书》中的。同时，《募集说明书》中也不能向投资者宣称"保赚不赔"，承诺"在一定期限内以货币、实物、股权等方式还本付息或者给付回报"等内容。这些不合法的内容一旦出现在《募集说明书》中，将有极大的可能引发严重后果。

再次，《募集说明书》须详略得当。在制作《募集说明书》时，应有简单介绍和重点阐述的差别对待。如果有限合伙制PE的GP非常知名，历史业绩突出，那么介绍时简单描述即可。使更多的内容放在基金的回报、GP的管理、与LP的收益分成等方面；如果发起人希望能吸引投资者的关注，那么在潜在项目的分析、描述上，应作为重点，同时对GP的业绩或者GP成员的投资历程都要做重点的阐述。

最后，《募集说明书》须条理清晰。条理清晰是制作《募集说明书》的一个最基本的要求。《募集说明书》是提交给投资人的第一份材料，给客户的第一印象很重要。一份清晰美观的募集文件，不但有利于投资者阅读，也会让投资者对发起人的工作能力、工作态度产生良好印象。条理清晰的《募集说明书》目录清楚，内容排列整齐，逻辑明确，章与章之间衔接紧密，阐述内容的目的性强。有的《募集说明书》为了说明问题，还采用图表、表格等形式。总之，条理清晰的《募集说明书》让投资者阅读起来一目了然，阅读之后能对有限合伙制PE产生清晰的、基础性的印象。

2. 主要内容

《募集说明书》的内容应该必备哪些，这一点没有固定要求。从阐明问题的角度出发，一般要有以下主要内容：

首先，有限合伙制PE的设立背景。这部分主要说明基金投向行业的基本情况，包括行业法规政策、行业发展的态势、基金选择此行业投向的原因，或者可以加上已有的PE投资此行业成功的案例，等等。

其次，本有限合伙制PE的介绍。这部分内容包括对发起人的介绍，对GP的介绍，说明基金的投资定位、投资理念，基金本身的管理团队、服务机构、内部管理构架，投资的决策过程，收益的分配，基金的加入和退出程序；基金的风险控制防范，投资人保护等基本内容。

再次，有限合伙制PE的储备项目介绍。本部分中可阐述基金目前所拥有的一些优质储备项目。通过财务分析，对这些项目进行测算预计的投资收益。如果能举出实例测算，或者有实例参照是最好的。

最后，附件部分。这部分主要用于准备募集相关的配套文件。制作者可以在此部分列举行业相关的法律政策，说明国家对行业的鼓励和支持，以打消投资人的顾虑；同时，也可以以表格的形式列出与有限合伙制PE相关的法律政策解读和摘要。更为重要的是，可以附上《投资意向书》、《合伙协议》、《资产管理协议》等法律性文件，以方便投资人了解。另外，附上这些法律文件也可以方便确定投资的投资人，以便当场签订协议。

3. 制作流程

发起人制作《募集说明书》，首先要搜集和准备基本材料。这些基本材料包括投资行业的基本资料、法规政策、有限合伙制PE的框架、GP的基本情况、风险防范、投资人保护等。如果有外商进入，还需要准备外商股权投资方面的法律法规。这些基本材料的整合需要发起人对行业、国家政策法规等内容有充分的了解。发起人可以采取行业调研、企业调查、市场调查、数据统计分析、财务分析等多种方法和手段，搜集整合材料。总之，只有前期准备工作充分而扎实，后期制作的《募集说明书》才能更加具有说服力。

然后，发起人团队基于准备的材料和对有限合伙制PE的构想，开始组织材料，进行写作。此处需要提及的是，关于《募集说明书》基本内容的排序。上文有关于《募集说明书》基本内容的介绍，并不是说其内容的排序也一定是按照那些顺序。发起人可以根据投资者的偏好、募集时的特定情况，对《募集说明书》的顺序进行编排。比如，为了投资人能清晰地了解本有限合伙制PE的运作，可以根据PE的设立，投资者的加入和退出，PE的运作、投资、退出、收益这条线索编排内容。为了吸引投资人关注，则可以将储备项目情况放在卷首，突出行业发展潜力，再说明有限合伙制PE的情况，最后说明如何加入或者退出本基金。如果为了突出GP的优秀，可以将GP的介绍置于首章，通过GP的介绍连带介绍PE的基本构架、投资项目、运作管理等内容。

最后，进行《募集说明书》的版面设计和印刷。由于《募集说明书》事关投资者接触发起人的第一印象，所以在版面设计上要尽量有特色，或者清新明快，或者简洁大方，或者沉稳低调。总之，版面设计不能太随意，以免投资者因为《募集说明书》形成不好印象，进而延伸到对发起人、GP团队产生怀疑。

4. 制作注意事项

《募集说明书》是一份非常重要的文件。其不但具有宣传介绍的作用，同时其中的部分内容与相关的协议性文件是相一致的。从这方面来看，《募集说明书》在一定程度上具有法律效力，对发起人具有约束力。所以，在制作《募集说明书》时，里面的用语和制度安排应该与《合伙协议》、《资

产管理协议》等法律文件保持一致。也正是因为《募集说明书》具有一定
的法律约束力，所以在一些募集时的用语中，需要进行合规性考虑，符合
上文提到的《募集说明书》内容合法合规的基本原则。

四、募集资源的整合

（一）募集资源整合的含义

募集资源的整合是指发起人在募集准备时，为了路演、签约等募集工
作的顺利开展，搭建募集团队，选择合适的募集对象，整合募集渠道，协
调各方面关系的工作。

下面将以GP主导型的发起模式为例，阐述在募集中，对募集资源的整
合。这样的选取基于以下两个原因：一是GP主导型募集设立在我国目前比
较常见；另一个是，在LP主导型募集设立中，更多的重点工作是选择GP
管理团队，在募集资源整合工作上不如GP发起的整合内容复杂、全面。所
以下文将以GP主导型发起模式为主，谈募集资源的整合，其他发起模式可
以作参照。

（二）募集团队组建

在GP主导型的发起模式中，发起人在搭建募集团队时，要组织好人员
并安排分工。在募集前，一般安排三方面的子团队。第一个是募集时的主
讲团队。这个团队负责募集路演时向投资人介绍行业情况，比如有限合伙
制PE的整体情况，基金的运作，储备项目的情况等内容。主讲人还需要在
路演讲解后解答投资人的提问。主讲团队是最为重要的团队，他们的表现
将直接决定了投资人对有限合伙制PE的看法。第二个团队是执行团队。这
个团队负责安排路演事项，制订计划，邀请嘉宾，协调团队间事宜，布置
安排工作，相当于募集路演幕后的执行导演。募集的进展是否顺畅，各环

节的衔接如何，就能体现执行团队的工作成效。第三个团队是辅助团队。辅助团队负责行政后勤，包括路演会场的布置，与投资人的电话联系，持续跟踪；还负责接待拟有限合伙人，准备签署材料等辅助性工作。这样一个募集团队的搭建整合了发起人在募集过程中自身的资源，以便为全面投入为募集工作服务。

（三）外界募集资源整合

发起人在整合自身资源的同时，也要对外界募集资源进行整合。募集渠道资源的整合实质就是投资人从何处召集、如何召集的问题。募集团队要考虑通过何种渠道获得投资人信息，如何通过这些渠道顺利接触到投资人，募集渠道如何与有限合伙制PE顺利对接等。一般发起人可以通过私人朋友关系的渠道召集部分投资人，也可以通过协会、银行、基金会等渠道选取个别资源作为投资人。无论选择哪种渠道，都需要将这些渠道外延充分扩大，梳理清晰，并计划使用方案。

（四）募集对象整合

募集对象的整合其实就是投资人的选择。在募集团队准备的同时，发起人需要通过一定的渠道，选定合适的投资人。因为在募集范围有限的前提下，发起人选择的投资人针对性要强。一般来说，根据有限合伙制PE的特点，选择基金投资领域与投资人从事领域接近的投资者为目标客户比较容易沟通和交流。因为投资者对领域比较熟悉，会让其更容易对基金的投资领域产生认同，发起人相对容易获得投资。另外，选择合适的投资者，有限合伙制PE的投资者结构会决定企业将来的发展和层次。合伙人的层次和资源优势，将对基金发展有推动作用。

（五）募集账户安排

由于募集工作的进行分批次、逐步展开，所以，有限合伙人的加入也是陆续进入的。这时，有限合伙制PE尚未成立，还没有单独账户。此时为了募集工作的顺利进行，同时又保证投资者资金的安全，发起人可以开设一个共管账户，以便投资者资金陆续进入。除了开始共管账户外，发起人还可以联合拟聘请的资金托管银行设立保证金专户，方便投资人的资金汇入，同时规定资金使用规则，保证资金安全。另外，或者投资者可以单独开设一个临时专用账户，由发起人和投资人共同管理。

第三节　有限合伙制PE的募集操作

一、募集方式和渠道的选择

（一）概述

募集方式，从募集主体上划分可以分为发起人自行募集和委托募集；从募集次数和进程上分，可以分为一次性募集和多次募集；从募集规模和是否封闭基金的角度划分，可以分为限额募集和不限额募集等。从不同的角度考虑，可以有不同的募集方式。

募集渠道是指发起人通过一定的线索，召集投资人。投资人一方面来自机构，属于机构投资者；另一方面来自个人，属于个人投资者。获取这些信息的渠道既可以通过发起人的私人关系，也可以通过社会团体、金融机构等渠道。

（二）如何选择募集方式和募集渠道

从实践运作出发，募集方式和募集渠道都是以募集工作的顺利进行为目标。发起人在募集工作的推进中，首先要列举自己能募集的所有渠道，然后根据拟设立有限合伙制PE的条件特性，挑选适合本基金的投资者。比如，在机构投资者中，如果发起人希望能获得全国社保基金的加入，那么，发起人拟设立的有限合伙制PE就必须在国家发改委备案，而且募集规模要在 5 亿元以上；如果发起人希望保险公司资金进入的话，那么，发起人拟设立的有限合伙制PE必须符合《保险资金投资股权暂行办法》的条件要求。所以，发起人在募集渠道的选择上，首先要从自身条件出发，根据本PE的特点，利用合适的募集渠道，选择合适的投资者。当然，在实践中一些在业内尚不太知名的发起人，在募集渠道的选择上，一般不会存在太多的挑剔，往往都是穷尽所有可能的渠道，尽量募集到足额的资金。

如果发起人的募集陷入困境。比如召集不到投资人的参与，或者对一些流程工作缺乏经验，抑或没有足够的时间专注募集。这时，发起人可以寻求外部支援，委托他人代为募集。委托募集的行为就是代理行为，代理人为受托方，被代理人为发起人，代理的后果由被代理人承担。在法律法规中没有规定发起人必须自行募集，所以发起人可以委托他人，这就是在募集方式上的灵活运用。同样，如果一次募集不能达到募集规模的要求，那么可以进行多次募集。如果有限合伙制PE为开放式基金，那么在PE成立后，还可以继续进行募集工作。总之募集的方式许多，至于发起人如何选择，还是要根据募集中的实际情况而定。

二、募集的流程和规范化操作

在私募中，发起人应该如何展开募集的程序，如何进行募集步骤等，这些内容在我国法律法规中的明文规定中并没有涉及。也就是说，我国法律法规对私募募集的指导性规定，目前处于空白状态，没有统一规定。实践中，只能根据他人成功操作的经验，结合法律法规中对募集的一些禁止性规定，展开有限合伙制PE的募集流程和规范化操作。

（一）募集流程

1.投资者的召集

发起人在募集投资者时，通过特定的募集渠道，向特定投资者发出请柬。在操作细节上需要注意发送请柬的数量不能太多，而且需要在每份请柬写上邀请投资人的姓名。募集团队也可以电话联系投资人，邀请其参加募集路演。

一般发出邀请函邀请的投资人数量要大于愿意参加路演会的人数，所以召集的数量上要比预订的人数有些上浮，上浮的比例应该结合实践经验来看。另外，募集团队需要做好预案，对召集投资人参会的过多或者参会的投资人严重不足的情形准备对策。

2.路演

路演其实就是对投资人召开小范围介绍会。因为私募募集不可以通过广告、公开发表《募集说明书》、路演等方式进行宣传，所以只能通过私下串联、协商。小范围的介绍会就是直接针对目标客户群而展开的。路演时，主讲团队要向投资人介绍行业情况，基金运作框架情况，投资收益分配、储备项目情况等。另外还要向客户展示《募集说明书》、《条款清单》、《认购协议》等法律材料。主讲人宣讲完毕后，要给投资人一定的时间考虑，并且对投资人进行小范围的答疑。最好的结果是通过路演，能确定一部分明确的投资者。如果没有明确的投资者那么也要筛选出一部分意向性的投资者。

3.跟访投资者

投资者的跟访是相对于那些态度尚不明确的投资者而言。如果有的投资人明确表示不投，那么可以对其放弃跟访。若路演后，有的投资人态度不明，那么需要募集团队对投资人作进一步跟访。跟访工作主要是向投资人沟通本有限合伙制PE募集的积极结果，目前的进展情况，也可以对投资行业情况做简短阐述，最后要询问投资人对参与本基金的态度。但是在跟访时一定要注意方法和节奏。不能过于频繁的联系投资人，让其产生厌烦；在交流中尊重投资人的选择。

4. 协议的签署

《出资承诺书》主要作用是，一方面有限合伙人在确定投资意向之后，承诺出资的数额；另一方面，是出资人作出一系列承诺和保证，确保其资金的来源的正常或者承诺其资金的运用不违反法律法规。比如在2010年9月之前，《保险资金投资股权暂行办法》还未出台，保监会对保险资金进入股权投资市场还未放开，那时保险资金进入股权投资市场就是不合规的。因此，《出资承诺书》就是需要投资者承诺资金的来源及运用合规。这样对募集者也是一种有效的保护。

《条款清单》就是在签订基金协议时，将协议中的主要条款列出，相当于一个原则性的合伙协议，类似于在私募融资过程中投资方与融资方确认的风险投资协议（Term Sheet）。这份文件主要向募集对象阐明基金的基本合作条件，是一种意向性的要约。一旦双方谈妥，并且确认了《条款清单》，那么此文件将成为以后双方签订《有限合伙协议》的基础性文件。

《合伙协议》作为募集程序最后的文件，有限合伙人签订此文件就意味着发起人或者GP的募集取得成功。一般，此协议是由募集者提供的格式文书。包括了有限合伙的设立，投资方向，存续年限，合伙人的权利义务，合伙企业的机构，基本费用，退伙、转让，争议解决等内容。

另外，有些GP在招募LP时，GP还会准备其将来要与有限合伙制PE之间拟签订的《资产管理协议》和与托管银行将签订的《资金托管协议》。《资产管理协议》主要详细明确GP与有限合伙制PE之间的权责，合伙企业的治理，GP的投资回报分成的时间和份额等。《资金托管协议》主要涉及托管银行对资金的管理，如何执行放款命令，如何对有限合伙制PE进行核算监督等内容。对LP公开这些协议，一方面便于LP更好地了解整个有限合伙制PE的管理、运作、资金托管；另一方面是通过LP签署确认的方式，对有限合伙协议中相关管理人、资金管理的内容作一个补充。

（二）规范化操作

1.相关规范性文件

规范PE募集的文件有：《中华人民共和国证券法》、国务院的《国务院办公厅关于严厉打击非法发行股票和非法经营证券业务有关问题的通知》、证监会的《上市公司证券发行管理办法》、最高法院的《最高人民法院关于审理非法集资刑事案件具体应用法律若干问题的解释》以及国家发改委发布的《国家发展改革委办公厅关于进一步规范试点地区股权投资企业发展和备案管理工作的通知》等法律法规。这些文件对募集进行了严格的管制和规定。

2.募集方式的注意

综合上述文件规定，有限合伙制PE在募集方法上，一般不得以广告、公告、广播、电话、网络、推介会、说明会、短信、传单、公开诱劝等方式向社会公众公开募集，类似招募广告、推介会、短信通知等募集方式都是被禁止的。为了避免公开募集的嫌疑，路演时召集的投资人数量必须有一定的限制。一般应控制在 50 人以下，让募集路演会成为类似于拟合伙人之间的协商。在对投资人发放募集材料时，最好在材料上表明投资人的姓名，并注明募集材料属于内部资料，不公开对外。另外，在募集时不得承诺在一定期限内以货币、实物、股权等方式还本付息或者给付回报；募集人须向投资者充分揭示投资风险及可能的投资损失，不得向投资者承诺确保收回投资本金或获得固定回报。

【信息链接】

中国私募股权业罪与非罪的红线在哪里？①

2009 年 5 月 10 日，上海汇乐投资控股股份有限公司（以下简称汇乐）董事长黄浩因涉嫌非法吸收公众存款罪，被上海市公安局经侦部门刑事拘留，随后汇乐及关联企业的资产被查封。2009 年 6 月 10 日，红鼎创业投资有限公司（以下简称红鼎）董事长刘晓人，被德清县人民检察院以集资诈骗罪批准逮捕。

非法吸收公众存款，即指未经中国人民银行批准，向社会不特定对象吸收资金，出具凭证，承诺在一定期限内还本付息的活动；变相吸收公众存款，是指未经中国人民银行批准，不以吸收公众存款的名义，向社会不特定对象吸收资金，但同样出具凭证，承诺在一定期限内还本付息的活动。该规定的关键词即：违反金融及相关法律规定，向社会不特定对象吸收资金，承诺还本付息。

从立法层面来说，现阶段中国的私募股权投资立法尚处于空白阶段。2006 年的《创业投资企业管理暂行办法》和 2003 年的《外商投资创业投资企业管理规定》只是从创业投资企业的角度对私募基金作出了规定，但私募股权投资基金的范围并不仅限于创业投资。法律的缺失，一定程度上，导致了私募行业的不规范经营。

3. 特殊问题

根据《中华人民共和国合伙企业法》第六十一条规定："有限合伙企业由二个以上五十个以下合伙人设立；但是，法律另有规定的除外。"从此条文可以看出，有限合伙制PE在募集时，合伙人的数量必须控制在 50 人以

---

① 资料来源：周雯.中国私募股权业罪与非罪的红线在哪里？ http://www.chinavalue.net/Article/Archive/2010/8/25/192460.html 2010-08-25

下。倘若超过 50 人，只能另设基金。条文中所规定的"50 人"是指在送交工商部门登记备案时的《有限合伙协议》中明确登记的合伙人数。至于此中出现的待持现象，"一拖多"的现象，在法条中没有明确规定，法律是否允许待持或者"一拖多"也不置可否。不过在工商登记审查中，审批部门对此只能进行形式审查。对于合伙人与其他人出现的私下合同是无法监控的。

从一定意义上说，协商的方式也存在着法律上非法集资的风险。比如在有限合伙制PE的合伙人中，发起人通过协商、私下传播等方式，吸引了很多投资者加入，出现了大量的待持和"一拖多"的现象，使得实际合伙人远远超过法律规定的人数，这是否触及了非法集资的"雷区"？因此，有限合伙制PE的募集方式是一个法律模糊地带。我国对类似证券市场违规发行募集的打击力度很大，根据证券发行的立法精神，目前应对此采取谨慎的态度。从这一点来理解，《中华人民共和国合伙企业法》第六十一条的规定，不允许有限合伙企业合伙人数超过 50 人，也就是从结果上来控制合伙企业的募集规模，防止利用有限合伙形式公开进行非法集资。

三、募集的变化和终止

基金募集过程不可能一帆风顺，也不可能一成不变，基金发起人在基金募集过程中需要根据实际情况会进行相应的调整，并根据调整的方案进一步推进募集进程。

（一）募集的变化

基金募集方案是基金募集的整体工作思路、计划，主要募集工作流程的安排和特殊情况发生的预案。在基金募集过程中，基金募集方案一般作为募集工作的总体纲领，指导着资金募集工作的开展。但是，在募集的实际进程中，可能出现多种意外情况，导致募集工作不能按照原定方案进行，对资金募集产生重大影响。因此，发起人需要根据实际情况进行方案的调整，以满足资金募集需求。

引发基金募集变化的因素有可能是发起人自己主动调整，也有可能是外部因素环境发生变化所致，诸如募集中进入部分外资、外商要求进入GP团队，或者募集过程相关政策发生变化，导致募集额度需要上调，另外有新的项目投资需求或者地域发展需求也会导致募集方案产生变化。

一般而言，基金募集方案只是作为发起人的工作方案文件，其不会出现在正式对外募集文件中，因此在募集方案发生变化时，首先影响的是发起人下一步工作计划问题，发起人需要根据方案变化及时调整工作安排和进程；其次就外部影响而言，如果募集工作已经开始，已经开始的与部分投资者签订募集意向书或者合伙协议的，针对募集方案的变化，需要妥善处理与之前募集行为的衔接关系，合理评估方案变化的风险，妥善处理由于方案变化带来各方权利义务变化等问题，避免由此带来的不利影响。

具体而言，针对外部因素带来的方案变化，诸如募集中进入外资或者外商要求进入GP团队类问题，那么需要注意GP需要设立成有限责任公司，并且注意相关地方有关外资基金管理公司注册资本等要求；而如果募集过程中政策发生变化，募集额度须上调，那么需要将募集工作时间延长，或者需要增加现有投资者的募集资金额度等；而新项目需求和地域发展需求则需要考虑调整基金GP的设立地点，便于基金开展有关投资活动。

（二）募集的终止

募集的终止可以分为完成的终止和募集中的终止。募集完成的终止就是指在发起人通过募集，在期限内募集到了足额的资金，因此根据募集方案的要求，直接终止募集活动。有限合伙制PE顺利进入设立程序。

募集中的终止是指发起人在募集工作过程中，由于某些特殊情况的出现，导致正在进行的募集终止。这种终止的情形实质上直接导致有限合伙制PE不能成立。引发募集中的终止因素可能是发起人对募集工作的前景不看好，主动放弃了募集；或者在募集过程中采用的募集方式触犯了法律禁区，而遭到了监管方的调查；也有可能是发起人出现了一些事实情况，比如发起人团队解散、发起人丧失民事行为能力等，而导致募集工作中途不得不终止。

从法律后果来说，募集工作中途终止后，前期的发起费用，应该由发起人自行承担。对于已经签订了《合伙协议》的投资人，由于PE不能设立，将导致合同无法生效，发起人、投资人之间的权利义务关系自动解除。如果双方在《合伙协议》中规定了不能设立之赔偿协议，此时，这类条款生效。发起人与投资人将参照这些协议解决双方的纠纷。

第四节　有限合伙制PE的设立

一、有限合伙制PE募集与设立的关系

一般情况下，有限合伙制PE的成立是先募集后设立。但是也有当条件成熟时，先设立有限合伙制PE，待PE成立后，继续开展募集的情况。以有限合伙制PE的设立为节点，可以看出，募集发生在有限合伙制PE设立之前的，可以称之为成立募集。成立募集是指为了设立一个新的有限合伙制PE而进行的募集活动。另外，如果募集发生在有限合伙制PE成立后，那么可以称这种募集为加入募集。加入募集是指新的投资者加入了已经设立的有限合伙制PE。

成立募集是最为普通的方式。基金的募集和设立一脉相承。有限合伙制PE的设立条件是成立募集是否完成的标准。也就是说，只要发起人的募集工作进展到能达到设立PE的最低条件，那么有限合伙制PE的设立工作就可以开始了。在成立募集的情形下，有限合伙制PE的设立是整个基金成立工作的最后阶段。如果没有成立募集，那么就不可能开展基金的设立工作。可见，成立募集是对设立工作开展的保障；同时，成立募集之后的设立工作，又是对前期募集工作的确认。也就是通过有限合伙制PE的设立登记，在法律程序上给予合伙人确认，确保合伙人的权利义务。

对于加入募集来说，一定是发生在有限合伙制PE已经设立之后。此类型的募集是扩大式的募集。这种募集的结果不存在新设立了投资主体，而是在原来有限合伙制PE的合伙人队伍基础之上，增加了新的LP或者GP，即新的合伙人加入合伙企业。有的有限合伙制PE采取定期开放制，这种类型的募集主要针对开放型的有限合伙制PE，募集新投资者加入。在加入募集的情形下，加入募集是基金设立工作的进一步升华，加入募集能进一步壮大有限合伙制PE的实力。同时加入募集完成之后，对以前设立工作需要进行变更。也就是说，有限合伙制PE的设立是加入募集的前提，加入募集又是有限合伙制PE变更的前提。后续加入的合伙人，需要进行变更登记以确保其权利和义务。

二、设立有限合伙制PE的考虑因素

从为了有限合伙制PE设立的便利性、成立后的运作成本、能享受的优惠条件等方面出发，在设立有限合伙制PE时，发起人需要衡量各方面的因素。通过对各种因素的综合考虑，从而决定有限合伙制PE的最终设立。

（一）设立条件

有限合伙制PE首先是一个合伙企业。根据《合伙企业法》第二章、第三章的规定，有限合伙制企业的设立条件除了要符合普通合伙企业的条件之外，还有一些特殊的要求，现将其总结归纳如下：

（1）设立的合伙人要求。根据《合伙企业法》第六十条、六十一条规定："合伙人为自然人的，应当具有完全民事行为能力，有限合伙企业由两人以上五十个人以下合伙人设立；其中至少有一个普通合伙人和一个有限合伙人。"

（2）符合统一的名称、生产经营场所条件。结合《合伙企业法》第十四条和第六十二条的规定可知："有限合伙企业不仅仅要在名称中标明'有限合伙'字样，同时也应该有生产经营场所。"

（3）签订书面合伙协议。《合伙企业法》第六十三条规定："有限合伙企业的合伙协议除符合本法第十八条的规定外，还应当载明下列事项：普通合伙人和有限合伙人的姓名或者名称，住所；执行事务合伙人应具备的条件和选择程序；执行事务合伙人权限与违约处理办法；执行事务合伙人的除名条件和更换程序；有限合伙人入、退伙的条件、程序以及相关责任；有限合伙人和普通合伙人相互转变程序。"

（4）有限合伙制PE事务执行。《合伙企业法》第六十七条规定："有限合伙企业由普通合伙人执行合伙事务。作为普通合伙人，执行合伙企业事务的要求必须在合伙协议中作出明确的规定。"

（5）有合伙人认缴或者实际缴付的出资。有限合伙人不得以劳务出资，并应当按照协议的约定按期足额缴纳出资；未按期足额缴纳的，应当承担补缴义务，并对其他合伙人承担违约责任。

（6）法律、行政法规规定的其他条件。总的来说，设立有限合伙企业，条件宽松，没有最低法律资本限额门槛，也没有发起人的相关限制；另外，其设立程序简便易行，由于其定性为非金融性企业，因此，无须办理营业的前置许可审批手续。

有限合伙制PE毕竟属于特殊法上的有限合伙企业，它的设立除了适用《合伙企业法》关于一般条件的规定外，还必须适用有关股权投资立法的特别规定。从部门来看，有限合伙制PE受到发改委等十部门2005年发布的《创业投资企业管理暂行办法》的规制；如果涉及外资还要受到对外经贸部2002年发布的《外商投资创业投资企业管理规定》的规制。从地方来看，往往不同的地方政策中规定的设立条件存在较大差别。

【信息链接】

各地方对设立股权投资企业的条件要求

上海市颁布的《关于本市股权投资企业工商登记等事项的通知》明确要求：设立股权投资企业注册资本不低于1亿元，出资方式限于货币形式。其中单个自然人股东（合伙人）的出资额应不低于人民币500万元。相应的股权投资管理企业，以股份有限公司形式设立的，注册资本应不低于人民币500万元；以有限责任公司形式设立的，其实收资本应不低于人民币100万元。对合伙制未作规定。

天津市颁布的《天津股权投资基金和股权投资基金管理公司（企业）登记备案管理试行办法》要求：设立股权投资基金，首期缴付不少于1 000万元，公司制注册资本不少于1 000万元，对合伙制不作要求。相关的股权投资基金管理公司，首期缴付不少于100万元，公司制注册资本不少于100万元。对合伙制也不作要求。

深圳市颁发的《深圳关于促进股权投资基金业发展的若干规定》要求：设立股权投资基金，注册资本（出资金额）不低于1亿元，出资方式限于货币形式，首期到位资金不低于5 000万元。自然人股东（合伙人）的出资额不低于人民币500万元。相关的股权投资基金管理企业，股份有限公司形式注册资本应不低于1 000万元；有限责任公司形式实收资本应不低于500万元，对合伙制未作规定。

其他地方，如北京、重庆、宁波、辽宁、吉林等省市对股权投资企业的设立均有设立条件的规定。

（二）设立地点

自从股权投资成为热潮后，各地纷纷出台地方政策鼓励股权投资企业在本地安家落户。北京、上海、天津、重庆、深圳等地均有具体的地方政策，而且这些政策对落户本地的PE企业鼓励、优惠政策各有不同。

　　从有限合伙制PE设立后能得到的优惠政策出发，发起人在设立地点的选择上应该考虑妥当。发起人选择一个合适的设立地点，不但有利于PE的运作和业务的展开，同时也能给企业带来实惠。各地方的优惠政策多种多样，如表 3-1 所示。

表 3-1　各地优惠政策

地区	法律条文名称	主要优惠政策
重庆	《重庆市关于鼓励股权投资类企业发展的意见》	(1) 办公用房补贴。 (2) 营业税、企业所得税减免。 (3) 高管所得税减免。
上海	《关于本市股权投资企业工商登记等事项的通知》	不执行有限合伙企业合伙事务的自然人有限合伙人享受20%的个人所得税优惠税率。
上海	《浦东新区促进股权投资企业和股权投资管理企业发展的实施办法》	(1) 注册登记的一次性奖励。 (2) 企业高管补贴。 (3) 投资于浦东新区鼓励产业形成的地方税收 50%奖励。 (4) 办公用房补贴。
宁波	《宁波市鼓励股权投资企业发展的若干意见》	(1) 一次性开办补贴。 (2) 公司制企业所得税和合伙制企业个人所得税 50%返还，自工商登记之日起享受 5 年。 (3) 不执行有限合伙企业合伙事务的自然人有限合伙人享受 20%的个人所得税优惠税率。
天津	《天津市促进股权投资基金业发展办法》	(1) 营业税、企业所得税、契税、房产税减免。 (2) 办公用房补贴。 (3) 企业高管购买商品房、汽车或参加专业培训奖励。 (4) 投资于本市项目行政的地方所得税 60%奖励。 (5) 合伙制PE的自然人有限合伙人与自然人普通合伙人的股权投资收益享受 20%的个人所得税率。

（续表）

地区	法律条文名称	主要优惠政策
北京	《关于促进股权投资基金业发展的意见》	股权投资基金企业及其高管享受北京市金融业优惠政策，包括企业设立的一次性奖励、办公用房补贴、高管税收优惠，以及高管购买商品房汽车或参加专业培训的奖励。
	《在京设立外商投资股权投资基金管理企业暂行办法》	符合条件的基金可获得北京股权投资发展基金的资金支持。
辽宁	《关于加快私募股权投资发展的实施意见》	不执行有限合伙企业合伙事务的自然人有限合伙人享受20%的个人所得税优惠税率。
吉林	《吉林省股权投资基金管理暂行办法》	（1）自然人有限合伙人，以及自然人普通合伙人的股权投资收益部分，按照20%税率征收个人所得税。 （2）营业税免征3年后减半。 （3）权益性投资损失可在税前扣除。 （4）投资于省内项目行政的地方所得税80%奖励。 （5）办公用房补贴。 （6）企业高管购买商品房、汽车或参加专业培训奖励。
深圳	《深圳关于促进股权投资基金业发展的若干规定》	（1）不执行有限合伙企业合伙事务的自然人有限合伙人享受20%的个人所得税优惠税率。 （2）合伙制基金普通合伙人对基金的非货币出资和股权转让不征收营业税。 （3）采用股权投资方式投资于未上市中小高新技术企业2年以上（含）的，可按其投资额的70%抵扣企业应纳税所得额。 （4）一次性落户奖励、办公用房补贴。 （5）投资于本市项目形成地方财力的30%奖励（单笔不超过300万元）。

（三）选用名称

发起人在设立有限合伙制PE时，给企业选取一个合适的名称是非常实际的问题。在我国的股权投资企业登记中，对企业名称的选取有相关法律法规的规定。何种名称字样能由发起人自定，何种名称字样的使用受到限制，均有规范要求。

一般来说，在为有限合伙制PE选取名称时，使用"基金"、"投资基金"或者"股权投资基金"的字样时，需要达到法规要求的条件。北京、天津、深圳等地在其发布的关于股权投资企业政策性文件中，对PE名称使用作了规定。如天津市的《天津股权投资基金和股权投资基金管理公司（企业）登记备案管理试行办法》中规定允许企业名称中使用"股权投资基金"；深圳市的《深圳关于促进股权投资基金业发展的若干规定》中也规定只要符合条件的股权投资企业可以在名称中使用"基金"或"投资基金"字样。如果有限合伙制PE在募集过后，没能达到法规中要求的条件，那么在设立该基金时，不得使用上述字样。

三、设立有限合伙制PE的流程和操作规范

在满足有限合伙制PE的设立条件，完成相关前置程序后，就是工商部门登记。工商部门进行设立登记的大体程序就是：审查→受理→决定→发照。

由于各个地方对有限合伙企业设立登记的具体细化政策不同，所以下文以北京、上海两地为例，简述有限合伙制PE的工商登记程序。

（一）北京工商部门规定

1. 登记管辖

设立合伙企业，首先要选择合适的登记注册地和登记管辖单位。根据北京市工商局登记管辖范围要求，"北京市工商局负责：（一）汽车交易市场专营企业、从事因私出入境中介、登记注册代理、旧机动车经纪、期货

经纪、投资基金、人才中介服务、征信、煤矿经营的个人独资企业及合伙企业……"。由此可见，在北京设立有限合伙制PE，是在北京市工商局进行设立登记。

2. 具体步骤

在选择好登记管辖之后，设立合伙企业，一般要经过以下步骤：

首先，申请人咨询后领取并填写《名称（变更）预先核准申请书》、《指定（委托）书》，同时准备相关材料；递交《名称（变更）预先核准申请书》，等待名称核准结果；如果名称审核通过，则领取《企业名称预先核准通知书》，同时领取《企业设立登记申请书》；经营范围涉及前置审批的（具体项目参见北京市工商行政管理局印制的《北京市企业登记前置许可项目目录》），办理相关审批手续。然后，递交申请材料，材料齐全，符合法定形式的，等候领取《准予行政许可决定书》。最后，领取《准予设立登记通知书》后，按照《准予设立登记通知书》确定的日期到工商局交费并领取营业执照。

3. 提交文件

在北京设立合伙企业应提交的文件、证件如下面"信息链接"所示。

【信息链接】

北京市工商行政管理局对设立登记合伙企业提交文件的要求[①]

（1）《企业设立登记申请书》[内含《企业设立登记申请表》、《自然人股东（发起人）、个人独资企业投资人、合伙企业合伙人名录》、《企业住所证明》等表格]；

（2）全体合伙人的身份证明或主体资格证明（特殊的普通合伙企业还

---

① 资料来源：如何办理个人独资企业和合伙企业登记注册，http://www.hd315.gov.cn/wsbs/bszn/qydjzc/200805/t20080526_82129.htm

应提交合伙人的职业资格证明）。

（3）《指定（委托）书》、《合伙协议》。

（4）全体合伙人对各合伙人认缴或者实际缴付出资的确认书，以实物、知识产权、土地使用权或者其他财产权利出资，由全体合伙人委托法定评估机构评估作价的，还应提交法定评估机构出具的评估作价证明。

（5）《企业名称预先核准通知书》、《企业秘书（联系人）登记表》。

（6）合伙人为外商投资企业（不含外商投资的投资性公司），合伙企业申请的经营范围涉及《外商投资产业指导目录》中限制类的，还应提交商务部门的批准文件。

（7）经营范围涉及前置许可项目的，应提交有关审批部门的批准文件。

提请注意：在中关村科技园区登记注册的企业申请不具体核定经营项目的，应提交《承诺书》。

4. 受理审核时限

申请办理合伙企业的设立、变更、注销登记和备案，凡材料齐全，符合法定形式，工商行政管理机关当场作出登记决定，并在 5 个工作日内核发营业执照或其他登记证明（申请人以非固定形式提交行政许可申请的，受理审核时限按国家工商行政管理总局《企业登记程序性规定》执行）。

（二）上海工商部门登记

1. 登记管辖

在上海设立个人合伙企业的办理机构为各分局注册科（处）。

2. 登记期限

合伙企业设立的登记期限如下：

（1）名称法定时限为自受理之日起 45 日内作出是否核准的决定。

（2）设立法定期限为自受理申请之日起，在 20 个工作日内作出核准登记或不予登记的决定。

3. 需提交材料

上海市设立合伙企业所需提交申请材料目录如以下"信息链接"所示。

【信息链接】

上海市工商行政管理局对设立登记合伙企业提交文件的要求①

（1）全体合伙人签署的《合伙企业设立登记申请书》、《指定代表或者共同委托代理人的证明》，由全体合伙人签署。合伙人为自然人的由本人签字，自然人以外的合伙人加盖公章。

（2）全体合伙人签署的合伙协议，全体合伙人的主体资格证明或者自然人的身份证明；合伙人为自然人的，提交居民身份证复印件。合伙人是企业的，提交营业执照副本复印件；合伙人为事业法人的，提交事业法人登记证书复印件；合伙人为社团法人的，提交社团法人登记证复印件；合伙人为农民专业合作社的，提交农民专业合作社营业执照副本复印件；合伙人为民办非企业单位的，提交民办非企业单位证书复印件。

（3）全体合伙人签署的对各合伙人认缴或者实际缴付出资的确认书；主要经营场所证明。自有房产提交产权证复印件；租赁房屋提交租赁协议原件或复印件以及出租方的产权证复印件；以上不能提供产权证复印件的，提交其他房屋产权使用证明复印件。

（4）全体合伙人签署的委托执行事务合伙人的委托书；执行事务合伙人是法人或其他组织的，还应当提交其委派代表的委托书和身份证明复印件。

（5）合伙人以实物、知识产权、土地使用权或者其他财产权利出资，经全体合伙人协商作价的，提交全体合伙人签署的协商作价确认书；经全

---

① 资料来源：非公司企业法人开业、变更、注销登记，http://www.sgs.gov.cn/sgs/1001/xzxk/djsx/djsx_03.htm

体合伙人委托法定评估机构评估作价的，提交法定评估机构出具的评估作价证明。

（6）法律、行政法规规定设立特殊的普通合伙企业需要提交合伙人的职业资格证明的，提交相应证明。

（7）《企业名称预先核准通知书》；经营范围中有法律、行政法规或者国务院决定规定在登记前须经批准的项目的，提交有关批准文件。

（8）其他有关文件证书。

以上需要由全体合伙人签署的文件，合伙人是自然人的，由本人签字；合伙人是法人或其他组织的，由其法定代表人（负责人）签字并加盖公章。

（三）外资有限合伙制PE的设立程序

如果有限合伙制PE中含有了外资成分，其设立还将受到《外商投资创业投资企业管理规定》的限制。根据此规范性文件的有关规定，有外资的有限合伙制PE，设立创投企业需按此规定的程序办理。

【信息链接】

《外商投资创业投资企业管理规定》对设立程序的规定

（1）投资者须向拟设立创业投资企业所在地省级外经贸主管部门报送设立申请书及有关文件。

（2）省级外经贸主管部门应在收到全部上报材料后15天内完成初审并上报对外贸易经济合作部（以下简称审批机构）。

（3）审批机构在收到全部上报材料之日起45天内，经商科学技术部同意后，作出批准或不批准的书面决定。予以批准的，发给《外商投资企业批准证书》。

（4）获得批准设立的创业投资企业应自收到审批机构颁发的《外商投资企业批准证书》之日起一个月内，持此证书向国家工商行政管理部门或所在地具有外商投资企业登记管理权的省级工商行政管理部门（以下简称登记机关）申请办理注册登记手续。

发起人申请设立含有外资成分的创投企业，首先要向审批机构报送文件，待审批机关审批通过后，才能开始企业设立的程序。审批文件包括：《必备投资者签署的设立申请书》、《创投企业合同及章程》、《律师事务所出具法律意见书》、《创业投资业务说明》（具体请参见《外商投资创业投资企业管理规定》第九条）等。

在获得审批通过后，申请人需向登记机关报送文件：《设立登记申请书》、《投资者资信证明》、《企业名称预先核准通知书》（具体请参见《外商投资创业投资企业管理规定》第十一条）等。

申请设立非法人创业投资企业，还应当提交境外必备投资者的章程或合伙协议。企业投资者中有本规定第七条第四款规定的投资者的，还应当提交关联实体为其出具的承担出资连带责任的担保函。

以上文件应使用中文。使用外文的，应提供规范的中文译本。

（四）备案制度

在有限合伙制PE设立之后，如果达到了必须备案的标准，那么管理人下一步的工作就是去相关监管部门备案。从PE设立的规范性角度出发，有必要对相关备案事宜进行阐述。

备案制度是指依照法定程序报送有关机关备案，对符合法定规范的，有关机关应当予以登记的法律性要求。从备案制度的理论出发，备案是一种被动式监管，发起方为受监管方。从备案制度的被动性和书面性出发，只有当企业将材料文件报送至监管机构时才会审查。另外，监管机构在对PE进行备案审查过程中，所作的审查应该是书面审查，一般不会进入企业现场调查。

备案式的监管并不涉及行政许可。根据我国《立法法》及《行政许可法》

的相关规定，行政许可只能通过法律、国务院决定、地方性法规的方式设定。监管部门出台的这个部门规章没有设立行政许可的权限，所以，从行政法上看，除进行必要的工商设立登记外，股权投资企业的设立尚未纳入其他监管部门的审批核准之中。

1. 《创业投资企业管理暂行办法》

根据《创业投资企业管理暂行办法》，国家对创业投资企业实施备案管理。有限合伙制PE的备案条件和程序如下：

《创业投资企业管理暂行办法》第九条规定，创业投资企业向管理部门备案应当具备下列条件：

（1）已在工商行政管理部门办理注册登记。

（2）经营范围符合本办法第十二条规定的创业投资业务。

（3）实收资本不低于3 000万元人民币，或者首期实收资本不低于1 000万元人民币且全体投资者承诺在注册后的5年内补足不低于3 000万元人民币实收资本。

（4）以有限合伙形式设立创业投资企业的，投资者人数不得超过50人。单个投资者对创业投资企业的投资不得低于100万元人民币。所有投资者应当以货币形式出资。

（5）有至少3名具备2年以上创业投资或相关业务经验的高级管理人员承担投资管理责任。委托其他创业投资企业、创业投资管理顾问企业作为管理顾问机构负责其投资管理业务的，管理顾问机构必须有至少3名具备2年以上创业投资经验或相关业务经验的高级管理人员对其承担投资管理责任。

备案的部门在国家层面为国家发展和改革委员会；地方层面的备案管理机关为省级（含副省级城市）管理部门，由同级人民政府确定，报国务院管理部门备案后履行相应的备案管理职责。

有限合伙制PE向管理部门备案时，应当提交下列文件：

（1）公司章程等规范创业投资企业组织程序和行为的法律文件。

（2）工商登记文件与营业执照的复印件。

（3）投资者名单、承诺出资额和已缴出资额的证明。

（4）高级管理人员名单、简历。

由管理顾问机构受托其投资管理业务的，还应提交下列文件：

（1）管理顾问机构的公司章程等规范其组织程序和行为的法律文件。

（2）管理顾问机构的工商登记文件与营业执照的复印件。

（3）管理顾问机构的高级管理人员名单、简历。

（4）委托管理协议。

管理部门在收到创业投资企业的备案申请后，应当在 5 个工作日内，审查备案申请文件是否齐全，并决定是否受理其备案申请。在受理创业投资企业的备案申请后，应当在 20 个工作日内，审查申请人是否符合备案条件，并向其发出"已予备案"或"不予备案"的书面通知。对"不予备案"的，应当在书面通知中说明理由。

值得注意的是，已经完成备案的有限合伙风险投资企业可以获得国家或地方政府参股、提供融资担保和税收优惠政策等优惠待遇。没有备案，未纳入主管部门监管的有限合伙创业企业，不能享受这些优惠待遇。

2. PE备案新规定

根据国家发改委发布的《国家发展改革委办公厅关于进一步规范试点地区股权投资企业发展和备案管理工作的通知》（以下简称《通知》）来看，此次国家发改委对股权投资企业的监管方式为备案式，即规模达到 5 亿元的PE必须在首期资金到位后，在规定期限内到发改委备案，并需定期对发改委进行信息披露，包括提交年度财务报告等，发改委也有权对PE进行年检甚至现场检查；逾期不备案的PE将被在发改委网站上公示，视为"运作管理不合规的股权投资企业"。

从出台此《通知》的立法意图上分析，国家发改委根据目前PE行业发展的现状，是希望通过备案式监管，能在一定程度上对PE企业的内部运作作进一步规范，比如在募集方式上、PE的财务管理上、投资运作上等多方面。但是值得一提的是，备案式监管的力度没有审批制、现场检查核实的监管力度严厉。从这一点说，发改委采用这种温和的监管手段，也体现了监管者对PE行业的审慎管理，既希望规范行业的发展，又不希望会打击投资者的积极性。所以，对PE企业来说，接受备案式监管已经迈出了巨大的一步。

《通知》的出台是国家发改委通过备案的方式加强了对PE行业的管理。比如，通过了备案就不会被国家发改委视为"不合规股权投资企业"，就有机会获得社保基金的注资、国有股转持豁免等。这些结果的出现，本质上说不会对PE的设立、投资、运作产生资格性障碍，只能说没有进行备案的PE在获得发展机会和社会认可上得不到更有利的帮助。

一些基金的管理者出于让股权投资企业获得更好的发展机会之考虑，可能会积极进行备案。但是，私募股权投资企业进行备案，意味着企业的资料信息将在一定程度上公开。这不得不让私募股权投资企业经营者在企业发展前景与合伙人、企业隐秘信息二者之间作出权衡。这将在一定程度上给PE企业造成影响。所以，也有一些企业管理者，为了企业的私密信息而规避备案，比如，特意选择PE的设立地点，或者将募集规模调至5亿元以下，或者将一次募集设立的基金分成两批募集设立等。从这些方面来说，《通知》的出台对股权投资企业将产生一定的影响。

第四章

有限合伙制PE的管理与运作

第一节　有限合伙制PE的基础框架

本节介绍有限合伙制PE的基本框架，包括GP与LP的一般性责权利[①]、GP与LP的基础关系以及有限合伙制PE的运作原则，这是建立在应然的基础上、从理论角度进行讨论的。当然，GP与LP的实际关系要比理论关系复杂得多，而在中国，这种关系又有些中国化的演变，所以越发多样化，这些关于实然和中国特色的论述将在下文展开。

一、GP与LP的一般性责权利

（一）GP的一般性责权利

一般认为，根据合伙协议，普通合伙人以其自己的名义，或者代表并以有限合伙PE的名义有权实现PE任一甚至所有的目标，而且可以为了促使目标的实现而采取他所认为必需的所有行动。

1. GP的权利

一般认为，在有限合伙制PE中，GP对外代表有限合伙制PE，负责

[①]　本节所列举的仅为GP、LP一般性责权利，不代表每个有限合伙制PE都如此安排，仅供参考。

有限合伙制PE经营管理与日常事务的执行，包括有关资金的募集、托管以及对外投资，并且负责对外投资项目的立项、经营管理、投资决策以及有关投资退出和利润分配、亏损处理等事宜。具体而言，可以细化为：

（1）在基金募集设立方面，一般GP作为基金发起人，其主要负责基金的募集、设立等事宜，其会主导基金募集说明书、有限合伙协议等募集文件的起草，并且参与主导募集过程，诸如有关路演、介绍、签署有关投资意向书并最终处理资金交割到位等相关事宜；在募集符合基金设立条件时，主持基金设立相关事宜等。

（2）在基金对外投资方面，GP一般主导资金投资决策事宜，体现为：由GP作为基金日常执行人，负责有关投资项目的前期接洽、商业计划书的审阅以及对目标企业或项目组织专业团队进行尽职调查，并且在此基础上出具有关投资建议书；另外，由其参加或主导的投资决策委员会对目标企业或项目进行投资决策，决定是否对外投资事宜；并且负责投资后与项目企业对接负责有关投资项目后续管理事宜；在整个投资过程中，GP根据项目投资需要，决定是否有必要聘请有关财务顾问、律师、会计师等中介机构和人员。

（3）在基金日常经营管理方面，GP作为有限合伙制PE日常事务的执行人，其对外代表有限合伙制PE，并且有权参加联合管理委员会会议，并按照联合管理委员会指示，负责对外执行有限合伙制PE日常经营管理事务，诸如日常的投资财务处理、入伙、退伙、后续募集、清算等事宜。

（4）在基金的退出方面，GP作为日常事务执行人，有权根据日常跟踪项目情况，向投资决策委员会提出投资项目退出建议，并且根据投资决策委员会决议处理退出事宜，办理有关项目退出事宜。

（5）GP有权根据有限合伙协议按照一定比例或方式收取PE管理费。

（6）处理基金投资收益以及清算分配事宜。GP作为日常事务的执行人，负责处理投资项目收益核算、分配等事宜，并有权收取项目有关提成分成；如遇基金清算，则负责有关清算剩余财产核算分配事宜。

2. GP 的义务

一般而言，在有限合伙PE中，GP的义务在于勤勉尽责地执行合伙事务，通过自身专业以及资源整合服务，努力保障有限合伙PE投资的稳健和增值，以实现对于有限合伙人的投资回报。具体而言，可以细化为：

（1）勤勉尽责地执行合伙事务，根据自身专业判断执行合伙事务，并且通过有关资源整合，为PE提供增值服务。

（2）应当保证足够或一定时间参与日常事务和投资管理事务，不得在有限合伙存续期间主动离职。

（3）履行对有限合伙制PE的出资认缴义务，虽然GP出资比较十分有限，但出资仍是GP的一项基本义务。

（4）有些有限合伙制PE对于GP的同业竞争和关联交易作出严格限制，不允许GP另行发起设立与本PE投资方向类似的股权投资基金，并且对于GP与本有限合伙PE进行交易作出严格限制。

（5）GP应接受LP对有限合伙事务执行的监督和建议，为其行使监督和建议权提供方便。

3. GP 的责任

根据有限合伙的责任理论，GP是无限责任的承担者，也就是说有限合伙制PE一旦对外负债，而且有限合伙本身所有的财产不足以偿还的时候，GP要以自己的所有财产对PE的债务负责。但是，由于有限合伙PE从事的是投资业务，所以实际上，GP很难会承担此项责任。

在有限合伙制PE中，GP承担的责任主要是对有限合伙人的责任以及因故意或重大过失导致有限合伙重大损失的责任，特别是GP作为发起人时，GP对LP的责任可能会表现得更加明显。如果GP因过错导致投资失败，GP很有可能要根据合伙协议的约定对LP承担相应的责任。

（二）LP的一般性责权利

有限合伙制PE的投资决策通常全部由普通合伙人（GP）完成，有限合伙人（LP）一般不参与实质性经营管理，但与GP一样，LP在有限合伙制PE中也有自己相应的责权利。

1. LP的权利

一般而言，LP的权利主要包括有限合伙PE事务的知情权、建议权、监督权、独立审计权，以及对PE内部事务管理的参与决策权，还包括优先分配投资收益分成的权利。具体可以细化为：

（1）对有限合伙制PE事务，包括日常经营管理、对外投资事务等有知情权、建议权、监督权，有要求GP按时披露PE相关信息，包括季度财务报告、年度财务审计报告以及其他与PE经营管理事务相关的信息等。

（2）根据知悉情况对PE具体经营管理提出合理化建议，并且该建议不被视为介入PE经营管理，不担心承担无限连带责任。

（3）有权对有限合伙PE经营管理进行监督，有权要求查阅有关财务资料，在有限合伙协议有特别约定时，对于GP经营投资不善导致亏损严重或者存在其他严重过错的，有权要求对GP进行更换或者提出其他处理建议。

（4）有权在必要时自行聘请外部专业机构对PE财务管理等进行审计，当然在确认PE或GP存在过错、责任之前，相关费用由LP先行承担。

（5）有权参加联合管理委员会，对有限合伙制PE相关事务进行决策，并有权参与投资决策委员会，对PE对外投资进行决策，但是一般而言，LP参与投资决策委员会决策不应占据主导和决定作用。

（6）有权根据有限合伙协议优先分配PE投资收益，一般会在投资金额范围并加上一定比例范围优先获取投资收益。

（7）一般LP不受同业竞争和关联交易限制，LP在获得GP书面同意和遵守有限合伙协议有关同业竞争约定的前提下，可以自营或者和他人合作经营与本合伙企业相竞争或存在利益冲突的业务。

（8）有权参与有限合伙PE清算并分配剩余财产。

2. LP的义务

LP在有限合伙制PE中的义务主要是出资义务。此外，还有严格遵守不参与PE的经营管理、不执行合伙事务的义务。具体细化为：

（1）按照有限合伙协议履行对有限合伙制PE的出资义务，按照有限合伙协议承诺出资情况及时履行出资，否则将按照合伙协议承担有关出资违约责任。

（2）一般须严格遵守不得参与有限合伙制PE投资决策以及经营管理等事务，不得对外代表PE并执行合伙事务。

（3）在有限合伙协议特别约定的情况下，不得与PE本身开展具有竞争性质的业务。

（4）须履行保密义务，不得泄露PE经营管理过程中有关商业机密、内部投资决策管理等信息。

（5）一般不得提前退伙或者转让合伙份额，未经联合管理委员会同意，不得退伙或转让合伙份额。

3. LP的责任

在有限合伙制PE中，LP所承担的主要责任在理论上是对有限合伙制PE的债务仅在出资额范围内承担有限责任。在有限合伙制PE的实际运作中，有限合伙制PE很难会出现对外负债的情况。所以，LP的责任主要就集中在因干预GP事务而导致其他合伙人以及有限合伙制PE本身利益的损害。此时LP承担责任的方式与GP一样，是无限责任。

与LP承担责任相比，如何更好地保护LP的权利也许更重要。这是因为LP虽然被赋予诸如监督权、建议权、独立审计权等，但是"有救济才有权利"，由于有限合伙PE运作的不透明，以及信息的不对称，使得LP的权利要么不能行使，要么行使需要很大的成本。因此，为了更好地保护LP的权利的实施，LP需要在合伙协议中与GP就如何进行权利救济商定出一套合理高效的运作机制来，至少能够为LP权利的行使创造出良好的环境。

二、GP与LP的基础关系

GP与LP在有限合伙制PE中为不可分割的关系，相互紧密合作，实现各自资源和优势整合。在有限合伙制PE对外投资经营中，GP与LP相互借力而有效分工合作，实现互利共赢。以下就GP和LP基础关系进行解读。

（一）从表面上看GP和LP的关系

1. 合伙关系

显而易见，GP和LP之间为合伙关系，两者共同存在于有限合伙制PE中，相互之间为合作联营共担的合伙关系。GP与LP之间共同合作经营PE，相互之间形成资源共享和整合关系，GP通过其投行专业知识以及经验进行资源整合整体负责PE投资事宜，而LP主要为PE资金投资和提供者，满足PE对外投资资金需要。由此，GP与LP是一种"知本"和"资本"的有效结合，共同承担经营管理的成果，共担风险，共享利润。合伙关系也说明，GP和LP之间更多的是基于合伙协议组成的协议基础关系，两者之间不像公司那样形成较为稳定的法定关系，因此GP与LP之间可以基于各自利益和资源等情况，结合法律通过合伙协议的设计和约定构建符合各自目的的内部架构关系。

2. 委托关系

有限合伙制PE突出的特点为GP负责合伙事务的执行，而LP不能执行合伙事务，不能对外代表有限合伙制PE，由此，LP作为有限合伙制PE投资者，委托GP全权负责合伙事务的执行，但LP仍然保留对PE的监管、建议等权限，保留对有限合伙制PE事务的有关非投资业务的管理权限。需要注意的是，GP与LP之间的委托关系并不是是一种协议形成的委托关系，而是一种法定的关系，并不是基于LP希望或者不希望，愿意或者不愿意，而是有限合伙制PE的事务只能由GP执行，而LP不能代为执行，或者LP不委托就不发生法律效力，而GP不得进行单方解除。

3. 监督关系

LP对GP合伙事务执行有着监管管理权限，LP可以通过全体合伙人会议决议方式或者要求查阅有关PE内部财务报表资料以及委任部分机构人员参与决策等方式实现对于GP的监管。LP对涉及有限合伙制PE的有关关联交易或者投资额达到一定比例以上的项目进行审核，保持对GP执行有限合伙制PE事务的监督。保证LP对PE运作管理投资的监督具有比较重要的意义，这样有利于权衡GP和LP的关系，保证GP既可以行使合伙事务执行权，又在一定程度上受到LP的监督，保证有限合伙制PE可以在有序规范稳健地运转。另外，两者之间为监督关系对于保障LP的投资利益，具有比较重要的意义，因此作为出资人的LP，其投资的风险和损失更是显而易见，因此需要确保LP对GP以及有限合伙事务执行的监督权限。

另外，关于GP和LP关系，还需要注意GP和LP关系具有很强的法定意义，双方的权利义务在法律上都予以了一定权限的划分，特别是严格划分和界定LP权限范围和行使，不得违反和超越权限，否则有关有限责任将被打破，要求像GP一样承担无限连带责任。这样一种关系，已经在法律上加以严格规定，不允许GP和LP之间通过各自约定予以排除适用，否则相应的约定将会被视为无效。GP对有限合伙制PE承担无限连带责任，承担PE对外投资经营管理的损失和风险；LP对有限合伙制PE出资而承担有限责任，这是有限合伙制度存在的基础，任何超越这一基础而单独的约定或者行为都会被视为无效，这是有限合伙制度所不允许的。

（二）从深层次看GP和LP的关系

从深层次看，GP和LP之间形成信义关系。信义义务是从英美法系的衡平法中发展起来的，其从信托法发展而来，其基本意义在于受托人对信托的受益人承担仅为受益人利益管理信托财产的信托义务,在管理信托财产的过程中应排除自身和第三人的利益,不得将其自身以及第三人的利益置于与信托或受益人利益相冲突或可能冲突的位置。信义义务一般形成于特定关系的当事方之间,此种关系称之为信义关系,承担信义义务的一方可以称之为信义人,另一方可以称之为受益人。信义义务包括两个基本特征:一是信义人代替受益人行事;二是为受益人行事之利益目的,受益人向信义人委托权利。一般认为,信义义务的基本特征在于在双方没有特别约定时,有权获得财产收益的一方(财产所有方)通过契约将有关其财产的管理权力开放性委托给另一方(财产管理方),并且这种委托的权利没有或者很少受到来自财产所有方的限制。从信义义务的发展历史来看,信义关系最初形式为代理和信托。

在有限合伙制PE中,LP将其财产投入有限合伙中,形成有限合伙财产,由GP为了LP以及有限合伙制PE本身的利益进行受托管理。由于在有限合伙制PE中,LP在极为有限范围和程度内影响GP的经营管理,有限合伙制PE几乎在GP控制下,财产的所有权和控制权(经营管理权)分离,因此形成了一种典型的信义关系。①

一般认为,在有限合伙制PE中,GP对于LP以及有限合伙制PE承担着忠诚义务和谨慎义务。忠诚义务包括积极意义和消极意义上的,积极意义是要求GP按照有限合伙制PE以及LP的最大利益行事,而消极意义是GP不得利用其地位为自己或第三人牟利(诸如禁止同业竞争、限制关联交易以及自我牟利)。而谨慎义务主要是指勤勉义务,即GP在处理有限合伙事务时应付诸于合理的谨慎。而LP对GP以及有限合伙制PE承担着诚实信用以及公平交易的义务,即LP对GP应按照诚实信用原则如实履行出资交割到位以及配合执行有关合伙事务的执行,并且按照公平合理原则处理有

---

① 资料来源:姚丽娟.有限合伙之合伙人信义义务研究,http://cdmd.cnki.com.cn/Article/CDMD-10036-2006062449.htm

限合伙制PE投资收益分配等相关事宜。

确立有限合伙制PE中GP和LP之间形成信义关系，可以在很大程度上弥补由于立法和制度的缺欠，通过信义关系可以在一定程度上还原GP和LP关系的本来面目，督促GP和LP各履其职，各尽所能，尽可能规避出现相互之间因为法律或协议不到位而出现争执情形。

三、有限合伙制PE的运作管理原则

从以上GP和LP的责权利以及基础关系分析中可以看出，有限合伙制PE的运作有其自身的特点，集中体现了GP与LP的特殊关系和架构，整个运作基础都围绕着GP和LP关系展开，体现了有限责任与无限责任、管理和监督、激励和约束的有效统一。

第一，有限合伙制PE严格遵循无限责任与有限责任区别分明的原则。有限合伙制PE在运作管理中严格贯彻GP负责PE整体运作管理，对外代表有限合伙PE，而LP严格遵循不参与PE事务执行，只负责一般监督管理以及有关委任权。这是有限合伙制PE运作管理中最鲜明的特点，是有限合伙制PE的本质特点之一，也是区别于公司制PE、信托制PE的根本点。

有限合伙制PE的发起募集和设立已经确立了GP和LP的角色和分工，GP基于其自身管理、对于投资市场的敏锐、作为专业操盘手的经验，使得其承担起PE的运作和管理，并承担因此可能的损失和责任；而LP更多承担了资金的供应责任，满足了对外投资需求和资金整体运作管理，结合GP的专业和品牌，实现资金的有效运作和增值，而LP作为出资者，本身仅承担资金本身的风险，而不再承担超出此之外的任何风险和责任。

第二，有限合伙制PE严格遵循激励和约束相统一的原则。有限合伙制PE中虽然GP不承担基金投资中大部分出资的责任，而由LP承担，但是GP

和LP之间并未严格按照各自出资比例分享收益，而是采取富有激励性的收益分配机制。一般而言，在满足投资收益的条件下，GP可能获得20%以上的收益，远远超出其实际出资，GP的收益并不仅限于收益分配，而且日常对于资金的运行管理也可以收取一定金额的管理费，这些都体现了对GP的激励。在实现这些激励的同时，GP则要承担远超出于出资比例的责任，对基金对外投资承担无限连带责任，这无疑加大了GP个人的责任，使其在决定基金对外投资时尤为慎重，并且不得不更加勤勉尽责，由此，有限合伙制PE本身实现了激励和约束的有效结合。

同样，对LP而言也是如此，虽然其承担了大部分出资，但在有限合伙制PE中并不采取"资本为王"的政策，而是更多考虑了"资本"和"知本"的结合，因此LP本身参与有限合伙制PE的管理受到严格的限制，其仅能行使一些监管、建议等权限，并不实质参与有限合伙制PE的管理，但是与此相对应的就是LP对有限合伙制PE只承担有限责任。

第三，有限合伙制PE遵循一定内部决策机制和流程，有效发挥各机构在投资运作决策中的作用。有限合伙制PE虽然不像公司制那样有着法律规定的三会制度，但是其一般也会根据PE运作管理需要设立相关的管理机构，诸如设立投资决策委员会、合伙人会议、顾问咨询委员会等，这些机构（除了合伙人会议外）法律上并没有明确地加以规定，而是更多依据当事人的意思自治，更多地尊重当事人的主观意志，体现了各当事人之间一定的主观创造性。而且在各个机构之间一般会形成比较明确的权限划分，有着明确的工作流程，以此指导有限合伙制PE能够进行有效运作和实现内部治理。

第四，有限合伙制PE运作管理遵循着一定的项目主导性原则，它的内部机构的设立、投资决策流程的安排、资金募集到位的处理以及工作流程的设置，一般都是以项目主导性原则为指导。诸如以项目情况决定LP投资资金的到位；以项目多寡情况决定内部机构设立和投资决策流程的烦琐简易程度；工作流程一般会考虑项目情况，是否设立专门项目工作小组；另外也会以项目具体情况决定有限合伙人监管程度和方式；项目投资额达到一定程度，一般有限合伙制PE规定对外投资额达到募集金额20%以上的，需要经过合伙人会议决议通过等。以上论述，都说明有限合伙制PE是一个以项目为主导的运作管理模式，其更多体现出了有限合伙制PE治理的高效和直接，减少了更多内部流程环节和程序的烦琐，提高了运作管理的效率。

第五，有限合伙制PE运作管理遵循以GP为主导的原则。有限合伙制PE很多时候是由GP作为发起人发起募集设立的，PE成立后也需要GP整体负责基金的操盘，特别对外投资决策以及内部运营管理，并且整个基金的定位和发展，都深刻镂刻着GP的印记，更多体现了GP的风格。因此，有限合伙制PE运作管理一定程度上是GP本身的运作和管理。

第二节　有限合伙制PE的决策管理

一、有限合伙制PE的经典决策机制

一般而言，有限合伙制PE的经典决策机制为：GP对合伙事务的高度管理、绝对自治和LP对合伙内部重大事务及部分外部事务享有一定参与决策权的结合，是对LP、GP本质特点的还原。GP在一定范围内决策PE的内外部事务，投资决策委员会负责对外行使投资的最高审查决策，合伙人会议负责合伙人内部以及非投资重大事宜的一些关键性决策，顾问/咨询委员会作为决策的参考机构存在。经典决策机制如图4-1所示。

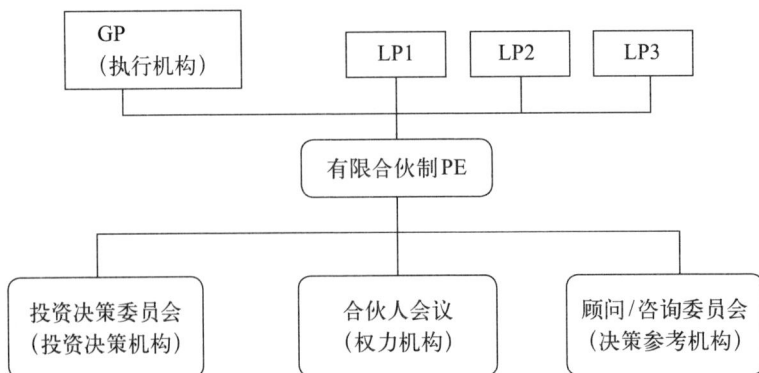

图4-1　经典决策机制

GP与各LP通过合伙协议设立有限合伙制PE，而有限合伙制PE通过《资产管理协议》委托GP作为有限合伙制PE管理执行机构；有限合伙制PE下设合伙人会议、投资决策委员会和顾问/咨询委员会，其中合伙人会议为有限合伙制PE最高权力机构，投资决策委员会为有限合伙制PE投资决策机构，而顾问/咨询委员会作为投资决策委员会以及合伙人会议的决策参考机构。

在有限合伙制PE经典决策机制中，可以看出其有以下特点：

第一，投资决策委员会在决定有限合伙制PE的对外投资上起到了决定性作用，其全权负责有限合伙制PE对外投资事宜，GP的内部董事会也在投资决策委员会权限之外，享有一定的投资决策权限，同时合伙人会议将在一些非投资重大事宜上进行关键性决策，而各决策机构在进行决策过程中会适当考虑顾问/咨询委员会的意见。

第二，PE对外投资决策事宜由GP主导，虽然投资决策委员会有时会吸收部分LP参与进来，但是在投资决策委员会进行投资决策时，LP可以参与表决，但是最终决定是否投资应由GP予以决定。

第三，彻底还原有限合伙的本质特点，GP在有限合伙制PE的投资决策以及事务执行上具有更多自主、独立和自治权，而LP则更多在实施一些建议权、监督权，并且严格执行不得参与经营管理或者控制有限合伙制PE投资事宜原则，不执行合伙事务，不对外代表有限合伙制PE。

第四，彻底实现投资者和管理者的分开和统一，通过有效激励约束机制将GP和LP有效结合在一起，并且各内部机构也实现了权利和义务的有效划分，投资、经营、管理等权力分别由相应机构行使，尽可能将GP和LP的关系还原和体现在内部机构的安排和设置中。

二、经典决策机制中的各机构职能

（一）合伙人会议

1. 组成

合伙人会议是由全体合伙人组成的议事机构，包括普通合伙人和有限合伙人，属于基金的最高权力机构。一般而言，所有合伙人享有相同的投票权，而不论投资额比例。作为合伙人的法人、其他组织，由其委派的代表参加。

2. 决策权限

合伙人会议的决策内容为《合伙企业法》规定的应当由全体合伙人一致同意的事项。《合伙企业法》第三十一条列举了除合伙协议另有约定外，合伙企业应当经全体合伙人一致同意的事项。当然合伙人可以通过合伙协议约定这些事项不由合伙人会议决策。

（1）改变合伙企业的名称。

（2）改变合伙企业的经营范围、主要经营场所的地点。

（3）处分合伙企业的不动产。

（4）转让或者处分合伙企业的知识产权和其他财产权利。

（5）以合伙企业名义为他人提供担保。

（6）聘任合伙人以外的人担任合伙企业的经营管理人员。

除以上内容通常由合伙人会议全体决策事项外，有限合伙制PE一般还有以下事项由合伙人会议审议决策：

（1）审议批准本合伙企业与管理方签订的《资产管理协议》，与托管方签订的《资产托管协议》；基金托管人的选聘和更换；基金管理费和基金托管费的提高；基金管理人的更换。

（2）审议批准本合伙企业的年度报告、清算报告、其他重要文件；决定本合伙企业对外融资及提供担保。

（3）基金合伙人的入伙和退伙事项。

（4）审议依合伙协议约定需经全体合伙人一致同意的其他事项。

通常合伙人会议负责的审议事项不属于合伙企业的投资项目和主要经营业务，合伙企业主要经营事项将由投资决策委员会决定。为了防止合伙人会议越权干预普通合伙人执行合伙事项，有些PE基金在合伙协议中明确约定合伙人会议不应讨论有限合伙投资项目，或其他与有限合伙事务执行有关的事项，不应对合伙企业管理施加控制。

3. 表决方式

对于表决方式，除法律和合伙协议规定须一致同意的事项，《合伙企业法》第三十条规定，合伙人对合伙企业有关事项作出决议，须按照合伙协议约定的表决办法办理。合伙协议未约定或者约定不明确的，实行合伙人一人一票并经全体合伙人过半数通过的表决办法。一般要求合伙人会议应有全体合伙人1/2以上出席方为有效。

部分基金设有合伙人联合管理委员会，其地位类似合伙人会议，由每位法人合伙人各自委派1名全权代表以及其他所有自然人合伙人组成，是本合伙企业的最高权力机构。

4. 外资PE中的联合管理委员会

在我国《合伙企业法》2006年修改建立有限合伙制度之前，诸多外资PE根据《外商投资创业投资企业管理规定》中外资可以采取非法人组织形式设立创投企业，这是在我国立法规定有限合伙之前，外资PE在我国设立创投企业通常采用的形式。该管理规定中设立有"联合管理委员会"机构，因此，许多外资非法人制创投沿用该机构名称。

根据《外商投资创业投资企业管理规定》规定，非法人制创投企业设联合管理委员会。联合管理委员会的组成由投资者在创投企业合同及章程中予以约定。联合管理委员会代表投资者管理创投企业，并且联合管理委员会或董事会下设经营管理机构，根据创投企业的合同及章程中规定的权限，负责日常经营管理工作，执行联合管理委员会或董事会的投资决策。另外，联合管理委员会或董事会可以不设立经营管理机构，而将该创投企业的日常经营权授予一家创业投资管理企业或另一家创投企业进行管理。该创业投资管理企业可以是内资创业投资管理企业，也可以是外商投资创业投资管理企业，或境外创业投资管理企业。在此情形下，该创投企业与该创业投资管理企业应签订管理合同，约定创投企业和创业投资管理企业的权利义务。该管理合同须经全体投资者同意并报审批机构批准后方可生效。

联合管理委员会作用与合伙人会议基本相同，只是沿用了不同的名称。联合管理委员会由PE全体合伙人委派代表组成，主要负责批准《章程》、《资产管理协议》、《资金监管协议》等重要法律文件，以及决定新合伙人的加入、退伙、解散等重要事项。

（二）投资决策委员会

1. 组成和职责

投资决策委员会的职责是对基金的投资建议进行审核和决策，负责批准基金所有投资与撤资行为，是合伙事务具体执行的决策机构。在西方国家，其中投资委员会一般由普通合伙人组成，具体人员由普通合伙人任命或委派，职责为就涉及合伙企业的重大事务进行最终决策。国际惯例通常是，对于项目的投票权不因资金多寡而变，但不是每一个出资人都可以对对外投资项目投票决策，而是由普通合伙人成立的投资决策委员会，对管理方所找寻到的项目进行投票及最后决策。

我国本土PE基金往往会设立投资决策委员会对合伙企业重大事务进行最终决策，投资决策委员会通常由普通合伙人、有限合伙人或其授权代表，以及包括会计师事务所或是律师事务所等第三方机构在内的代表组成。

2. 会议召开和表决程序

一般而言，投资委员会会议召开需由普通合伙人召集，所有的投资委员会会议可以以成员亲自到场参加的形式，也可以以电话会议形式或者其他方式召开。每一位投资委员会成员有一票表决权，不以出资额多寡论表决权大小。任何投资委员会的决议，通过需要有效投票中不超过一张反对票。在实践操作中，对于初投、跟投项目与退出项目的表决权数有所区别，对于初投、跟投项目，须由特定多数即超过 2/3 成员的人数通过，而对于退出项目可由一半多数即超过 1/2 成员的人数通过即可。

【信息链接】

各地有限合伙制 PE 的投资决策委员会

实践中，北京、上海、深圳等地的有限合伙制人民币私募股权投资基金内部管理机构设置各有不同。以东方富海基金为例，该有限合伙企业成立于 2007 年 11 月，注册资本达 9 亿元，当时是全国规模最大的有限合伙制私募股权投资基金。东方富海在决策机制上采用 3+1 的方式，即投资决策委员会有 4 名成员，陈玮和东方富海总裁程厚博作为 GP，自动成为决策委员会的委员，同时东方富海下面的管理公司派一名委员，另外一名委员从 LP 中推举产生，这名 LP 每年更换一次。每个项目必须获得 4 名委员的全部通过才能投资。

达晨创投的有限合伙基金达晨财富的有限合伙协议规定，LP 一般不参与决策，但出资额比较大的，超过一定比例的，可以派一个代表参加投资决策委员会，可以发表意见，最先得知项目的进展，但是没有投票权，每个项目投与不投最终还是由 GP 来决定。

（三）顾问/咨询委员会

顾问/咨询委员会一般由有限合伙人组成，有些机构也称为"有限合伙人会议"，有时也会有一部分由普通合伙人推选的外部专业人士作为独立委员。设立顾问/咨询委员会的目的，一方面是就与本基金的管理执行相关的主要问题，向普通合伙人提出建议，其职能主要是作为 LP 的保护机制，对

GP的决策委员会的权力进行一定的制衡。通常该会议的建议仅仅是对普通合伙人的一种参考意见，不一定会导致普通合伙人采取相应的配合行动。另一方面，根据合伙协议，对某些事项可以进行最后决策。

顾问/咨询委员会作为处理内部关系的机构，就涉及合伙人之间关联交易、利益冲突或对超出投资限额或投资范围的投资项目、有关审计机构的更换等进行决策和协调。普通合伙人及任何有限合伙人，均可要求将某一事项提交顾问委员会评议。顾问/咨询委员会会议方式灵活多样，可以是电话会议或视频会议方式，一般需要有过半数表决权成员参加即为有效，会议决议由参与会议有表决权的成员过半数通过即可。

（四）GP董事会

GP作为有限合伙制PE的执行机构，其一般仅作为投资决策委员会或者合伙人会议的决策的执行机构，但是有些有限合伙制PE出于管理的需要，在管理上进行适当的分层，将有限合伙制PE对外投资在一定数额以下的决策权放于GP董事会，由其自行决定，GP董事会只需将有关投资决策报备投资决策委员会即可。由此，GP董事会自身具备了一定的投资决策权限，其由简单执行机构变为具有一定投资决策权限的机构，相当于在一定程度上分担了投资决策委员会的权限。

GP董事会具有一定的投资决策权限，并无违背有限合伙制PE的经营管理惯例，其不过更进一步加强了GP对有限合伙制PE的经营管理权限，并且贯彻了由GP负责PE经营管理的理念。对于GP董事会而言，其实一般有关投资相关事宜由其负责执行，其对于投资决策相关事宜谙熟于心，因此，由其对于有关投资决策事宜享有决策权限，其实在一定程度上简化了投资决策程序，提高了有关事项的决策效率。

当然下放有关投资决策权限，对于LP履行有关监督和知情权是个问题，需要进一步建立GP董事会与LP以及其他机构的衔接机制，以便于LP以及其他机构行使有关监督管理事宜。

（五）风险控制委员会

有些有限合伙制PE内部设立有关风险控制委员会。有限合伙制PE是否设立风险控制委员会完全可以由GP与LP进行协商，具体的人员组成也可以进行协商，但也可以约定风险控制委员会全部由LP或LP委托的人组成。

风险控制委员会从其产生的根源来说，是为了防范PE在运作过程中可能遇到的风险（道德风险、市场风险以及法律风险），所以，风险控制委员会的职责也可能有相应的三个方面的职责：第一，监督、督促GP的工作；第二，参与投资项目的调查研究以及提出风险防范方案；第三，进行法律方面的研究或者负责与法律服务中介机构进行沟通和交流等。

当然，由于风险控制委员会的具体职责，也可以由GP与LP进行协商确定，所以，风险控制委员会在实践中能够发挥多大的作用，完全与其职责相适应。如果根本没有设立此机构，当然就谈不上什么作用了，但是如果如上文所说，那么，风险控制委员会的作用无疑会影响到PE最后的投资决策。所以，PE以及GP、LP一般会根据需要赋予风险控制委员会以不同的责任和作用。

值得注意的是，上述各机构并非每个有限合伙制PE都会设置，有限合伙制PE经典决策机制里主要机构为投资决策委员会、合伙人会议、顾问/咨询委员会，GP董事会、风险控制委员会则根据有限合伙制PE实际情况而设定；另外，有限合伙制PE根据自身情况以及GP、LP的利益权衡，有时会出现一些变通做法。诸如将合伙人会议与投资决策委员会统一，将有限合伙制PE无论是对外投资、内部运行管理，还是有限合伙制PE的入伙、退伙、清算解散等重大事宜都归其统一管理；再如将投资决策委员会与顾问/咨询委员会统一，在投资决策委员会内部设置有关顾问委员，投资决策委员会委员既有GP，又有部分专业中介人士，在进行投资决策时其有表决权限，这样将顾问咨询与投资决策有效统一起来，提高投资决策咨询的专业水准和公允力。

但是这些非常规做法，实际在一定程度上LP已经参与PE的投资运营决策，与法律规定的LP不得参与经营管理决策存在不符，这也是有限合伙制PE在中国境况下的一种变通和妥协，各方利益的一种本土化安排。

三、中国有限合伙制PE在决策机制方面的变异

（一）中国有限合伙异化的种种表现

1. LP逐渐GP化、GP逐渐形式化

有限合伙制PE在中国并未完全按照国外经典的决策机制运行，经常会出现具有中国本土特色的异化现象，有限合伙制PE在中国的发展具有更多中国的特色。比较明显的就是LP出现GP化倾向，在中国，有限合伙制PE经常会产生在运行经营管理决策中夹杂LP的影子，并且有时其对于PE的经营投资具有决定性作用，从而LP不仅在出资中具有主导作用，而且在经营管理决策上也起着主导作用，并且逐渐与GP在PE内部呈现出统一化倾向。GP不再对于合伙事务具有主导和绝对控制力，更多的决策和经营管理需要与LP参与一并处理，甚至出现极端化发展倾向，GP只是LP聘请来负责PE日常管理的职业经理人，所有PE的内部经营管理投资决策均由LP作出，GP只不过根据LP的决策和指示具体执行而已。

LP逐渐GP化，而GP逐渐形式化，一定程度上加深了GP和LP的矛盾，两者之间对于有限合伙制PE内部管理决策的不一致，也会减缓PE决策进程，彻底模糊制GP与LP的角色，并且这种倾向也会带来GP和LP的风险，诸如由于参与有限合伙制PE的经营管理决策，LP有可能要被要求承担无限连带责任，而GP由于LP的过多介入和干涉，其不能自主决策，不得不承担由此带来的不可控的风险，加大了GP的风险。

2. LP集中化

中国有限合伙制PE出现的另一种异化现象为LP的集中化。在中国有限合伙制PE的成立，经常会由其中一个资金雄厚的投资者牵头，在其影响下，其他投资者追随投资，并且将有关投资管理收益权限与该投资者捆绑在一起，由该投资者领衔实现对于有限合伙制PE的投资，这样的投资比较容易得到PE投资门槛要求，并且在与PE洽商投资条件时也会处于比较有利的条件，争取对LP更多的投资好处。LP集中化会隐藏实际投资者，出现投资大众化倾向，降低私募投资门槛，从而导致一些不符合投资条件的投资者也参与私募投资，加大投资风险；并且LP集中化也会出现非法集资的风险，众多的投资者会存在超出法律规定投资人数要求的风险。

3. GP操纵化

中国有限合伙制PE还有一种异化现象即GP的操纵化。这主要出现于一些较为知名的GP，其具有长期投行经验和业绩，具有比较过硬的投资专业素养和背景，并且在投资资源关系上也有较为深厚的积累，因此其可以对投资有比较好的控制。在此情况下，由其作为GP发起人设立的有限合伙制PE，无疑其具有比较强的话语权，在PE内部管理和投资决策上，甚至一些非投资事务上，诸如投资分配、入退伙等，往往其有比较强的控制力。在此情形下，会形成GP对有限合伙制PE的操纵化。其最大问题在于LP无法正当履行自身出资人权利，无法对GP投资运营管理进行有效监督，从而加大自身投资的风险。

（二）中国有限合伙决策变异的理性分析

1. 原因分析

关于中国有限合伙决策机制出现的变异，探析其具体原因无疑有以下几种原因：

第一，文化习惯影响，中国历史文化中尚未存在有限合伙的渊源和传统，仅在山西晋商票号盛行时期出现过类似有限合伙的"身股"制度，但是作为投资人的东家和管理者的掌柜之间，关系并未完全按照有限合伙机制运作，东家仍参与票号的管理，特别对于重大投资决策其拥有最终的决定权，而掌柜更多的是在尽心尽力管理，对东家忠心不二。因此，其与有限合伙制度存在比较大的区别。缺少了文化传统习惯的影响，有限合伙制PE在中国的发展需要一些融合和对接时间。

第二，人才和经验的限制。中国的私募股权投资时间并不长，而有限合伙发展的历史更短，在这种情况下，无论是从事私募股权投资还是有限合伙制PE的人才都"捉襟见肘"，在实践经验上更是乏善可陈，很多都是在边摸索边实践，成熟的具有品牌效应的普通合伙人也不能满足PE市场的需求，在此情况下，出现LP直接介入投资管理，GP形式化也不足为奇，而其他各种异化现象也是因为对于有限合伙制度的不熟悉，各方根据自身利益进行的一种安排。

第三，诚信系统的缺乏，也会对有限合伙制PE内部决策机制产生影响。我国虽然已经进行市场经济运作，但是市场基石的诚信系统一直并未完全建立起来，市场中出现的道德风险屡屡皆是。而有限合伙制PE存在基础是一个具有诚信系统的经济环境，因为有限合伙制PE更多依赖于GP和LP之间的信任和信赖关系，双方关于PE的运作更多需要通过有关协议予以安排，在一个诚信系统不成熟的系统内，有关各方无疑会为了加大对各自利益的保障，进而加大有关权利的要求，这无疑会导致有限合伙制PE内部决策机制承担了外部机制缺失的后果。

第四，官僚和本位主义的"余毒"影响。有限合伙制PE在美国的成功发展，说明一个成熟的市场经济基础是很重要的，但是在中国，市场经济毕竟还处于一个发展变化阶段，官僚和本位主义思潮仍然留存，这体现在LP对于经营管理干涉，GP独揽权限，双方未能形成对于制度法律安排的尊重，而更多融进各自利益诉求，变更法律相关安排等方面。

2. 客观评价

对于中国有限合伙制PE决策机制的变异应当有一个客观的评价。首先，如黑格尔所说的，存在即是合理，有限合伙制PE决策机制变异就像其他西方成熟法律制度体制在中国的遭遇一样，都是一种本土化的发展，这也符合事物发展的客观规律。毕竟有限合伙制度为舶来品，其有自身发展的客观环境需求，而从英美两国有限合伙不同发展境况也可以看出，不同的发展客观环境直接影响有限合伙的发展。在中国尤其如此，中国毕竟没有西方成熟的法律经济环境，有限合伙制度在中国的发展不可能背离中国问题，而解决中国问题并没有现成的答案和思路，仍然需要在摸索中把握。但是需要我们清醒认识的是，虽然不少事物可以冠之以本土化，但是有些制度内在的核心价值并不能因为本土化而丧失，假若如此，本土化将丧失其本身的意义。

其次，有限合伙制度虽然经历了西方比较成熟的发展，但是其是否就是一定固态或者完全成熟的发展，这不无疑问。按照事物应不断发展规律，不同境况下事务会呈现出各自发展特色。由此可见，中国有限合伙制PE决策机制的变异从某种程度上而言，也是对有限合伙制的一种挑战，在保存有限合伙制度核心价值的情况下，中国有限合伙制PE出现的若干变异，是否存在超出有限合伙制PE的成果性发展，这是值得期待的。不过可以相信，中国有限合伙制PE的发展必会进一步丰富有限合伙制PE的发展，带来进一步实践的深度和广度。

（三）中国有限合伙制PE决策异化的对策

关于如何处理中国有限合伙制PE决策异化，笔者认为可以从观念的矫正、机制的设计和实践的创新3个角度着手。

1. 观念的矫正

有关有限合伙制PE的当事方应对有限合伙树立正确的观念，对有限合伙概念和运作机制有明晰的认识，特别需要树立GP与LP权限和治理理念，相互之间构建有限合伙内部有效治理结构。

2. 机制的设计

法律规定是固定的，而现实生活却是丰富多变的，因此应在立足于现实和各方利益基础上进行一定的机制设计，以满足各方利益需求。针对有限合伙制PE不同主体、利益的需求、决策的要求等，机制的设计都将呈现出一定的变数，因此可以在有限合伙制PE机制设计上进行有针对性变革。

3. 实践的创新

立足于本土情况，根据有限合伙的内在特点，在沿袭固有的决策机制前提下，进行符合本土情况的创新，诸如赋予LP更多的投资参与介入权限，但是限定其更多在于建议权限，建立更多信息对称沟通渠道，确保LP与GP信息的对称和平等，加强顾问/咨询委员会在投资管理决策中的作用等。

四、有限合伙制PE的投资决策流程关键环节

有限合伙制PE的投决策流程一般经过立项、可行性研究、投资委员会决策几个流程，以下主要对立项和投资决策流程及有关操作实务进行介绍。

（一）立项

立项一般由基金管理人即GP任命投资经理，对拟投资项目进行前期考察，结合行业分析对该项目作出初步判断，编写立项报告并向投资决策委员会提交，经投资决策委员会 1/2 以上通过后即可立项。

在进行项目立项时，一般需要投资经理事前对项目进行考察，形成立项报告向投资决策委员会提交。在进行立项会议时，需要投资经理事前形成清晰项目立项报告，并且投资经理在立项会议上需要向投资决策委员会阐述通过前期考察对于该项目的认识，包括项目现状、投资需求、前景、风险等，以便投资决策委员对项目是否立项进行判断。

立项会议一般作为项目启动的必要程序，也是在基金管理人在接到目标项目的商业计划书或者投资需求后，通过与目标公司的沟通和简单的考察进行的项目投资意向启动会议。所以在立项会议上，往往需要投资经理结合对项目的了解和对行业的分析作出对项目本身是否值得投资的初步判断，以便投资决策委员会作出是否立项的决策。

（二）投资决策

投资决策一般在项目正式立项，进行了项目尽职调查，并在此基础上出具尽职调查报告以及投资可行性研究后，由投资决策委员会进行。在投资决策之前，基金管理人需将在投资经理主持下起草的投资建议书提交投资决策委员会，作为投资决策的重要依据。

在进行投资决策会议之前，基金管理人一般需要委托专业中介机构对目标公司进行详尽的尽职调查，包括企业的财务、法律、管理等方面，并要求中介机构提交专业的尽职调查报告，以掌握目标企业的全方位信息和情况。在此基础上，基金管理人会根据自身专业以及投资经验，形成有关投资建议书，并以此投资建议书上报投资决策委员会，并安排有关投资决策委员会会议。

一般而言，有关项目投资决策会议需要按照严格合伙协议约定，由投资决策委员会根据权限和程序作出投资决策，因此有关投资决策委员会投资会议的会议议程、会议表决程序以及会议形式都有比较严格和明确的规定，投资决策委员会须严格按照合伙协议关于投资决策程序规定作出有关决策。投资决策委员会进行投资决策时，一般要求投资决策委员会应按照投资专业要求尽到勤勉尽责义务，行使最佳商业判断，并且整个投资决策会议应当进行会议书面记录，以便日后查询和备案。

【信息链接】

某《资产管理协议》有关投资决策会议的约定

第一，在投资决策委员会召开会议前，管理方应至少提前7天把将在会议中讨论的事宜的相关信息提供给委员会的所有成员，除非该类信息之前已提供给了委员会；对于管理方推荐的投资，若未获得在投资决策委员会会议上全部的在任成员同意通过不得付诸实施。

如某一投资项目在投资决策委员会第一次审核会议上未能到达前述批准条件，则应在第一次审核会议召开7个营业日之后的同一时间和同一地点或投资决策委员会所有出席成员同意的其他时间地点召开投资决策委员会第二次审核会议。

如在第二次审核会议上该拟投资项目仍未满足前述批准条件，则应在第二次审核会议召开7个营业日之后的同一时间和同一地点或投资决策委员会所有出席成员同意的其他时间地点召开投资决策委员会第三次审核会议。

如在第三次审核会议上该拟投资项目仍未满足前述批准条件，则该等建议书不得再次提交并且投资决策委员会亦不得再次对该等拟投资项目予以审核。

第二，投资决策委员会的成员在执行其对委托方的职责时，应履行其最佳商业判断；投资决策委员会的任何成员均不必对委托方或其任何合伙人因该成员的任何作为或不作为而遭受的损失额承担责任，只要该成员在行动中是善意的并且其行为不构成故意的不当行为。投资决策委员会及其每一成员就其善意地采取或容忍的任何作为或不作为，都应当被充分保护并认为是正当举措，只要该等作为或不作为是依赖或遵照其谨慎选择的法律顾问就法律事项或会计师就会计事项出具的意见（或建议）而采取或容忍的。

第三，投资决策委员会可以采用书面、电话会议或传真形式作出前述投资决策，但投资决议必须经投资决策委员会参与决策程序的成员签名，并由委托方和管理方分别保留决议记录。

第三节 有限合伙制PE的执行事务管理

一、有限合伙制PE的合伙事务执行

（一）GP执行合伙事务

有限合伙制PE由GP执行合伙事务，这是由有限合伙企业的性质决定的。从有限合伙的制度设计上看，LP对合伙债务承担有限责任的代价就是其不参与合伙的经营管理，有限合伙的经营管理由承担无限责任的GP负责。这是各国法律关于有限合伙制度的一项基本原则。比如，美国《统一有限合伙法》第4条第3款规定，有限合伙中的普通合伙人享有普通合伙中合伙人的权利，即直接负责合伙的经营管理。

有关合伙事务具体如何界定，法律上并未作出明确规定，但是一般认为应包括有限合伙制PE的经营管理涉及的相关事务，诸如内部管理、经营、投资以及相关决策，特别是对外投资的内部决策和外部实施，应当由GP负责执行，但是一般将有限合伙制PE的入退伙、对有限合伙制PE的建议和监督等这些非实质性管理不列入GP执行的合伙事务之内，这类事务LP有权参与执行。

关于执行事务的标准，法律上并未作出明确规定，但是GP本身作为PE专业操盘手，其应当严格按照专业水准要求尽责勤勉，以维持和发展PE

为根本目的，实现PE投资盈利和利益最大化。另外关于合伙事务的执行，GP在执行有限合伙PE事务时，既可以自己直接执行，也可以将投资业务的管理职能委托专业管理公司执行。GP执行合伙事务的全部行为，包括与任何第三方进行业务合作及就有关事项进行交涉，均对有限合伙制PE具有约束力。而关于执行合伙事务的成果，应归属于有限合伙制PE，如发生相关亏损或责任，应当由有限合伙制PE承担，当然有限合伙制PE无法承担的，由GP承担无限连带责任。

GP在有限合伙制PE执行合伙事务时，应遵守法律关于普通合伙企业合伙人执行事务的规定，如全体普通合伙人对执行合伙事务享有同等的权利；作为合伙人的法人、其他组织执行合伙事务，由其委派的代表执行；按照合伙协议的约定或者经全体普通合伙人决定，可以委托一个或者数个普通合伙人对外代表合伙企业，执行合伙事务，其他普通合伙人不再执行合伙事务，但有权监督执行事务合伙人执行合伙事务的情况；由一人或者数个普通合伙人执行合伙事务的，执行事务合伙人应当定期向其他合伙人报告事务执行情况，以及合伙企业的经营和财务状况；普通合伙人分别执行合伙事务的，执行事务合伙人可以对其他合伙人执行的事务提出异议，暂停该项事务的执行等。

（二）LP不得执行有限合伙事务

有限合伙人不执行有限合伙企业事务，不得对外代表有限合伙企业。任何有限合伙人不得控制有限合伙企业的投资业务，不得以有限合伙企业名义进行各种活动、交易和业务，不得代表有限合伙企业签署文件，不得从事其他对有限合伙企业形成约束的事务。

虽然有限合伙人不执行有限合伙制PE事务，但有限合伙人有权监督普通合伙人在执行合伙事务时遵守法律和本协议的约定，普通合伙人应对有限合伙人提出的有关监督事项作出书面报告。有限合伙人拥有审计权，有限合伙人认为有必要时，可聘请法定审计机构对有限合伙企业财务状况进行单独审计，审计费用由提出审计的有限合伙人承担。如果任何实质性的错误在上述审计过程中被发现，与该审计有关的所有费用，应由普通合伙人承担，并可追究其责任。

有限合伙人的下列行为，不视为执行合伙事务：（1）对有限合伙企业经营管理和投资行为提出建议；（2）对涉及自身利益的情况，查阅获取有限合伙企业财务会计账簿、财务报告、审计报告等财务资料及其他有限合伙企业的业务资料；（3）执行事务合伙人怠于行使权利时，督促其行使权利或者为了有限合伙企业的利益以有限合伙人的名义提起诉讼；（4）在有限合伙企业中的利益受到侵害或执行事务合伙人，故意或违反本协议造成有限合伙企业及有限合伙人损失时，向有责任的合伙人主张权利或者提起诉讼。

二、有限合伙制PE的管理模式

（一）直接管理与委托管理

1. 基本概念

所谓直接管理是指有限合伙制PE由GP自行管理PE管理、运营、投资以及相关决策事务。在直接管理模式中，有限合伙制PE主要由GP进行事务管理和执行，内部各管理机构如前所述，主要设有投资决策委员会、联合管理委员会等，有时根据需要设有专业管理团队，自行管理有限合伙人的出资并负责投资经营业务。

目前中国设立的有限合伙制PE不少实行直接管理。这是由于有限合伙制PE尚处于发展初期，相关法律制度尚不健全，投资经理人市场尚未形成，基金管理公司尚未成熟，委托代理风险大，对专业管理人市场声誉机制的激励和约束效力还远不能充分发挥等因素使然。另外不少GP本身就是基金管理公司，其本身发起募集设立PE，当然也可以自行实现管理。

所谓委托管理即有限合伙制PE将合伙事务管理性质的业务委托专业基金管理公司进行管理，一般属于空降兵类型，基金管理公司一般与基金发起人或投资人没有任何关系，但是也存在管理公司就是发起人组织设立的情况，并且委托管理是私募股权基金运作过程的重要组成部分，其对私募股权基金投资运作目的的实现起着举足轻重的作用。

委托管理的基本特征是依据特别法规的规定，私募股权基金不设经营管理团队，而是委托独立于它的专业投资管理机构负责投资经营管理，双方签订具有法律效力的委托经营管理协议，从而实现管理团队的机构化，并通过量化业绩报酬和管理费等，使激励、约束机制硬化和程序化。

2. 直接管理与委托管理的比较

比较GP直接管理和委托管理两种模式，两者在以下几个方面存在区别：

（1）管理机构：直接管理通过发起人或者投资人组成的公司内部管理机构自行管理；而委托管理则是直接通过更为专业的基金管理公司进行。

（2）管理职责：直接管理一般通过内部机构设置职责分配来明确其管理职责；而委托管理则通过与基金公司签订委托管理协议确定管理职责，但是投资决策一般需要基金投资决策委员会或类似机构作出。

（3）管理方式：直接管理更侧重于内部职能部门划分，具体明确各职能部门职责范围，通过各职能部门分工合作完成；而委托管理与基金通过委托协议确定各自权利义务，其通过自身专业管理实现委托协议约定的管理职责。

（4）管理流程：直接管理按照基金内部职能部门划分和内部规定进行管理；而委托管理则是在委托基础上严格按照委托协议履行委托事宜，并履行必要的报告审批程序。

（5）管理风险防控：直接管理按照基金内部职能部门划分完成管理风

险防控；而委托管理在风险防控上，需要委托管理公司重点予以防控，并且履行相应的职责和承担相应的责任。

总之，区别是客观存在的，但两种模式却无优劣之别。PE根据自身情况，包括GP的组成情况、组织模式设计的能力和需要等情况，选择合适的执行机构。

（二）委托管理情形下的基金管理公司

在有限合伙制PE委托管理情形下，PE委托独立的专业基金管理公司负责项目的选择、评估分析和提出投资建议书，报经PE投资决策委员会同意后，负责办理项目投资的具体事项和投资后管理事务。需要注意的是，有限合伙制PE财产的投资和收益主体均是PE本身，而不是受托的基金管理机构。

在委托管理中需要注意GP与基金管理公司的关系，基金管理公司为GP指定受有限合伙制PE委托进行有关投资业务管理事务，主要是利用管理公司专业人员对投资项目进行专业分析、评估和建议，并且负责有关投资具体运作事宜。但是需要注意的是，有关投资事宜的决策仍然由GP进行投资决策。管理公司更多作为具体执行机构，是受PE委托根据双方委托管理协议约定管理范围进行基金投资事务管理，其并无权进行投资决策，而且委托管理公司执行合伙事务并不免除GP制的责任和义务。

另外在有限合伙制PE中，有时基金管理公司是在有限合伙制PE发起募集设立之前已经选定，有限合伙人的投资也是将基金管理人作为其投资条件之一的，在此情形下，在基金成立之后，如涉及有关基金管理公司的变更，就不单是GP一家所能决定，而是需要GP和LP（有时不是全部LP，而是出资一定数额以上的LP）共同决定。

关于基金管理公司费用一般由GP、LP商定从有限合伙制PE管理费中分担。如果存在基金管理公司情形下，GP的管理费一般会压缩，而基金管理公司的管理费将为有限合伙制PE管理费的主要部分。在委托管理情形下，很多时候，基金管理公司全权负责基金的投资执行操作事宜以及日常事务的执行，而GP基本通过投资决策委员会或合伙人会议行使有关合伙权利，GP不存在具体的管理费发生，由此有限合伙制PE的管理费主要体现为基金管理公司的费用。在实践中，基金管理公司会与有限合伙制PE签订《资产管理协议》，约定双方的基金管理费，一般会相当于实际管理资金的1%~3%。

至于收益分配，在委托管理情形下，对于基金管理公司不存在作为基金管理人的收益分配安排，一般基金管理人的费用即体现为既定的管理费。但是不排除为了体现对基金管理公司的激励，有限合伙制PE会与基金管理公司约定一定的激励分成，约定达到一定收益程度在事先回报投资人LP的前提下，对基金管理公司在剩余投资收益中予以分成。

需要注意的是，对于基金管理公司在执行PE日常事务以及投资事宜时，如涉及关联关系时，需要慎重处理，首先需要向GP以及投资决策委员会进行披露关联关系，公正客观地处理基金管理事务，如有必要，应当适当回避有关事务的处理，由GP指定其他具体执行事务机构或人员。

【信息链接】

某合伙协议关于基金管理公司的约定

第一，有限合伙将聘任普通合伙人指定的管理公司向有限合伙提供投资项目管理和行政事务服务，包括但不限于投资项目的调查分析、协助普通合伙人进行投资谈判、向普通合伙人提供投资架构安排的建议、项目投资和项目公司的管理、向普通合伙人提供投资项目退出方案的建议等。前提是这种委托并不授予该管理公司对有限合伙投资的选择或处置作出最终决策的权利或职权，该决策仅由普通合伙人作出。

第二，有限合伙聘任管理公司提供上述服务，并不免除法律或本协议约定的普通合伙人的责任和义务。有限合伙之投资和退出的最终决策由普通合伙人作出。

第三，本协议签署时普通合伙人指定的管理公司为【 】，普通合伙人如果决定更换管理公司，则更换前需要取得持有总实际缴纳出资额2/3以上有限合伙人的书面同意。

三、基金管理人的发展模式

广义的基金管理人包括PE中的GP，以及受GP委托执行或管理部分合伙事务的机构，即基金管理公司。这里主要就基金管理公司进行阐述。当然，一般而言，基金管理公司大部分情况都是独立且先于PE存在的，也有一部分情况是PE设立时临时成立或重组的。这两种情形也有不同的发展路径和模式，前一种出现的是职业GP专项化，而后一种则是专门GP职业化，这刚好是两种相反的倾向。

（一）职业GP专项化

职业GP专项化，即已有的基金管理公司受委托对某有限合伙制PE进行投资业务方面的管理服务。GP本身即作为基金管理人，其本身主要职责即进行基金管理，因此其进行基金管理有其自身优势，并且已经有过若干成熟案例作为基础，很容易处理基金管理事务。并且已有的基金管理公司受委托进行基金管理，一般与有限合伙制PE并无太多关联关系，基金管理公司处于较为中立和独立地位，可以避免有关关联关系的处理。

在此情形下，职业GP作为有限合伙制PE各机构中的一环，承担着委托基金管理的职责，相关责任主要由与有限合伙制PE的委托协议确定，基本限定于基金的管理、运营、投资及相关决策事务，诸如投资项目的调查分析、协助GP进行投资谈判、向GP提供投资架构安排建议、项目投资和项目公司的管理、向GP提供投资项目退出方案的建议等。并且PE可以与基金管理约定一定的考核评估方式，已形成对基金管理公司一定的制约和监控。

（二）专门GP职业化

专门GP职业化，即PE设立时临时成立或重组基金管公司进行管理，其一般由GP组建。在此情况下，基金管理公司与GP之间存在着一定关联关系，其更多依赖于GP的既有资源，并且由于与GP存在的关系，一般会将基金管理公司确定为GP委托公司，其有关行为将由GP予以监控并承担有关法律后果。

至于其相关职责，与一般的基金管理公司差别不大，只是基于其与GP的特定关联关系，在处理关联关系上应适当加以注意，将基金管理公司的行为视为GP的行为，由GP承担相应的责任。

第四节　有限合伙制PE的分配管理

一、有限合伙制PE的管理费

基金管理费是GP与LP事先协议的，由LP向GP支付后者管理运作PE的报酬。GP收取管理费主要用于基金的常规支出，比如基金的建立、维护和日常管理的费用（包括租金、办公设施花销、出差费用，以及基金管理人员在投资期的基本工资等）。

一般基金管理费的收取，是按照承诺认缴或投资到位的资金数额的特定百分比来计算。一般来讲是1%~3%，当然具体还要视基金规模和制定投资策略所需资源而定。例如，国内的弘毅三期是1.75%，国外KKR的基础设施基金的管理费是1%。另外，如涉及有限合伙制PE存在后续募集情形（如接纳新的有限合伙人或者有限合伙人追加出资）时，基金管理人还有权就新追加的出资额追加收取有关管理费。

基金管理费的计算、收取方式一般有以下几种[①]：

1. 固定比例方式

这是最为简单的一种计算方式，按实缴出资额缴纳管理费。在基金实

---

① 资料来源：GP与LP收益分配的几种方式，http://wenku.baidu.com/view/6028ce12a216147917112813.htm

行认缴资金的募集机制下，在最初资金未全部到位之前，GP收取的管理费偏少，但在出资额全部投出去之后，GP收取的管理费偏高。

2. 定额递减方式

在基金管理期内的一定期限内定额计算管理费，以后年度逐年递减。这种方式考虑到了基金因对外逐步投资，故在后期管理的资金将逐渐减少，符合PE运作的实际情况，也比较容易受到PE特别是LP的采纳。

3. 浮动核算方式

根据实际管理资金核算管理费，资金发生变动时适时调整。这种方式也考虑到了后期管理资金减少的因素，同时采用比较量化的方式计算后期实际管理资金的数量。这种计算方式也符合PE运作的实际情况，也比较容易受到PE特别是LP的采纳。

4. 分阶段方式

将有限合伙制PE存续期间划分为投资期、管理期（或者培育期）、回报期，分阶段提取，在一定的投资期内按固定的比例收取管理费，超过投资期后，则根据项目对应的投资成本收取管理费，当然也考虑到了后期管理资金减少的因素，以及管理资金规模与实际投资成本的差异。

从以上管理费收取方式可以看出，管理费收取考虑的因素，除了实际认缴以及出资到位的资金，即实际需要管理投资的资金外，还考虑到整个投资期的阶段。投资前与投资后会分别进行，投资后由于需要管理的资金减少，相应管理费下调，由此综合考虑设置符合PE本身情形而GP和LP都能接受的管理费。

各种管理费计算方式都会在入伙时明确并写入合伙协议中，且每个合伙人的管理费清缴方式不一定相同。另外，在退伙时清缴管理费，可能有很多种计算方式。一般来说，GP不愿意接受在合伙人退伙或合伙终止时一次性收取管理费，毕竟这会加大GP管理费收缴的风险，也不利于GP资金的流通。

【信息链接】

某有限合伙制PE合伙协议关于管理费的约定

作为普通合伙人对有限合伙所提供的管理服务的对价，普通合伙人向有限合伙按季收取管理费，管理费具体支付办法如下：

（1）管理费按季收取，首个收费期间以有限合伙注册日为起点，按当季所余实际天数计收，其后每季的初期向有限合伙收取。

该等管理费的支付采用普通合伙人指示，由托管人根据资金托管协议从有限合伙资金中扣划的方式，年终根据专业审计机构的审计结果及时调整。

普通合伙人有权指示托管人将管理费资金直接划转到其执行账户。

（2）在3年投资期内，每年的管理费按有限合伙实际出资额的0.375%收取，若投资期延长1年，则管理费按相同比例收取。

（3）若投资期限不延长，在培育期第一年内，每年管理费按投资项目中尚未退出项目的投资成本的0.375%收取；若投资期延长1年，则在培育期的第一年内，每季管理费按投资项目尚未退出项目的投资成本的0.5%收取。

（4）在剩余培育期和回收期内，每季管理费按投资项目尚未退出项目的投资成本的0.5%收取。

（5）在延长期内，每季管理费按投资项目尚未退出项目的投资成本的0.25%收取。

二、有限合伙制PE的收益分配

一般而言，有限合伙制PE收益为有限合伙制PE投资收入减去投资成本的净收益，其中投资收入是指投资项目的变现收入、分红、利息及有限合伙派出到被投资企业担任董事、监事的人员获取的董监事报酬，以及其他可归于有限合伙名义收入的部分等；投资成本是指为有限合伙投入项目的资金成本，包括项目投入的资金、该项目应分摊的管理费及其他费用等。

合伙人的投资收益的分配，一般有以下两种计算方式：基金整体法和交易独立法。基金整体法是将整个基金运作的盈利或亏损作为一个整体来计算，在投资开始有回报时，首先会全部返还给有限合伙人，直至所有投资基金全部返还后，才开始在有限合伙人和普通合伙人之间按照合伙协议规定的比例分红（一般为80:20）。在基金存续期间，基金应该以其利润为限，向合伙人进行分红。依照《合伙企业法》的规定，分红的比例由合伙协议约定。交易独立法则是对基金中多个独立的投资项目进行单独核算，各个项目之间互相独立，盈利或亏损互不影响。在某个投资项目开始产生投资回报时，先返还有限合伙人在此项目上的投资，然后在有限合伙人和普通合伙人之间按照协议规定的比例分红。[①]

（一）基金整体法

一般来讲，有限合伙制PE传统的分红形式为整体分配，先回本再分利，即基金整体法。

由于私募股权投资基金不可能每个项目都实现盈利，因此盈利的项目若先行按"二八"原则分配，如遇到项目亏损则可能导致某个项目的投资本金无法全部收回。为了确保分配给GP作为的投资收益为净盈利，许多基金约定投资本金必须先回收，确实有了盈利才能分配给GP作为管理分红。投资收益分配过程中，在满足有限合伙人的本金返还和最低回报率之前，普通合伙人不会有任何分红。这种分配方式也称"先回本再分利"，这种分配方式更倾向于保护LP的利益。在此种情形下，GP盈利的周期显然要推迟了。最低回报率分配即由此方法衍生而出，即对有限合伙人的资金运用的最低回报，一般是投资金额年利率8%。

[①] 资料来源：GP与LP收益分配的几种方式，http://wenku.baidu.com/view/6028ce12a21614 7917112813.htm

【信息链接】

美国典型的PE收益分配模式①

很多人简单地认为PE的利益分配模式就是 "GP分红20%"，其实这跟国际典型的PE分配模式还是有点儿不一样的。以下简单介绍国际PE典型收益分配模式，如表4–1所示。

表4–1　国际通行的PE收益分配表

⑤ 四次分配：归属于GP的受益（20%）	⑥ 四次分配：归属于LP的收益（80%）
③ 三次分配：归属于GP的收益（80%，GP Carry）	④ 三次分配：归属于LP的收益（20%）
② 二次分配：归属于LP的Preferred Return	
① 一次分配：归属于LP的投资本金	

可以将这个表格想象成一个水桶，PE在扣除基金运作成本之后的所有收益，如同水一样从这个"水桶"的顶部灌下去（③⑤部分归GP，①②④⑥部分归LP）：

①一次分配：这是最优先的分配，先返还LP的本金。

②在归还掉LP的本金之后，剩余的将以一定的收益率再次优先偿还LP，一般在美国，年率以复利计算大概在9%左右。

这样，①＋②可以看成是对LP的最低收益率保障，只要投资的PE最终收回的金额达到①＋②的水准，LP的最低收益是有保障的，这时的②就有点儿像保底收益率的感觉了。当然，据说也有些case到这一分配阶段为止，会将相当于①＋②部分的1%给GP，这种情况可以理解为：很多GP一般自己也掏出了1%的钱投资了，所以，这里GP就只是以出资1%的LP的身份获取应得的收益。

③和④是第三次分配，有点儿复杂，这里也是对GP激励最大的所谓

---

① 资料来源：美国典型的PE收益分配模式，http://blog.sina.com.cn/s/blog_54d995410100a9dp.html.2008-07-09

GP Carry 的部分。先从去掉① + ②的PE收益里面取出相当于②的25%的部分，其中的20%（相当于25%的80%）是分配给GP的，然后的5%（相当于25%的20%）分配给LP。

最后剩下的收益才按照GP20%（⑤），LP80%（⑥）的比例来分配。

（二）交易独立法

1. 常见交易独立法分配方式

交易独立法主要体现为项目分成方式，即通过具体独立项目进行收益分成，而不是整体交易法方式，比较常见的有以下两种①：

（1）预留保证金方式。按独一投资项目分配，同时GP将其取得的管理分红的部分预留在股权基金中作为保证金，在其他项目亏损时用于回拨补亏，也是股权基金中比较常见一种的分配方式。预留保证金一般占管理分红的40%~50%。

（2）单个项目成本核算方式。个别基金按单个项目分配，但同时核算并扣除单个项目的投资本金、管理成本和之前亏损项目确认的本金亏损部分。各个项目之间相互独立，盈利或亏损互不影响。在某个投资项目开始产生投资回报时，先归还有限合伙人在此项目上的投资，然后在有限合伙人和普通合伙人之间按照协议规定的比例分红。

2. 回拨机制

事实上在实施独立交易法时，并不是简单地以项目为单位分配收益即可，还需要结合整个有限合伙制PE运行情形，必要时还需要启动回拨机制。

回拨机制是为了保护有限合伙人的利益而设置的，其目的是在一个投

---

① 资料来源：GP与LP收益分配的几种方式，http://wenku.baidu.com/view/6028ce12a216147917112813.htm

资项目发生重大亏损的情况下，LP可以从GP在之前的盈利项目中所获得的回报分成中，要求拿回一部分用于补偿当前的亏损，从而保证在基金的整体收益上是"二八开"的分配比例。

一般来说，投资交易是逐个地实现退出及分红兑现。如果每一个投资项目都成功，实现回报，回拨机制就不用启动。但现实中，总有亏本的投资项目，这时就要启动回拨机制予以调整收益分配。大多数情况下，如一个投资项目实现数倍回报，LP和GP则按80∶20比例进行分红，但若下一个投资项目发生亏损，回报尚不及LP的资金投资，这时GP需返回之前已经得到的全部或部分分红，用于弥补LP投资本金的损失。即所谓的要保证LP和GP的分红，是在实现LP的所有投资本金收回的基础上进行的分红。

当然回拨机制有时对LP也会产生制约作用。例如对有些杠杆收购，被收购企业，有时会遇到一些事先无法预料的债务责任，或民事诉讼，或知识产权侵权等事件，需要支出一定的财务费用，这时就需要启动对LP的回拨机制，收回其部分或全部分红以应付财务上的支出。

（三）其他特殊分配方式

当然合伙人也可以约定投资收益不予以分配或者不全部分配，而是转为其他投资或者成立子基金，这一般不会在合伙协议中约定（一般有限合伙制PE合伙协议中会约定，有限合伙经营期间，取得可分配资金一般不再用于投资，应于取得之后的一定时间内进行分配，即使因客观原因无法在该时间内进行分配的，也应在客观原因消除后立即分配），但是在有限合伙制PE运营投资过程中，各合伙人发现有新的投资机会，经GP与LP协商后，可以暂不进行投资收益分配，或者只进行部分收益分配，而将其他收益转为做其他投资或者设立子基金进行投资，这是一种变通的做法。

三、有限合伙制PE的亏损承担

（一）亏损判断标准以及亏损承担

有限合伙制PE在什么情况下属于亏损状态？一般而言，有限合伙制PE对外投资出现资不抵债情形即可属于亏损状态，但是有限合伙制PE对外投资情形比较复杂，有时PE不止投资于一个项目，可能出现其中有些项目发生亏损，有些项目盈利的情形，这样盈亏情形并不明了，在这种情况下，如何判断有限合伙制PE发生了损失就比较复杂。

一般而言，有限合伙制PE会专门为每一位合伙人设立资本账户，定期对资本账户余额进行调整。在资本账户中，以下项目将记为资本账户的增项：（1）当期有限合伙收益中该合伙人应得的份额；（2）该合伙人于该期间内所缴付的出资额。而下列项目则记为资本账户的减项：（1）合伙人提取的已分配的现金或实物分配的价值；（2）该合伙人于该季度内所分担的有限合伙亏损。所以，从每一合伙人的资本账户的增项和减项的此消彼长中，可以看出每一位合伙人的投资是亏损还是盈利。

就整体有限合伙制PE而言，从财务专业角度上，会对有限合伙制PE以及各个投资项目进行财务统计，出具有关PE以及有关投资项目的财务报表。一般每年度都会就有限合伙制PE以及其投资的项目向有限合伙人出示财务报表，并且该财务报表应经有限合伙人审核及外部独立的审计事务所进行专门审计。

当然，有限合伙人与普通合伙人也可以就有限合伙制PE的运营投资损失进行有关约定，诸如约定当PE对外投资亏损，总计达到有限合伙人出资的一定比例（一般为60%）时，则视为有限合伙制PE属于亏损状态，那么，此时有限合伙人有权要求采取有关止损措施，严重的会要求对PE进行清算解散，这也表明其对于GP经营管理的有限合伙制PE已经丧失了信心。

至于有限合伙制PE亏损承担原则，原则上以有限合伙人出资先行承担，在有限合伙人出资以及有限合伙制PE盈利无法承担损失的情形下，由普通合伙人对外承担无限连带责任。

（二）亏损对GP的影响

有限合伙制PE发生亏损，对GP最直接的影响就是信任度下降。信任度下降表现在两个方面：其一，对GP职业能力和技能的怀疑；其二，对GP是否尽职勤勉产生疑问。虽然LP对GP的信任度下降，但毕竟投资有风险是很正常的，再加上市场行情的不断变化，如果不会导致LP的重大损失，LP会选择等待并进一步观察，以决定下一步的行动。

有限合伙制PE发生亏损，还会影响GP的收益。根据合伙协议的约定，一般情况下，GP的收益包括管理费用以及盈利分成两部分。管理费用一般是相对稳定的，但是盈利分成却与投资业绩直接相关。在有限合伙制PE亏损的情况下，不管是根据合伙协议的约定还是根据实际情况，GP都不可能获得盈利分成的部分。

有限合伙制PE发生亏损，还有可能导致GP发生变更或重组。当然，对有限合伙制PE来说，一般会约定在有限合伙制PE存续期间，GP是不能离职的。但是如果GP根本不能胜任该职位的工作或者GP给有限合伙制PE造成了巨大的损失，有限合伙制PE的合伙人大会也可能根据合伙协议的约定，或者根据合伙人大会的决议要求变更GP或重组GP。如果GP是自然人或法人，那么，LP会直接要求变更执行有限合伙制PE事务的自然人GP，或直接要求法人GP撤换相关责任人员；如果GP是其他组织，那么合伙人大会会对组织的组成人员重新选定。

总之，有限合伙制PE的组成虽然更具有"资合性"，但是如果GP与LP之间的信任感一旦消失，很难想象GP与LP还能相安无事，也很难想象有限合伙制PE能够不受任何影响。有限合伙制PE甚至因此而解散，或者提前进入清算都不是没有可能。

（三）亏损的弥补与核销

根据《财政部、国家税务总局关于合伙企业合伙人所得税问题的通知》【财税（2008）159号】，以下简称《通知》）我们可知，在《通知》下发之前，合伙企业是纳税主体，所以在每个纳税年度存在亏损的核算和弥补的问题；但是在《通知》下发以后，企业的纳税人是合伙企业的合伙人，所以合伙企业的亏损实际上是合伙人的亏损，此时合伙企业由于不是纳税主体也没有必要进行亏损的核算和弥补。有限合伙制PE作为合伙企业的一种，当然也没有必要在企业层面进行亏损的弥补与核销。

此处的亏损弥补与核销是指LP损失的弥补与核销。一般而言，有限合伙制PE一般会设立专门利润分成账户，由此账户留存PE投资收益，并保障有限合伙人总体年平均最低收益分成。当利润分成账户无法满足上述收益时，有限合伙制PE就会依据有限合伙协议的约定启动GP预留收益回拨机制以最大限度地保证LP的收益达到合伙协议约定的最低比例；如果仍不能达到抵减LP的亏损，那么最后不能抵减部分的亏损由LP自身承担。

如果有限合伙制PE不是采用项目收益模式来分配盈利，那么，由于有限合伙制PE进行的是长期投资，所以，有限合伙制PE亏损与否，要在PE终止之时进行最终的清算。如果亏损，那么GP不能享有激励收益，还要与LP一起承担投资亏损，此时就没有必要进行亏损的弥补与核销了。

至于有限合伙制PE的亏损如何来承担，GP和LP可以在合伙协议中进行约定。如果没有约定，可以由全体合伙人平均分担，也可以按照每个合伙人的出资比例进行分担。但是考虑到有限合伙制PE只有GP参与经营管理而LP并未参与管理，如果GP、LP不愿平均分担投资损失的，可通过有限合伙人会议进行协商，最后按照协商的比例来执行。

第五节　有限合伙制PE的监督控制

一、有限合伙制PE对GP、LP的行权限制

有权利就有监督，有权利就有对权利的限制。GP与LP在行使权利的时候也受到一定的限制，本段中我们主要探讨《合伙企业法》中对GP、LP在执行和管理合伙事务的一些限制性规定。

（一）对GP的限制

普通合伙人承担一系列作为或不作为的义务。

一般来说，普通合伙人负有以下作为义务：普通合伙人作为执行合伙人时，应独立承担合伙企业的经营、运作和管理工作责任；代表合伙企业从事对实现合伙目的必要的任何活动，并应保证合理的时间和精力（勤勉义务）；在一定期限内，不得设立或经营其他基金或从事与合伙企业相竞争的业务，并不得以任何其他方式损害合伙企业及其他合伙人的正当经济利益。归结起来，普通合伙人的义务包括忠实、勤勉两个方面。

同时，普通合伙人承担以下不作为义务：不得从事任何违反法律、法规或合伙协议规定的行为；对有限合伙富有勤勉义务，应为有限合伙投入必要的时间和精力；不得以有限合伙的名义对外借款，不得以有限合伙的名义为他人提供担保；不得自营或与他人合作经营与有限合伙相竞争的业

务；应当向有限合伙人提供有限合伙经审计的年度财务报告和未经审计的半年度财务报告等企业经营和财务状况的信息；其他义务。归结起来，普通合伙人的不作为义务都可以归纳为忠实义务。

我国《合伙企业法》涉及有限合伙企业中的普通合伙人的违约责任的相关规定有以下几条：第九十六条规定"普通合伙人执行合伙事务，或者合伙企业从业人员利用职务上的便利，将应当归合伙企业的利益据为己有的，或者采取其他手段侵占合伙企业财产的，应当将该利益和财产退还合伙企业；给合伙企业或者其他合伙人造成损失的，依法应当承担赔偿责任"。第九条规定"合伙人违反《合伙企业法》规定或者合伙协议的约定，从事与本合伙企业相竞争的业务或者与本合伙企业进行交易的，该收益归合伙企业所有，或者给其他合伙人造成损失的，依法承担赔偿责任"。此条是对普通合伙人违反忠实义务的处罚，但规定的范围比较窄，仅限于侵占及同业竞争两种情况。

于是，在法定的处罚之外进行补充约定显得尤为重要。根据我国《合伙企业法》，普通合伙人违约的处理方法是合伙协议的必要记载事项。作为违约责任的一般性规定，可以在协议中约定如下：当普通合伙人故意违规或者出现重大过失，或者普通合伙人执行合伙事务时有不正当行为给合伙企业造成经济损失，普通合伙人应负担损害赔偿责任；严重时还有可能授予有限合伙人除名权或解除权。比如，当普通合伙人因故意或重大过失给合伙企业造成重大损失，或者普通合伙人执行合伙事务时有不正当行为，则经过全体有限合伙人一致通过，全体有限合伙人可以以书面通知的方式决定将现有普通合伙人除名，并指定新的普通合伙人，或者根据合伙协议的相关规定解散合伙企业。

（二）对LP的限制

对于有限合伙人来说，最主要的违约责任形式当然是出资违约以及执行合伙事务的违约。

　　有限合伙人不得参与合伙事务的执行。根据《合伙企业法》第六十八条的规定，以下行为不视为执行合伙事务，换言之，LP的以下行为不受法律限制：参与决定普通各合伙人入伙、退货；对企业的经营管理提出建议；参与选择承办有限合伙企业审计业务的会计师事务所；获取经审计的有限合伙企业财务会计报告；对涉及自身利益的情况，查阅有限合伙企业财务会计账簿资料等。

　　在上述事项之外，LP参与合伙事务决策的，视为执行合伙事务，其法律后果，根据我国《合伙企业法》第九十八条的规定"给合伙企业或者其他合伙人造成损失的，依法承担赔偿责任"。需注意的是，根据我国《合伙企业法》第三十七条，对LP的执行合伙事务限制不得对抗善意第三人。这意味着，LP的对外决策，仍由合伙企业向善意第三人承担责任。可见，我国《合伙企业法》并没有规定有限合伙人执行合伙事务时承担与普通合伙人同样的责任。

二、有限合伙制PE对GP、LP关联交易和同业竞争的处理

　　此处对关联交易和同业竞争的解读，将分别从3个角度展开：其一，阐述关联交易和同业竞争两个行为的概念及表现形式；其二，从主体角度，即GP、LP两个角度分别阐述，看二者的关联交易、同业竞争义务的范围是否相同；其三，从法定和约定两个角度，阐述关联交易或同业竞争发生时，责任的承担问题。

（一）关联交易

1. 关联交易概念与本质

　　关联交易，是指有关联关系的主体相互发生交易。"关联交易"一词已经广泛应用在证券发行领域，是为了要求发行人对关联交易进行解释，以

确定其独立经营能力。而在有限合伙企业中，关联交易的问题就具体为作为PE成员的GP、LP在某些范围内不得与PE产生交易。如果两个有关联的主体进行交易则引发利益的此消彼长关系，为了保护集体——PE的利益，关联交易是被限制的。可见，限制关联交易的实质是防止利益冲突。

2. 法定关联交易的责任主体与责任范围

根据《合伙企业法》第三十二条的规定，除合伙协议另有约定或者经全体合伙人一致同意外，合伙人不得同本合伙企业进行交易，合伙人不得从事损坏本合伙企业利益的活动。根据《合伙企业法》第七十条的规定，有限合伙人可以同本有限合伙企业进行交易；但是，合伙协议另有约定的除外。可见，我国法律强制规定的范围内，普通合伙人不得与合伙企业存在关联交易，但允许合伙协议另有约定或全体合伙人同意；LP的关联交易通常不禁止，除非有相反约定。故有限合伙制PE中的关联交易并非法律所绝对禁止的，允许合伙人作出例外约定。

3. 约定的关联交易

在法律强制之外，关联交易也可以通过约定来限制或免责。毕竟私募股权投资不涉及公共利益和众多中小投资者的利益保护问题，应该遵守民事意思自治的原则，允许合伙人在合伙协议中约定限制或免责。在进行关联交易的约定时，通常要把握两个平衡：

其一，在项目来源丰富与保证合伙人的勤勉责任履行之间作出平衡。在现实中，如果是正当、合理的交易，没有损害合伙企业的利益，有限合伙也是允许关联交易的，毕竟关联交易也是交易，有利于PE扩大项目渠道、拓宽项目选择的范围；而另一方面，关联交易即便被允许，也要有必要的限度，比如普通合伙人如果频繁与PE进行关联交易，则无法保证普通合伙人对PE事务管理投入必要时间和精力，也会引发道德风险。

其二，在交易公平与激发投资者积极性适当给予投资优惠之间作出平衡。显然，各方都希望交易价格公道合理，PE不能压低企业估值，而被投资企业也不能漫天要价，这是双方都渴求的交易公平。但是另一方面，关联交易方作为PE成员，如果没有优惠的"会员待遇"未免有点儿"冷漠"，很多时候，PE为了吸引投资完成资金募集，往往将"对投资者进行优惠投资"作为宣传亮点，吸引投资者，故而向关联方投资时约定各类条款，可能一定程度上偏向关联方利益。故此，交易公平与激发投资者积极性，是个需要平衡的利益关系。

（二）同业竞争

1. 概述

同业竞争是指有限合伙的合伙人从事与合伙企业本身业务具有竞争关系的业务的行为。同业竞争之所以受到限制，是出于对合伙企业本身利益的保护，毕竟同业竞争是种竞争关系，而作为合伙人如果与合伙企业发生竞争关系，必然因为其对合伙企业投资模式、投资偏好、资金状况等情况的知悉占尽信息先机，从而打败有限合伙企业，获得商业利益。从本质上说，同业竞争有恶意竞争的嫌疑。

2. 法定同业竞争的责任主体与责任范围

根据《合伙企业法》第三十二条的规定，合伙人不得自营或者同他人合作经营与本合伙企业相竞争的业务。根据《合伙企业法》第七十一条的规定，有限合伙人可以自营或者同他人合作经营与本有限合伙企业相竞争的业务；但是，合伙协议另有约定的除外。可见，普通合伙人不得与合伙企业存在同业竞争，有限合伙人原则上可以进行同业竞争的业务，但是允许例外约定。

GP的同业竞争较难判定，毕竟GP通常都是专业的投资管理公司，如果不允许其成为一个PE的GP后再去运作其他基金，则有违常理，故对GP同业竞争的"同业"应进行界定。

同业竞争更是强调了竞争的关系。一般会在两个层面上发生，同一管理人运作的两个基金之间，如果投资范围基本相同则产生同业竞争。此间题衍生出普通合伙人是否勤勉的问题。通常合伙协议中会明确约定管理人不得从事其他类似行业基金的运作活动。这与近些年流行的平行基金不同，平行基金的本质是在不同地域进行平行操作，此种操作并不会引起同业竞争问题，因为目标项目并无重叠。

第二种情况是同一管理人运作的一个基金的某一单投资交易与其运作的其他基金中的一单交易重叠。若在市场不景气的情况下如果投资项目紧缺且管理的基金并无资金困难，则与其他基金共同投资于同一项目会构成投资额的此消彼长关系；但正常情况下，一只基金对一个企业的投资并不会必然导致另一只基金失去投资同一企业的机会，所以这种关系是否构成同业竞争有待商榷。

3. 约定的同业竞争

对于GP的竞业范围，每个有限合伙都会有自己的理解，或者根据自己的需要设定更为详细的范围。比如在本合伙企业成立之前，GP已经投资的项目，或者已经签约投资的项目，则不属同业竞争，这种约定体现了允许在先投资原则。

还有的约定是若普通合伙人投资或提供服务的公司或企业，普通合伙人作为小股东或者关联人不能控制或实际控制该公司或企业，该公司或企业的投资行为不构成本协议下的同业竞争，但普通合伙人提供不利于本有限合伙企业的利益输送的除外。此约定体现了实际控制原则——GP不能实际控制其他投资，不会产生实际竞业关系的，允许其为之。

还有的协议对GP在其他机构中的任职条件进行详尽规定，只有条件成熟时——通常是本基金已经开始回收收益或至少投资已经完成时，允许GP在竞业基金任职。

【信息链接】

合伙协议中关于同业竞争的约定模式

1. 竞业基金的任职。

普通合伙人以其善意判断认为在竞业基金任职，只有有限合伙人特别的多数同意，并且至少有 60% 的总承诺出资额已经完成投资，或者投资期已经结束，普通合伙人方可作为任何其他集合投资工具的普通合伙人或者总经理，或作为交易的首要投资人。而且，普通合伙人仍应继续适当履行其对原基金的责任。

2. 竞业基金与原基金的投资机会分配。

在符合要求的竞业基金建立之后，以及投资期终止之前，普通合伙人应当确保投资机会在原基金和竞业基金之间以其认为的公平合理的比例进行分配，并且所确定的基础一般也是可提供给本合伙企业和竞业基金的资金比例。

此外，关于LP在竞业基金中不得任职的约定，比较少有。毕竟LP一般不参与基金的运作，不会对竞业业务决策产生影响，此其一；其二，LP是资金持有者，本有限合伙制PE运作的成败关系其收益，其从本因上讲，没有参与竞业基金的意义。

三、有限合伙制PE对非GP基金管理人的监督控制

作为非GP的基金管理人，其与PE之间完全依靠委托管理协议来实现。委托管理协议一般从权限设定、监管方式和范围设定两个角度，管理非GP管理人的行为。

（一）权限设定

关于委托管理的基金管理公司的权限是首先要明确的。一般来说，管理公司的职责是提供项目管理和行政事务服务，其汇报对象是普通合伙人，这是一种常见的模式，即管理公司是普通合伙人的辅助，帮助后者在专业、行业问题上对投资方向、投资风险进行把控。还有一种模式是管理公司取代普通合伙人，履行执行合伙人的角色，其职责将覆盖从项目前期筛选到向投资决策委员会提交议案、到实施投资的各个环节。显然，在第二种模式中管理公司的责任更大，对管理公司专业性要求也更高。

【信息链接】
合伙协议中关于管理公司的约定

1. 有限合伙将聘任普通合伙人指定的管理公司向有限合伙人提供投资项目管理和行政事务服务，包括但不限于投资项目的调查分析、协助普通合伙人进行谈判、向普通合伙人提供投资框架安排的建议、项目投资和项目公司的管理、向普通合伙人提供投资项目退出方案的建议等。前提是这种委托并不赋予管理公司对有限合伙投资的选择或处置作出最终决策的权利或职权，该决策应仅由普通合伙人作出。

2. 有限合伙聘任管理公司提供上述服务，并不免除法律和本协议约定的普通合伙人的责任和义务。有限合伙之投资和退出的最终决策应由普通合伙人作出。

3. 本协议签署时普通合伙人指定的管理公司为××，普通合伙人如果决定要更换管理公司，则更换前需要取得持有总实际缴纳出资额2/3以上的有限合伙人的书面同意。

（二）对管理公司的监管

如何监管管理公司？这是权力制衡的题中之义。对管理公司得到的授权要有一定的制约。在前述第一种模式中，管理公司向普通合伙人汇报，此时管理公司没有决策权，仅有建议权，故而也没有权力制衡的必要。在第二种模式中，管理公司有一定的决策权，就要对其进行一定的控制。

监管模式可以从多个角度进行解析：

首先，从监管内容方面看，监管可以从信息、人员、费用、市场等方面进行。可以说涉及基金运行的方方面面，只要管理公司参与，都会有相应的监管措施。

其次，对于监管的手段，可以是定性的，也可以是定量的。比如对于作为执行人的管理公司，其能够支配的资金额度就可能受到定量的限制；而对于其能管理事项的约定就可能是定性的，诸如在非重大、日常的范围内，管理公司有权自主决定等。

此外，从监管的频率角度来看，可以分为常规监管、专项监管。常规监管是在管理公司执行日常管理实务时的监管，比如管理公司要对日常支出进行记录，形成相应的账簿和记录，而合伙人在需要时可以查看，这是所谓日常监管；而专项监管就是在具体项目进展中，对项目的进程情况、管理公司形成的项目相关文件，合伙人有权审阅。

总之，内容、手段、频率三方面，可以衍生出多种排列组合，从而实现基金对管理公司的监管，防范委托管理的道德风险。

四、 有限合伙制PE对资金的监管

这个题目自然让我们想到了将资金托管给银行的监管，实际上资金托管是外部监管，其实还有内部监管方式不容忽视。

（一）外部监管

所谓外部监管，一般都是银行监管。基金的通行方式是将资金托管于全体合伙人认可的托管银行，托管银行依照基金的指示放出或收入资金，从而防止单独投资者控制基金内资金，以便使资金的流转更为规范、有据可循。

目前国内法律并未对私募股权基金资金是否应由独立第三方托管作出法律强制性规定。实践中，有很多基金管理人为增强投资者信心，主动委托专业银行对其管理的私募股权基金资金进行托管，但由于并非法律强制要求，亦有很多私募股权基金未进行资金托管安排。目前，很多商业银行已将私募股权基金资金托管业务作为一项重要新业务，并在此方面做了很多积极、有益的探索。但由于缺乏统一的基金资金托管的标准，各银行在基金资金托管理念、托管范围、监管内容、监管程序等方面都存在一定差异。同时由于托管机构的法律责任无明确界定，在一定程度上影响了投资者对基金资金托管机构独立性的认可。

资金托管的本质是分权、制衡。通常，PE将资金托管于银行，而基金管理人作为PE投资管理的执行人，在一定情况下有权调动托管于银行的资金，银行作为托管机构，有权审核管理人持有的手续是否完备，以判断其提取资金是否经过PE应有程序的许可；经过银行验证后，管理人才能从PE在银行的账户中提出资金用于投资。

至于具体制衡模式，有很多种设计，但所谓万变不离其宗，核心要件基本如下所述：运用基金的托管资产进行投资或支付相关费用时，管理人须向托管银行发出投资资金划拨和其他款项划拨的书面指令。托管银行仅对管理人提交的划款指令进行审查，但不负责审查管理人发送划款指令同时提交的其他文件资料的合法性、真实性、完整性和有效性，管理人应保证上述文件资料合法、真实、完整和有效。

【信息链接】

资金托管协议节选——划拨指令

6.2.1 管理人应事先指定并向乙方提供有权签署划款指令的人员名单、权限，同时预留印鉴或签字样本。签署划款指令的人员只限于管理人的委派代表或其授权代表。其名单或权限有变化时，管理人应提前3个工作日以书面形式通知乙方并提供新的印鉴和签字样本，该变更将在乙方收到正式书面通知后正式生效。如乙方对授权变更文件提出异议，则该授权变更通知书不生效。

6.2.2 甲方向乙方提供合伙企业全体合伙人的名单。

6.2.3 乙方指定专人接收甲方划款指令，确保资金汇划安全、快捷。乙方事先制作并向管理人提供业务人员情况表，列明乙方接收和处理人员的姓名。

6.2.4 划款指令应先以传真形式发送给乙方，并在付款有效日期前，将原件送达乙方，乙方依据收到的指令原件进行资金划拨，并妥善保管。

6.3.2 对投资划款指令，乙方指定人员应对划款指令进行书面形式审查，验证指令的书面要素是否齐全，指令的印鉴或签名是否与预留印鉴或签名一致，并根据投资协议核对划款金额、方式等是否一致，若存在异议或不符，应立即与管理人指定人员进行电话联系和沟通，并将指令退回管理人进行修改。对于金额在人民币××万元以上的付款，乙方还应电话向管理人或其指定人员确认。

6.3.3 若划款指令书面审查无误，乙方还应根据本协议第七章（合伙企业投资监督）的有关规定进行审核，确认是否符合本协议第七章的有关规定。若存在违反投资监督的，应立即与管理人指定人员进行电话联系和沟通，并将指令退回管理人修改。

6.3.4 对非投资业务的其他划款指令，乙方应指定人员对划款指令进行书面形式审查，验证指令的书面要素是否齐全、指令的印鉴或签名是否与预留印鉴或签名一致，并根据本协议的有关规定进行确认，核对划款金额、方式等要素是否一致，是否按规定提供相关凭证和证明文件。若存在异议或不符，立即与管理人指定人员进行电话联系和沟通，并将指令退回管理人修改。

（二）内部监管

内部资金监管，体现在日常账目的记载与查阅上。

1. 账簿和记录

在基金期限内，必备投资者应在基金的注册登记地址以财务账簿或财务记录的形式保留，或令他人保留基金所有交易的完整和准确的账目，并且该等账目应在发生后保留至少15年或中国法律、法规规定的更长时间。

一般，该类账簿和记录应列明创投规定和合作企业法实施细则所要求的所有资料，并且根据中国法律和法规的要求予以记录。必备投资者也可促使基金按照美国公认会计原则按日历年度或按必备投资者认为必要的其他会计期间编制账簿和记录。

2. 财务报告的使用

有限合伙人或其正式授权的代理人或代表可出于预期作为基金的有限合伙人的权益而合理相关的目的，在提前若干个工作日通知必备投资者的情况下，于合理的工作时间审查和复制账簿和记录。

3. 基金审计

联合管理委员会应聘请一家国际公认的独立会计师事务所，通过其有资格在中国职业的附属机构，审计基金截至每财务年度末的账簿和账目记录。

通过此3个步骤，基金内部建立起一个监管机制，使得基金的财务账目透明，并接受所有投资者监管，从而最大限度地维护基金资金运作安全。

第五章

有限合伙制PE的投资与退出

第一节 有限合伙制PE的投资

一、有限合伙制PE投资特色

我们在第四章对有限合伙制PE的投资流程、决策模式、监督模式等重要环节进行了探讨。在此，有必要对有限合伙制PE的投资特色进行一个总结，一方面是对上文论述的概括；另一方面，也正是基于有限合伙制PE有如此的投资特色，其在投资模式及退出方面才有下文所要讲到的各种创新或异化。

（一）PE与合伙人身份的混同

PE与其GP、LP在身份关系上经常混同，尤其是在中国，PE有时候是一个LP牵头成立的，在很大程度上听命于发起它的LP；有时候PE是GP以一个项目为目的发起的，PE的投资决策就因此打上了GP的个人色彩。PE与组建它的GP、LP身份有关联，甚至PE被合伙人操控从而独立身份被吸收，这些情况的出现虽不符合有限合伙制度的基本理念，却是目前中国PE市场上普遍存在的现象。也正因如此，才有了下文中要着重讨论的PE的各种异化投资模式。

（二）项目来源的复杂化

在国外，有限合伙制PE主要依赖GP的资源整合能力和为企业提供的

205

附加支持能力吸引项目。而在中国，PE获得项目的渠道已经愈发多样化、复杂化，有的PE依赖LP为其提供的项目渠道，有些PE依赖GP在设立基金时就已经想好的甚至控制的项目渠道；有些PE与某一财团或组织捆绑，为其进行定向、专项投资运作等。

项目来源的复杂化，是客观历史条件导致的。虽然需要融资的中小企业很多，但是优质的项目资源却有限；同时，判断项目是否优质的条件也日益狭义化——不考虑行业前景、不考虑商业模式，只看目标企业是否具有漂亮的财务数据，是否能上市，如此一来，优质资源的范围又更为狭窄，对其争夺就更加激烈。在这种情况下，有限合伙制PE扩大项目来源的各种方式也就成了不得不做的创新。但是各种创新可能导致项目化、代投、跟投等问题，会引发相应的法律风险，我们在下文详述。

（三）受制于政策环境

有限合伙制是一种舶来品，在中国的适用也是2007年以来的事情，无论是市场还是立法者，对其运作的细节都缺乏足够预见，故而有限合伙运作的法律政策环境偏向保守，要做很多努力进行突破。以有限合伙企业的证券登记制度为例，在登记未放开时，有限合伙制PE投资的企业大多追求并购退出，不考虑上市的可能性，或者以变通投资模式争取上市退出。

由于有限合伙制在我国运作时间短，法律政策环境本身就具有滞后性，适用范围相对于公司制要窄，有限合伙制PE得到政策大胆、便捷的支持，尚需时日。由此引发了有限合伙制PE在上市过程中的一些特殊问题，我们在下文详述。

二、有限合伙制PE常见的投资模式

从表面层次看，有限合伙的投资模式包括股权转让和增资两种，而变通的投资模式通常是转股与增资同时进行，或者转股或增资的同时辅之以债权投资。此类股权模式的阐述，已经详见于各种著述，在此不再细述。这里，我们主要讨论从基金内部角度来看，有限合伙制PE常见的投资模式。

（一）PE直接投资型

PE直接投资型，以前多见于并未打算通过上市退出的投资项目中。PE本身作为投资者资金的载体，拥有完善的投资决策流程与风险防控制度，所以直接对外投资将是关系最为顺畅的一种模式。

PE直接投资时，PE内部要作出的决策包括：是否投资、如何投资、投资后如何管理三个方面。在考虑是否投资时，PE要判断此项目盈利空间、投资风险，判断期待的退出方式是否能够实现；在判断如何投资时，PE应决定投资额度，本项目投资比例占基金项目总资金的比例，资金如何投入被投资企业，占据被投资企业股份比例及数额；投资后的管理方面，PE需要确认参与被投资企业管理的程度，以及委任何人出任被投资企业的董事。几个角度的综合决策作出后，PE可以作出投资的决策，并且实际投资。

（二）GP、LP代为投资型

1. 代为投资背景

有限合伙的对外投资，可能以有限合伙制PE本身的名义为之，也有可能以GP、LP的名义为之，这种投资模式的实质是GP、LP代PE投资。

之所以以GP、LP名义投资，主要是由特定历史时期的监管环境决定的。在证券登记制度未改革之时，有限合伙企业不能申请证券登记，这就导致PE无法在发行人层面持股，使得PE最期望的上市退出渠道受阻。为突破有限合伙制的身份限制，PE纷纷转头以公司制的GP或者LP的身份进行投资，毕竟GP、LP与PE存在利益关联，操作上较好控制。有限合伙PE利用GP、LP的公司法人身份，实现对上市公司持股，顺利退出投资。

2. GP代为投资型

一般来说，GP与PE的关联度最为密切，利益上的一致性关系也更为密切，更便于PE对投资本身的控制。此为其一；其二，GP一般是基金的管理者，作为专业的管理者，其本身对投资的形式要件和实质要件都极为熟悉，而由其内部产生一个董事派驻到被投资公司，这种操作也最为顺畅，故而GP一般是代为投资的首选。

GP代为投资需要注意竞业禁止的问题。也就是说，如果GP同时控制或管理的其他PE同时投资于同一行业内企业，甚至同一企业的时候，如何保证GP不损害其代为投资的PE的利益。其实这一问题已超出了投资模式所需要考虑的风险范围，毕竟如果存在竞业禁止的问题，在有限合伙协议里，各合伙人都会对此进行限制或者做一些条件限制。在此需要提示的是，如果合伙协议中未有如此约定，则在GP代为投资的情况下，此风险被放大，PE应注意与GP签署相应的补充协议，以限定GP的其他资金运作行为，保护本次投资利益的最大化。

3. LP代为投资型

如果不选择GP代为投资，而转向LP，一般情况下此LP会有过人的资金实力或资源整合能力。有的情况下，是基金本身的GP就是几个LP合作组建的，LP与GP的区别被弱化，LP一定程度上就可以代表PE本身；有可能基金的LP人数少，有一个或两个较为强势的大合伙人，而GP也是其聘请来的，这时强势的LP就可能代为投资。

（三）组合投资型

组合投资，顾名思义，是PE本身、GP代投、LP代投两两相结合或三者相结合的投资方式。这种投资模式的主要考虑是扩大投资规模，毕竟两个主体能承载的投资额理论上会更大；此外，也是出于分散代投风险的考虑。但是，相应地，PE需要有更多的精力去防范两者的违约风险，对两个代投方的资金使用和权限设定，要投入更多的人力物力进行监管。

（四）变通投资模式的法律风险防范

可以说，是特定历史时期的制度环境，催生了有限合伙制PE投资模式的多样化。PE直接投资是最规范的投资模式，只要按照PE的基本原理操作就不会产生管理运作风险，但代投模式和组合投资模式，都不够规范，存在一定的运作隐患：

1. 如何约束代投者

虽然LP或GP以自己的名义对外投资，使用的却是PE募集到的所有投资者的资金，用什么方式约束代投者、保证资金的投向以及安全性是个大问题。一般来说，PE都会与代投的LP或GP签订合作协议，约定资金的使用方向，投资期限，明确代投人的身份、角色和权利义务，明确收益最终归属于PE并由PE分配给投资者。

协议约束可以说是君子协议，如果代投人故意违约，拒不履行将利益归属于PE的义务，则将严重损害投资人利益。故而一般PE会采用一些风险防范的辅助手段。比如选择代持方时，会选择本身资本实力较为雄厚的，或者行业内有很高地位的，抑或是与PE的关联性较强的自然人或企业担任；也不排除要求代投方将一定财产质押于PE，加强PE对代投人的控制；有时PE也会监管代投人账户，直接控制其资金命脉，保证资金归属于PE等。各种细节操作都是出于防范代投人道德风险的考虑。一般来说，代投人与PE是相互依赖的，没有PE就没有资金和投资标的，没有代投人就没有成功的投资运作，所以PE和代投人一方在正常情况下均不会恶意违约。

2. 是否影响发行人上市

代投是否等同于代持？这两个概念看起来类似，本质上也有一定的相似之处，都是以一个主体的名义持有某主体的股份，但实际承载着更多隐形投资者的利益。证券行业的代持备受病诟，是因为其存在以合法形式掩盖非法目的之嫌：有些投资者以代持的方式规避股份有限公司股东人数200人的限制，其本质是以合法方式掩盖非法目的，故而是不得为之的行为。代投的本意不是规避法律对人数的限制，不会损害任何一方利益，也未有规避法律之嫌，实属于正当的民事操作，但由于跟代投的类似，未免有被认定为代投的风险，影响上市进程。

此外，需要注意的是，代投者本身的出资一定要到位，自身的存续不应有法律风险，此外，代投者向被投资公司的出资应该真实有效。

无论如何，GP、LP代为投资都是不甚规范的操作。在有限合伙登记放开的今天，这种依照协议关系控制代投者的风险系数被放大，而严格遵照PE本身的运作规则进行投资运作不但更有利于保护投资者利益，还会因为程序、规则更为规范使得投资效率更高。

三、有限合伙制PE投资模式创新

（一）创新投资模式

除了前述投资模式的常态外，有限合伙制PE投资的模式也有很多创新模式，比如PE间接投资于目标公司，成立子基金投资，委托关联方投资等。当然，随着有限合伙证券登记制度的放开，这些变通模式都失去了本来的价值，但阶段性的讨论也是有意义的，一方面，我们可以通过这些模式创新看到有限合伙制PE的运作之精妙与灵活；另一方面，变通模式是否在其他领域有价值，也是值得考虑的。

各种创新模式都有一个万变不离其宗的内核，即都是PE间接投资于目标企业。至于间接的中介是什么，是借助公司制的子基金，还是借助关联方，还是借助目标公司的股东公司，都不影响PE的此种运作模式。

（二）子基金投资

创新模式中有一个较为特殊的模式，就是成立子基金。之所以说它特殊，不是因为这种模式有多奇特或者结果有多意外，而是因为此种模式中，PE本身对子基金的控制是通过股权关系实现的，而其他间接投资，都是通过协议关系控制实际投资主体的。

首先需要说明的是，此处所讲的子基金是相对于设立并控制它的母基金而言。而此母基金，与经常见诸报端的、政府主导设立的FOF母基金不同，后者通常性质是产业引导基金，其成立的目的就是专门投资于基金，引导基金的投资方向与基金行业本身的发展；而我们此处所讲的母基金，是单纯的相对于子基金而言的，其不一定是非以基金为投资目标，其自身也会直接投资于企业，获得投资收益。

设立子基金如果是出于回避有限合伙组织形式的局限性，则子基金一般采用公司制。如果不是出于这一理由，则子基金的设立是出于基金投资战略布局的因素考虑，比如在特定地区成立基金，方便募集当地资本，通过资本聚集也网罗地方资源；再如成立特别行业的专门基金，寻求形成一定的品牌效应，为PE在某一特定行业内的投资铺路。

子基金是独立主体，其受母基金的控制是源于母基金对其的控股关系。这种控制力是比较强的，母基金会在投资理念、投资方向、投资决策流程、投资方式等各方面参与子基金的运作。

（三）委托投资

委托投资与代投有一定的相似之处，都是一方委托另一方代为投资，双方之间的关系是合同关系，合同中约定的双方权利义务应该得到遵守。

但委托投资与代投仍有一定不同。一方面，被委托人不同，委托投资一般是委托给有投资经验的投资者进行，目的是通过被委托人对投资项目的判断，减小投资风险，而代投一般会委托给与PE有一定关联关系的主体代为投资，代投的被委托人通常与委托人有较强的人身关联关系；另一方面，委托投资的本意是让被委托人代替委托人进行投资选择和决议，而代投的本意是规避法律上关于投资主体的某些限制，故而两者在本质上也不尽相同。

委托代理的法律风险同样存在于两个方面：其一是代理的风险，即被

委托人违约，不将投资利益归属于委托人的风险；其二是触发代投问题的
风险，即因为被认定为代投，导致上市失败，使得上市退出渠道受阻，延误
退出时机，无法获得最佳退出报酬的风险。委托代理风险的处置方式可以
参照代投风险的处置方式。

四、有限合伙制PE投资中跟投、另投问题

在上述投资模式的探讨完结之后，我们发现仍遗留一些其他投资模式
的可能性，需要在这里探讨。比如PE投资之后，GP、LP跟随的问题，再
如对于PE不投或限投的企业，GP、LP另投的问题。这两个问题都与PE本
身的投资模式无关，但却是PE运作中时常预见的问题，故而需要特别讨论。

（一）跟投

从理论上讲，对于GP、LP跟投，PE不应设定限制，毕竟此种跟投不
会引发任何竞争关系，跟投更像是GP、LP的一种"会员优惠"，借着PE的
大船，搭了一趟"顺风车"。但实际上，由于GP、LP与PE的关联关系，通
常PE与跟投者会被视为关联关系，甚至是一致行动人，如此如果PE与跟
投者联合持股比例过高，可能影响公司创始股东的股权比例，甚至导致公
司实际控制人的变化，最终影响被投资公司的上市发行，这不但触及被投
资公司的根本利益，还与PE投资的初衷相悖。

实践中，对跟投还是存在一定的限制，这种限制以不影响以PE期待的
方式退出、不违背融资方融资底线、不会导致投资交易失败等此类软性条
件为底线。具体来说，如果PE投资后所占股份达到30%，则一般情况下，
如果被投资公司接受释放更多股份，则跟投方的持股比例也不会超过3.3%，
以确保投资者合计持股比例不会超过有表决权股份的1/3，最终确保创始股
东对公司实际经营的控制权。

（二）另投

另投是指当PE处于某种考虑选择不进行投资的时候，允许GP或LP自行投资的一种模式。一般来说，PE、GP、LP是相互独立的投资主体，任何一方都有选择是否投资的自由，且不以其他方是否投资为限。

当然，此处仍要注意与跟投类似的问题，即是否因在PE中的身份关系使得各方具有了关联关系，从而影响投资比例的计算和考虑。另外，还需要考虑GP的特殊身份问题，尤其是当GP作为PE的合伙事务执行人时，其负责甄选项目，而对一个其认为PE不适合投资的项目却自己投资，是否有足够的理由。如果GP不能说明情况并且给出合适解释，有可能触及合伙协议里的竞业禁止条款，引发职业道德风险。此外，有些PE会明确禁止GP在任何其可能投资的领域内投资，不允许GP的此种另投情形存在，严格地将一切道德风险从初始阶段屏蔽掉。这种严格的投资限制政策或许能够保护PE利益的最大化，但也存在对GP激励不够，影响GP积极性的问题。

第二节　有限合伙制PE的退出问题

选择何种退出模式，与被投资企业的发展预期、发展路径、发展情况有关，与投资者的投资理念有关，而与投资者的组织形式并无太大关联。毕竟，退出形式并不是组织模式选择的主要考虑。所以，有限合伙制PE的退出，与其他组织形式之PE的退出并无明显区别。故此，有限合伙制PE的退出渠道，无外乎上市退出、并购退出、股权转让退出、回购退出等几种。

但是由于有限合伙制自身的非法人性质，导致其在上市改制、证券登记、投资模式及纳税方面，都有一定的特殊之处。

一、上市路上的"高压线"

有限合伙制PE在上市退出的路上有些特殊问题需要注意，这些问题的把控是否严格、是否合理决定了被投资企业上市的成败。由于有限合伙作为股东的企业实现上市的先例不多，并且大多数真正实现上市的企业在有限合伙股东问题的披露上也有些遮遮掩掩。所以我们只能"捕风捉影"地探寻一些有限合伙制PE上市退出路上的荆棘，并给出相应对策[①]。

需要说明的是，被投资企业进行股份制改造的时候，就会引发一些有限合伙作为股东的特殊性问题。这些问题从表象上来看，是有限合伙制PE在投资运作过程中产生的问题（因为还处于投资阶段，尚未退出），但是实质上都与有限合伙制PE投资的退出相联系——为了退出才会投资于拟上市企业，才引发下述特殊的上市改制问题。故而，关于上市改制的特殊问题放在退出一节中论述，而不是放在投资一节中论述。

（一）有限合伙企业能否做发起人？

《公司法》第九十三条规定："申请设立股份公司时，向公司登记机关报送的文件中，要求有发起人的法人资格证明或者自然人身份证明。"而有观点认为有限合伙企业不是法人，故而无法提供法人资格证明，无法成为股份有限公司的发起人。

此问题涉及合伙企业到底是不是法人这个传统民法难题。在我国，合伙企业的定位一直有争议，有观点认为它是独立于法人、自然人之外的第三类民事主体，也有人认为合伙企业是法人。在争论中，后种观点逐渐占了上风，如果不承认合伙企业的法人地位，其在民事主体上的定位便得不到明确，不利于合伙制企业的运作。

从股东资质的角度考虑，我们也可以得到有限合伙可以成为发起人的论据。作为股份有限公司的股东，关键在于能提供独立充实的出资，并以其出资为限，承担民事责任，而这个股东到底是什么组织形式，与其能否提供充足出资并无关联。而立法也似乎看到了这个问题，在《公司法》之后修改的《公司登记管理条例》的第二十一条，便将设立股份有限公司需要提供的股东身份证明描述为"发起人的主体资格证明或者自然人身份证明"，依此种表述，有限合伙当然可以成为股份有限公司的发起人。

[①]　资料来源：合伙企业作为上市公司的关注，http://blog.sina.com.cn/s/blog_4ae7d4ff0100l9eo.html 2010-08-31

实务中，合伙企业成为股份有限公司股东的情况并不少见。尤其是当企业由有限责任公司整体变更为股份有限公司的时候，有限合伙已经是公司股东了，在整体变更时如果不允许其作为发起人，则犯了明显的逻辑错误，是不可能出现的。

总之，我们认为，有限合伙制PE作为发起人不应该存在法律障碍。

（二）有限合伙企业作为股东，人数如何计算？

有限合伙企业的合伙人不得超过 50 人，而公开发行股票前，股份有限公司的股东不能超过 200 人，问题是，有限合伙企业算作一个股东，还是以有限合伙企业的合伙人数计算股东人数？

我们认为，以实际人数计算更符合法律本意，也符合目前监管部门的基本原则。很多企业，尤其是大国企，都存在人数超过 200 人的问题，随之就有委托持股（即股份代持）、组建员工持股公司、信托持股等问题，但相应的，证监会明确此种方法为规避审核的方式为上市"禁区"。可见监管本意即是以实际人数计算股东人数，防止股东规模过大带来的企业管理负担，防止变相公开发行带来的资本风险。试想，如果有限合伙企业算作一名股东，则可能导致有限合伙成了变种的员工持股会，只要有某个有限合伙股东，公司的实际股东人数便可以随意扩张，这明显是有违监管本意的。

（三）有限合伙的信息披露标准如何？

九阳股份、合康变频、星期六、乐普医疗、九安医疗等这些公司都存在有限合伙企业设立的有限责任公司来持股上市公司的情况。九阳股份（鼎晖，6.8571%）、合康变频（联想投资，15%）、星期六（联想投资，7%）、乐普医疗（华平，20%）、九安医疗（IDG，10.97%），这些有限合伙企业都持股超过 5%，但是只有联想投资所投的合康变频、星期六详细地往上披露了有限合伙企业的GP、LP情况；九安医疗则只披露了IDG的GP（判定GP是基金的实际控制人），而没有披露LP；九阳股份和乐普医疗则根本没有披露相关信息。

由此判断，证监会对于有限合伙企业的合伙人如何披露信息并没有固定的要求。一般来说，有限合伙制PE对拟上市主体持股比例越高，需要披露的信息就越详尽，如果持股比例超过10%，则依照规定应该进行详细披露；同时，LP是否参与基金管理，一定程度上决定了其是否成为信息披露对象，如果LP不参与管理，则对管理公司的运作情况进行披露即可。此外，对实际控制从案例来看似乎没有什么定式，预审员在此处有相当的自由裁量权。

信息披露与私募股权基金的私密本质有一定的冲突。LP对基金投入资金情况一般不希望公开，而基金本身的管理运作和资金投向一向都是运作的精要部分，不轻易泄露。上市要求主要股东进行信息披露却又无明确标准，所以关键就是要求PE与发审机构进行充分的预先沟通，而取得后者信任。

（四）自有PE的创始人与被投资企业实际控制人相同，影响如何？

现在部分企业为了筹集运营资本，采用以自有资金为依托、吸纳社会资本成立自有PE的方式进行融资。自有PE的融资方式有利于企业建立自己的资金池，扩大企业的融资规模和持续融资能力。

而设立自有PE的方式，可能存在一个问题：企业实际控制人兼职出任该PE的基金管理团队核心人员，这种现象尤其在中小PE中尤为常见。自有PE的创始人与被投资企业实际控制人具有同一性，使得企业股东间（实际控制人及PE都是企业股东）存在关联关系，也会一定程度上影响投资主体的股权锁定期；另外也可能引发同业竞争。

二、证券登记制度对有限合伙制PE退出的影响

（一）原有的证券登记难题

有限合伙制PE投资的企业能否成功上市，在2009年年末之前，是个未知和不可预测的事。虽然没有任何明文规定有限合伙企业不得开户，可

在实际操作层面，却遇到了障碍，缺少明确直接的开户依据。从逻辑上讲，合伙企业不能进行证券登记，无法开立证券账户，进而无法在二级市场上进行股票转让交易，于是他们投资的企业无法实现IPO。

但是，这只是从逻辑上讲，要说有限合伙企业投资的企业是否能真正IPO，却是个时运问题。早在2004年中国还没有建立有限合伙制度的时候，美国新桥资本收购新发展348 103 305股，成为国内最早的以有限合伙名义入驻上市公司的外资机构。2007年7月，西部矿业上市，外资有限合伙企业——高盛集团全资子公司Goldman Sachs Strategic Investments（Delaware）L.L.C，持有西部矿业1.92亿股。据2009年3月5日西部矿业发布的公告，自2008年8月7日至2009年3月3日间，Goldman Sachs Strategic Investments（Delaware）L.L.C已通过上海证券交易所集中交易系统出售所持西部矿业公司119 150 000股，所持股份卖出过半。在PE业内颇负盛名的上海联创永宣创业投资合伙企业（有限合伙，下称"联创永宣"）目前拥有远望谷（002161）670万限售股，在金风科技（002202）上市时，曾经持有金风科技225万股。此外，温州东海创业投资合伙企业（有限合伙，下称"温州东海"）也出现在中兵光电的股东名单中。该公司股东资料变动情况显示，温州东海于2007年第三季度买入中兵光电（600435）149万股，成为公司第三大流通股东，到了2008年第三季度，温州东海将手中股票悉数卖出[1]。

合伙制企业开设股东账户存在的区别对待的做法应予以纠正，应适用统一的市场准入标准。

同样资质，不同际遇，这是2009年之前有限合伙制PE境内投资的真实写照。有限合伙证券开户制度不能放开，这严重质疑了中国证券市场的公平性：首先，同是符合法律规定的经济实体，个人和法人都能进行证券

---

[1] 资料来源：创业板期待合伙制创投LP公平地位，http://tech.qq.com/a/20090516/000009.htm 2009-05-16

交易，而有限合伙却不能；其次，在有限合伙限制登记的时代，有些有限合伙可以登记，有些有限合伙企业则不能进行证券登记。当资本市场的基本三公原则中的一公——公平受到撼动时，资本市场便需要进行及时的自我调整。

（二）证券登记已畅通无阻

2009年3月11日中国证监会正式发布、2009年12月21日正式施行的《关于修改<证券登记结算管理办法>的决定》彻底解决了有限合伙企业无法开立证券账户的操作难题，给有限合伙企业开户提供了法律依据。

合伙企业等开立证券账户对有限合伙制PE的退出意义重大：其一，其打通有限合伙制PE的IPO退出之路，彻底为这种世界公认的最优秀PE组织形式在中国大行其道扫清障碍；其二，IPO退出渠道打开后，企业的估值自然提升，这也就提高了企业被并购的可能性，也意味着有限合伙并购退出的活跃；其三，有限合伙制PE还可以通过股权转让的方式退出项目，而受让方也不受是否是有限合伙制投资者的限制，而转让的时间可能是被投资者企业上市前，也可能是企业上市后，PE的转让退出将有更多选择。

总之，有限合伙制PE的证券登记难题解除，意味着有限合伙制PE退出渠道的打通，这无疑有利于有限合伙这种PE组织形式在中国的发展，也有利于PE这一行业的整体繁荣和发展，对于创新融资方式、拓宽企业融资渠道将发挥积极作用，更有利于引导更多的资金进入实业投资领域，从而带动国民经济的整体繁荣。

【信息链接】

有限合伙企业批量现身IPO发起人①

自合伙企业获准开立证券账户以来，众多合伙企业参股公司IPO得以

---

① 资料来源：有限合伙企业批量现身IPO发起人，http://stock.stockstar.com/SS2010050530041215.shtml 2010-5-5

顺利实现，一个全新的机构投资者群体开始借助IPO渠道参与资本市场。"事实上，合伙企业获准开户具有多方面积极意义，有利于建立多元化机构投资者队伍，拓展多层次资本市场。"市场人士表示。

最近过会的郑煤机是有限合伙企业参股最多的公司之一。资料显示，该公司有4家有限合伙企业现身发起人股东名单，分别为上海立言股权投资中心（有限合伙）、天津博信一期投资中心（有限合伙）、深圳市中南成长投资合伙企业（有限合伙）、深圳市高特佳创富投资合伙企业（有限合伙）。其中，上海立言股权投资中心（有限合伙）持有股份数量最多，达8 335.04万股，占该公司发行前总股本的14.884%；天津博信一期投资中心（有限合伙）和深圳市中南成长投资合伙企业（有限合伙）持股均为1 773.52万股，占公司发行前总股本的3.17%；深圳市高特佳创富投资合伙企业（有限合伙）持股532万股，占公司发行前总股本的0.95%。值得一提的是，上述4家有限合伙企业有3家位列发行前十大股东，上海立言股权投资中心（有限合伙）持股比例仅次于第一大股东河南省国资委。

除郑煤机外，最近过会的湛江国联水产开发股份有限公司发起人股东中也有有限合伙企业的身影。资料显示，深圳市南海成长创业投资合伙企业（有限合伙）持有该公司300万股，占发行前总股本的1.25%。

据不完全统计，目前国内已成立超过200家有限合伙制基金，投资企业上千家。有分析人士表示，随着有限合伙企业开户数量的增多，会有越来越多的有限合伙企业参股公司实现IPO。

三、税收政策对有限合伙制PE退出的影响

（一）所得税问题

由于PE的主要盈利方式是对企业进行股权投资，期望获得股权转让溢

价。故而有限合伙制PE的收益来自两部分：其一，PE投资于企业后且退出之前，PE本身作为企业的股东所获得的股息红利所得；其二，PE转让股权从被投资企业退出后，获得股权转让溢价款，即资本利得收入。对于此两部分的收益，应缴纳所得税，但是采用了有限合伙制的PE在缴纳所得税时，存在纳税主体、应纳税范围、税率等特殊之处。

1. 纳税主体

《合伙企业法》第六条规定："合伙企业的生产经营所得和其他所得，按照国家有关税收规定，由合伙人分别缴纳所得税。"也就是说，合伙企业本身不承担企业所得税纳税义务。新《企业所得税法》第一条也明确规定："个人独资企业、合伙企业不适用本法。"境内合伙企业不征收企业所得税，而仅对作为合伙人的主体征收相应的所得税，这也就是所谓的合伙企业单层赋税的问题，也是通常认为有限合伙制优于公司制的关键所在。

有限合伙企业本身没有赋税，由此有限合伙制PE的税收问题就落在对有限合伙中各个合伙人征税的金额、税率的问题上了。由于企业法人、自然人乃至合伙企业都可以向有限合伙出资成为合伙人，所以有限合伙税收问题就是合伙人身份差异问题。此即所谓有限合伙制PE税收上的"导管"效应——到通道最后收益主体进行征税。

当然，上述规定是针对内资有限合伙制PE而言的。对于外资有限合伙制PE，根据《关于外商投资创业投资公司缴纳企业所得税有关税收问题的通知》，组建为非法人的创业投资企业，可由投资各方分别申报缴纳企业所得税；也可以由创业投资企业申请，经当地税务机关批准，统一依照税法的规定，申报缴纳企业所得税。根据该规定，外资有限合伙制PE本身可以是纳税主体，其合伙人也可能是纳税主体。外资PE的纳税问题详见《外资PE在中国的运作和发展》一书，以下的讨论以内资有限合伙制PE为主线展开。

2. 应纳税所得及税率

如上所述，有限合伙制PE本身并非纳税主体，故而应税所得的问题仍要深入到合伙人层面考察。

对于普通合伙人而言，其收入由两部分组成，其一是其作为基金管理者获得的管理费，其二是其作为合伙人依照约定的比例分享的有限合伙的收益。对于有限合伙人而言，其收入组成较为单一，因为其只以出资为限对有限合伙承担有限责任，故而其应税额仅为其作为合伙人依照约定比例分享的有限合伙收益。

对于普通合伙人的管理费收入部分，自然人合伙人应参照个体工商户的生产、经营所得标准适用 5%~35% 的超额累进税率，而企业法人制 GP 应缴纳 25% 的企业所得税。

对于分享合伙收益的部分，无论是普通合伙人还是有限合伙人都依照下述标准缴纳所得税：如果合伙人是自然人，根据《关于合伙企业合伙人所得税问题的通知》（简称 159 号文）的规定，自然人合伙人的税率，无论是普通合伙人，还是有限合伙人，都须按"工商经营所得税税率"执行，即缴纳 5%~35% 的超额累进税率；企业法人制合伙人应缴纳 25% 的企业所得税。需要提醒注意的是，当企业法人制股东缴纳 25% 的企业所得税后，再向其自有法人股东分配该部分收益时，其自有法人股东就其分得收益免征所得税，此即《企业所得税法实施条例》规定的企业所得税免税收入的一种。

3. 合伙企业作为合伙人的特殊问题

假设有限合伙制 PE 的合伙人中有一个 B 主体，其组织形式仍是合伙企业，这时 B 主体仍不需对其获得的合伙收益纳税，而要继续追溯至 B 合伙的合伙人层面，依据其身份、组织形式等确定税负。合伙企业作为合伙人，将有限合伙制 PE 的税收"导管"效应放大。

（二）营业税问题

营业税是对在我国境内提供应税劳务、转让无形资产或销售不动产的单位和个人，就其所取得的营业额征收的一种税。营业税属于流转税制中的一个主要税种。普通合伙人对PE进行管理，属于提供金融类应税劳务的范畴，应该对营业所得缴纳5%的营业税。

为了鼓励私募股权投资的发展，各地对营业税都有着不同程度的优惠政策。北京市规定：以无形资产、不动产投资入股，参与接受投资方利润分配，共同承担投资风险的，不征收营业税；股权转让的，不征收营业税。天津市规定了基金管理机构自缴纳第一笔营业税之日起，前两年由纳税所在区县财政部门全额奖励营业税地方分享部分，后3年减半奖励营业税地方分享部分。

（三）有限合伙制PE有税收优势？

在我国，有限合伙制PE相对于公司制PE是否真的存在税收优惠？答案是否定的。

首先，从纳税时间角度讲。如果公司制PE的股东是自然人，公司实现的所得在缴纳25%的企业所得税后，只要不向个人分配税后利润，股东层面的个人所得税便可向后递延；而有限合伙制PE实现的所得，无论是否向自然人合伙人分配，都要按占伙比例或按合伙人人数分配所得，不能延迟纳税义务[1]。

其次，从税收层次角度。一直以来我们认为有限合伙制PE的最大优势在于单一层次征税——只在合伙人层面征税，有限合伙企业本身免税。实际上，公司制PE需要在缴纳25%的企业所得税后，其法人股东对其红利收入免税，故而对于公司制PE的企业法人股东而言，并不存在双重征税的问题。这种情况下，有限合伙的单一层次征税优势其实并不明显。当然，如果公司制PE的股东是自然人，该自然人股东的红利收入仍需要缴纳个人所得税，此处仍有双重征税问题。

再次，从税率角度。从2008年1月1日起，我国新《企业所得税法》

---

[1]　资料来源：关于有限合伙企业税收政策的分析研究，http://www.360doc.com/content/10/1108/13/4091477_67606116.shtml

实施以后，国家重点扶持的高新技术企业所得税率降至15%，小型微利法人企业所得税率降至20%，且适用范围有所放大；相形之下，有限合伙制PE的税收优势又有所弱化。

故而，对于有限合伙制PE的税收优惠问题不能过于乐观，在中国的税收环境下，有限合伙制PE的税负可能重于公司制。

【信息链接】

有限合伙人制的税收优惠遭质疑 黑石或推迟上市[①]

"黑石创始人史蒂芬·施瓦茨曼的税率不应该比一个消防队员还低。"如此呼声随着美国私人股权投资基金黑石集团提交上市申请而多了起来，惹争议的正是让黑石上市后依然享有巨大税收优势的有限合伙人制。美国参议院一些重量级议员日前提议暂缓黑石的上市审批，并修改法律以使此类企业上市后不再享受税收优惠。

如果美国证券交易委员会（SEC）接受暂缓黑石上市审批的建议，那么中国国家外汇投资公司落实对黑石的投资也将被相应延后，因为这笔投资只有在黑石上市时才能完成。

黑石3月宣布上市，并表示上市后将沿用有限合伙人的公司制度。有限合伙人制使黑石在税收方面占有巨大优势，只需缴纳15%的资本利得税而非35%的公司税。美国参议院金融委员会主席Max Baucus及议员Charles E. Grassley就此提交法案，提议修改《1986年国内税收法》以取消此类企业上市后的税收优惠。如果这项法案获得通过，私人股权投资基金、对冲基金上市后将面对35%的公司税。美国劳工联合会——产业工会联合会（AFL-CIO）副总干事Damon A. Silvers则表示："我们相信我们的税收

---

① 资料来源：有限合伙人制的税收优惠遭质疑 黑石或推迟上市，http://www.sznews.com/finance/content/2007-06/18/content_1246319.htm 2007-06-17

制度对于财富的分配不应该有利于有钱人。"

由于黑石已提交上市申请，即使上述法案通过，黑石也将有 5 年的宽限期，5 年后再实行 35% 的公司税。另外一些私人股权基金将不那么"幸运"，一旦它们决定上市，可能将立即面对 35% 的税率。

虽然上述法案可能不会使黑石上市计划夭折，但对黑石的价值而言无疑影响重大。如果上述法案被通过，按黑石去年的利润，其税收可能要增加近 2.5 亿美元。一些分析人士认为，黑石的价值会因此损失 20%。

（四）地方政府税收优惠政策的效力

在《关于合伙企业合伙人所得税问题的通知》（159 号文）颁布之前，一些地方政府为了吸引外地机构来本地落户，争当中国的股权投资中心，分别出台了鼓励股权投资企业按有限合伙形式设立的税收优惠政策，这些政策与"159 号文"的规定明显不一致。如北京市天津市均规定对自然人合伙人征收 20% 的个人所得税。2009 年 1 月 19 日，财政部、税务总局发布《关于坚决制止越权减免税 加强依法治税工作的通知》，明确中央税、共享税以及地方税的立法权都集中在中央。各级财政、税务部门不得在税法明确授予的管理权限之外，擅自更改、调整、变通国家税法和税收政策。可见，一些地方政府制定的税收优惠政策不具有法律效力。但在实际操作层面，地方的税收优惠政策仍然在执行。

第三节 有限合伙制PE的投资退出项目化

一、有限合伙制PE的基金化导向和项目化导向

有限合伙制PE基金的导向问题,是想探讨一下此类基金投资模式方面的发展趋势。一般我们会将有限合伙制PE的发展趋势分为基金化和项目化两极,这两极呈相反方向。

(一)基金化导向

有限合伙制PE的基金化导向,是指PE的基金色彩得以强化,强调普通合伙人不参与经营管理,强调募集资金由专业人员管理、投资,从而真正实现资金与管理能力的有效结合。基金化导向是有限合伙制PE朝向更与之概念相匹配、更为纯粹、更为专业的方向发展。

可以说,基金化导向是基金发展的高级趋势。基金产生之初,便是基于解决资金掌有者与管理能力掌有者分离的矛盾,试图将专业与资本相结合,产生有利于双方的最大化效应。

基金化发展有赖于三个前提条件:其一,资金的供给足够丰沛,能够形成集合运作的规模效应;其二,资金的持有者愿意退居二线,将管理权限授权于管理者,不参与具体经营管理,不参与投资运作;其三,基金的管理者有足够的专业能力能够获得资金持有者的信任,募得资金,并且用

运作成绩说服更多的投资人将资金授权其经营管理。3 个前提是有限合伙制PE基金化的根基，如果 3 个条件缺任何一个，则不会有基金化运作的初始。

而需要注意的是，基金化运作是一个持续、永动的状态，即这种分离管理、专业管理的模式正在形成气候，而非个案，基金管理者的管理能力形成了一定品牌效应，能够对日后募集的资金、日后管理的基金实现专属并有效的管理，这才能实现我们所说的基金化——PE运作朝向更加依赖专业管理团队、资金持有者退出具体经营管理的方向发展。

（二）项目化导向

如上所述，基金化是PE发展的高级趋势，而项目化是发展路上一个不能回避的必要的变通趋势。在我国，基金运作普遍存在的问题有二：其一，资金掌有者是财富创造的第一代，他们对自身财产管理能力有足够的信心，对所掌有的财富也非常珍爱，由此，资金掌有者对资金的管理权限无法完全放手；其二，本土的专业管理团队并未形成相应的品牌效应，不能以品牌和既有业绩获得资金持有者信任，无法募集资金，或者募集成功后也无法完全实际支配资金的投向，使得专业管理这一基金本质弱化。而这两个普遍问题，恰好与基金发展的基金化趋势背道而驰，也就是说，由于这两个原因的存在，至少在我国当下，基金无法转向基金化的发展之路。

但是，我国的基金行业也不是停滞不前，毕竟基金这种资本运作带来的利润丰厚而诱人，故而有限合伙制PE在中国的运作就呈现出项目化的导向。所谓项目化，就是基金更偏向以项目带动投资，以既有项目的可期望收益吸引投资者，而募集的资金也用于既有项目的定向投资。

如前所述，项目化是基金发展过程中特定历史阶段的变通产物。拥有项目，使得基金管理者获得募集资金的依据，如果项目的可期待利益确定且丰厚，则可以为基金管理者吸引大量资金；而从投资者角度来说，投资于基金意味着投资于一个既定项目，这无疑降低了其持有资金在使用过程中的不确定性，可将风险控制在可预见的范围之内。故而项目化，满足了投资者的管理欲望，也弥补了管理者经验不足、名气不大的短板，使得资金和专业管理两者又一次完美地结合起来，即便这种结合不是最理想的，甚至有违PE运作核心理念的，但却是目前最为行之有效的。

（三）基金化还是项目化？

1. 理论层面：优劣比较

基金化还是项目化？PE到底如何选择？这就要在比较两者优缺点的基础上，根据PE的实际情况具体问题具体分析了。

如前所述，基金化的优势在于运作规范，真正实现了基金的资本与专业相结合的本意，也最大化了资金与专业的价值；但劣势在于基金化对管理者专业能力要求较高，如果管理者的资历和经验缺乏，则会直接影响基金的募集；另外，基金化对基金存在的社会经济环境要求较高，一个公平竞争、择优选择的市场环境是基金化基金存续、通过积累经验逐步提升的必要土壤，反之，在竞争环境较差的地域，基金化运作难以"大展拳脚"。

而项目化导向运作的优势在于，有明确的投资方向、较为可靠的收益预期，这在竞争环境欠佳的地域，对于在基金管理人经验欠缺的基金来说，无疑是一个吸引投资者、锁定投资项目的一举两得的好方式；但项目化的缺点就在于无法实现资金池的作用，对资金的使用不够灵活，不能通过投资组合降低投资风险，也无法体现基金管理人的专业性，对管理人逐步提升、塑造品牌帮助甚微。

综合两者优缺点，我们可以看出，是选择基金化运作，还是项目化运作，不取决于两者的客观优劣，而取决于PE的需求、PE运作者的运作理念。强大的有品牌效益的管理者运作的基金，更可能选择基金化运作，展现自己精妙的基金运作手法，通过投资组合的方式平衡投资风险和收益；而一个投资者强势的基金里，管理人较为弱势、管理水平欠佳，此时更大的可能是投资者在组织PE的时候就已经有投资意向了，这时项目化运作无疑是高效且保险的。

2. 立法层面: 项目化会逐渐淡出历史舞台

此外, 还需要注意的是, 国家发改委2011年初发布的《关于进一步规范试点地区股权投资企业发展和备案管理工作的通知》中已经明确提出分散投资的原则, 虽没有具体的操作规则, 但是能看出监管层对于只对特定项目投资、没有分散投资的PE持否定或者至少是不赞成的态度。如此可以判断, 在不久的将来, 项目化运作可能逐步被立法所限制甚至禁止, 项目化运作可能逐步淡出历史舞台。

本文的讨论, 只是对目前存在的项目化运作方式进行讨论, 对如何防范风险、如何运作进行说明。但这些说明不等同于我们提倡项目化的运作, 集中投资是对PE分散投资理念的重大违背, 投资风险过大, 应审慎考虑。

二、项目化导向对有限合伙制PE投资的影响

项目化导向, 对有限合伙制PE的投资必然产生一定的影响。其一, 项目化影响投资方向, 项目化导向基金即是以既定项目为投资对象, 不会在特定项目之外探讨其他投资的可能性, 故而项目化运作的思路确定之后, 基金的投资方向便随之确定; 其二, 项目化影响投资规模, 因为项目化导向的基金以项目的资金需求为投资规模, 不需考虑资金周转问题, 也不需为其他投资预留资金; 其三, 因为项目运作周期确定, 故而基金存续期间也会迎合项目周期等。这些都是项目化的本质决定的, 比较显而易见。

在下文中, 我们着重讨论一下项目化对投资的深层次影响。

(一)项目化导向下有限合伙PE投资的特点

1. 内部管理分权弱化

项目化使得基金投资管理权限的分配有别于其他。项目化运作的有限

合伙制PE是在募集之前便有了特定的投资目标，如此一来，基金募集之时，管理者要做的便是论证项目投资的具体收益情况、具体风险和防范措施。故而对管理机构、权限的设计并无基金化基金那般精细，因为管理权限的划分是基于对复杂体系分工重点管理的初衷，核心是高级别决策宏观事宜，低级别决策执行层面事宜，而对于项目化运作的基金而言，需要决策的事项都是关乎项目本身的，决策事项较为单一，而这些事项没有轻重之分，决策层次又划归为一，如此一来，便没有必要设定过多的决策层次级别对决策事项进行分工。所以，很多项目化运作的基金，在管理权限的划分上更为简单。

2. 投资流程复杂化

如上文所述，国家发改委《关于进一步规范试点地区股权投资企业发展和备案管理工作的通知》中要求对关联方的投资实行关联回避决策制度，但允许关联方的认定、回避决策的具体制度由合伙协议约定。根据此通知的精神，项目化基金的运作模式可能会变得相对复杂，因为项目化运作的基金指向的项目通常是基金发起人自有的或者有关联关系者拥有的项目，可能某一合伙人会触及回避条款，而使得管理决策流程增加一环。

当然，所谓的管理流程复杂化并不是必然结果，即并非所有项目化基金投资的项目都会与合伙人有某种关联关系，所以管理流程的复杂程度是不确定的，依合伙PE的组成及项目来源有关。

3. 风险防范机制前置

投资过程中的风险防范方式，也因基金是项目化导向而特殊。基金的项目化导向因为投资目标的特定化，对风险防范的关注点会"前置"，前文提到过，基金化的基金会更关注投资决策流程的设置，用程序规范防范投资决策的人治风险，而项目化基金会更重视项目选择环节中的尽职调查，用扎实可靠的前期调研，确定项目的可投资性以及投资风险、收益预期。将风险防范的关键点前移到项目考察阶段，这是项目化对基金投资的一个重要影响。

4.深入参与被投资公司管理

项目化基金参与企业经营管理的程度会更深，由于项目的来源通常是某一LP或GP的自有资源，如何隔离风险使得投资和运作都更为理智，是其他合伙人关注的问题，所以对被投资公司的管理，其他LP或GP可能更愿意深入其中，以保证被投资公司运作的规范性、科学性，以及利润的最大化。在向项目公司委派董事时，可能给非关联投资者保留必要比例的席位，以保证其在被投资公司的投资运作中享有发言权。

此外，项目化管理的基金专注于一个项目的投资，于是在人力、财力、精力等各方面都更充沛，更有可能向被投资公司派出董事，实际参与被投资公司的运营；而从基金的关注重心来说，项目化基金的成败完全系于一个项目，对被投资公司的运作肯定更为关注，深度参与管理也是确保投资安全的重要手段。

5.追加投资的可能性较小

对于项目化运作的有限合伙制PE而言，追加投资意味着另行募集资本，因为此类基金通常将资金已经投入既定项目，如果需要追加投资就需要另行筹集资金。而筹集资金的周期不好预测，能否成功募集也并非定数，故而追加投资的可能性较小。相对而言，基金化导向的有限合伙制PE，本身就是一个资金池，在投资于一个项目后还有资金未用于投资，或者还有合伙人承诺的出资未有到位，对于此类基金而言，追加投资不过是对掌有资金的重新安排，并不涉及重新募集的问题，所以追加的可能性更大。当然，这只是理论上的比较，实践中也不排除掌有强大资金的项目化基金的合伙人，在短期内就有筹集资金的能力，毕竟资金募集的难易，主要看渠道和资源是否丰富，对于渠道和资源丰富的项目化基金而言，重新募集绝非难事。

（二）风险防范要点

由上述特点，我们可以总结出项目化导向的有限合伙制PE运作，需要在以下两个方面做好风险防范的核心工作：

其一，防火墙设置。即有效隔离风险机制的建立，比如在进行投资决策时，采用关联方回避制度，比如在被投资公司委派董事时，增加非关联方委派董事的席位，再比如采用更为严格的信息披露制度，或者在风险保障金上提高比例，缩小其他非关联合伙人的投资风险。

【信息链接】

某项目化基金募集说明书关于资金安全和投资收益分配的描述（节选）

八、入伙资金的安全保证

采用卓达房地产集团有限公司的星辰国际广场资产作价出资＋安全阀的方法：从河北卓达商贸广场经营管理有限公司管理的商贸广场稳定的租金收入中提取18%作为风险保障基金来保障有限合伙人合伙期间的分红。

九、投资收益

每份投资单位1万元，最小投资单位为60份，上不封顶。

自投资日起6个月为封闭期，封闭期内原则上不可退伙，但可以转让。

1. 基本分红收益。

封闭期内（含6个月）：按实际投资天数以年预分红4%计算。

封闭期过后到3年内（含3年）：按实际投资天数以年预分红15%计算。

2. 溢价收益。

1年内：没有本金溢价收益。

满1年（含1年）：由普通合伙人以8%溢价回购有限合伙人入伙本金。

满2年（含2年）：由普通合伙人以20%溢价回购有限合伙人入伙本金一次性退出，或选择10年红利卡即：连续10年每年3%的红利。

满 3 年（含 3 年）：由普通合伙人以 33% 溢价回购有限合伙人入伙本金一次性退出，或选择 10 年红利卡即：连续 10 年每年 5% 的红利。

3. 红利再投。

红利可作为优先股，继续享受分红或溢价收益。

4. 分红方式：每半年分红一次。

其二，建立顺畅的利益输送渠道。项目所得必须以股东权利的形式上传于 PE，再由 PE 以合伙协议的约定为依据进行分配，即便依照合伙协议的分配，对项目持有者进行更高比例的分配。比较忌讳的是项目收益直接归属关联方，而给其他合伙人象征性红利，此种运作就不规范，会引发合伙制 PE 内部合伙人纠纷。

三、项目化导向对有限合伙制 PE 退出的影响

项目化导向对有限合伙制 PE 的退出也存在一定影响，具体如下：

（一）退出模式确定性更强

项目化基金的退出模式确定性更强，受到更少的外界因素干扰，到底选择如何退出，直接决定于被投资企业的运作情况。而相反，基金化的基金可能会因为资金流问题，或者因为其他项目的退出模式变动问题，导致本项目的预定退出模式变动，比如基金化运作的基金投资于 A/B 两个项目，A 项目需要追加投资，而基金本身的资金不足以支持此笔追加金额，此时，基金可能考虑 B 项目提前退出套现。而 B 项目如果再培育两年可能能够达到上市的水平，但此时迫于资金需求，不得不提前套现，只能选择价格较低的股权转让方式实现。这样一来，退出方式受到其他项目的影响，而与预期相比发生变化。反观项目化基金，确实不存在这样的外部原因，项目

化的有限合伙制PE的退出方式更多取决于项目运作本身的情况，退出方式的确定性更强。

（二）退出时间更为灵活

与之前论述相承，由于是专注于一个项目，项目化运作的有限合伙基金的退出时间更为灵活，因为无需考虑资金流等外部因素，如果给予被投资公司更多时间，其能够实现上市的话，则PE作出延长存续时间的决议、变更合伙协议的可能性较大。

此外，项目化的基金很有可能比基金化基金的退出周期稍长，因为基金化基金对基金收益的定位是基于投资组合判定的，他们不一定追求单个项目收益最大化，而是要综合考虑项目投入与产出的比值、考虑项目周期延长带来的成本增加与收益的比值，考虑提前退出回收资金另行投资的收益，是否会多过延长单个项目投资期限的投资收益；而项目化基金的运作重心更为单一，单个项目的收益是其核心关注，故而有可能项目化导向的基金比基金化导向的基金周期更长。但这仅仅是理论上的概论，具体在基金运作中不一定都是如此。

（三）上市退出的可能性放大

孤注一掷地投资于一个项目，必然期望其投资收益最大化，而上市无疑是投资收益最大化的最佳途径。故而从主观心态角度讲，项目化导向的基金倾向，或者说愿意追求有限合伙制PE通过上市方式退出。从客观可能性角度讲，有限合伙制PE投资于一个项目时，会将其全部精力、资源都一并投入，对被投资企业的扶持和辅助能力是强大的，比如一个由IT业大佬们合资设立的项目化导向有限合伙制PE，在投资于一个IT企业后，就可能倾注投资者在行业中的资源、渠道影响力及优势，扶持被投资企业发展，在这样专业、精心的扶持之下，被投资企业的上市可能被放大，通过上市退出的可能性增强。

（四）退出收益可能更为丰厚

退出的收益与前期投入的成本直接相连，也与退出方式有关。基于前述论述，我们可以明显地看出，项目化基金对项目的投资是基金募集资金的全部，理论上来说，比一个普通规模的基金化基金的部分投入肯定更多；另一方面，项目化基金更容易追求并实现上市退出，这样一来投资收益率也更高，最终导致退出收益增加。此外，项目化基金的运作成本可能更小，不需要庞大的决策机构，不需要过多成本投入到管理，也节省下对多个项目的重复考察成本，成本的减少也从反面论证着收益的丰厚。总之，项目化导向的有限合伙制PE的退出收益可能更为丰厚。

总之，基金化导向与项目化导向是有限合伙制PE的两种运作模式，基金化是成熟基金的趋向，而项目化也是特定环境下最为实际的选择。基金化导向的基金，更强调资金集合、投资组合与风险分散；项目化导向的基金更重项目，更执著，风险也可能更大。项目化运作基金在投资模式和退出模式方面都有一定的特殊之处。无论如何，项目化基金对于推进基金行业，尤其是有限合伙制PE的发展意义非常重大。

第六章

有限合伙制PE的变更、退伙与清算

第一节　有限合伙制PE的合伙人及其投资变更

有限合伙制PE与公司制、信托制的一大区别即在于，其设立后还可以通过合伙人和投资金额的变更，实现对基金合伙人数量及募集总额的调整。对此，《合伙企业法》也多为原则性规定，赋予了合伙企业更多的经营自主权。

一、增加合伙人

增加合伙人是指合伙企业募集设立完成后的一段时期内，通过一定的程序、方式新增合伙人的情形。这里的新增，既可以是提供资金的有限合伙人，也可以是参与管理的普通合伙人。

（一）新增合伙人的情形

1. 新增有限合伙人

对于有限合伙制PE来说，新增有限合伙人常常是实现再次募集的手段。在实践中，有限合伙企业的初始承诺投资额，是基金管理人根据对潜在项目和目标市场规模的粗略估计而确定的，因此会出现基金存续期内投资总额不足的情形，在这种情况下，基金管理人就可以按照基金初始募集的程序展开二次募集，在操作方式上体现为新增有限合伙人。

除此之外，实践中还出现过在原始有限合伙人不赞同某投资项目的情形下，将由基金管理人通过新增有限合伙人实现该项目的投资，在操作上，这些新增的有限合伙人可能被称为特别有限合伙人。实际上，这有点儿类似于同一基金管理人同时操作两只基金，只不过这里的投资人都存在于一个有限合伙企业中。

2. 新增普通合伙人

新增有限合伙人满足的是有限合伙制PE增加投资总额的需求，而新增普通合伙人则涉及有限合伙制PE的管理制度改善。根据《合伙企业法》的规定，有限合伙企业在没有普通合伙人时将面临解散，因此在普通合伙人退出合伙企业①的情形下，为保证有限合伙制PE经营的延续性，就必须增加新的普通合伙人。

另外，实践中可能还存在有普通合伙人不能满足有限合伙人制PE投资决策能力要求的情形，对此，有限合伙人可以形成联盟，要求新增专业技能更强的普通合伙人进入，以提升有限合伙制PE的投资收益水平。

（二）新增合伙人的条件

1. 法律规定

《合伙企业法》在有限合伙章节中对增加合伙人的规定仅有1条，即第七十七条："新入伙的有限合伙人对入伙前有限合伙企业的债务，以其认缴的出资额为限承担责任。"而在普通合伙章节的第四十三条规定，"新合伙人入伙，除合伙协议另有约定外，应当经全体合伙人一致同意，并依法订立书面入伙协议。订立入伙协议时，原合伙人应当向新合伙人如实告知原合伙企业的经营状况和财务状况。"

从法律规定来看，有限合伙企业增加有限合伙人时，基本不存在任何

---

① 具体情形见本章第三节。

条件和限制，"以认缴的出资额为限承担责任"的规定，是有限合伙责任的原有之意，也不能成为对新增有限合伙人的特殊责任设置。而普通合伙章节中，则要求合伙人入伙需要全体合伙人一致同意、签订书面入伙协议，并由原合伙人如实告知原合伙企业经营状况，这些规定无疑将适用于有限合伙企业增加普通合伙人的情形，也有部分有限合伙企业将其借鉴适用于新增有限合伙人的情形。

2. 实践操作

《合伙企业法》中，仅针对新增普通合伙人设置了全体合伙人一致同意的权限。这是因为普通合伙人之间更加具有人合特性，合伙企业的筹办完全基于合伙人之间的信任。而对于新增有限合伙人，《合伙企业法》中并没有明确规定，这就将取决于具体有限合伙制PE各合伙人的商谈。

一般来说，对于由普通合伙人兼任基金管理人，并且具有较强投资实践经验、较广募集渠道的有限合伙制PE，原有限合伙人会对普通合伙人给予更多的信任，双方关系仅限于委托投资与收益分配，有限合伙人也很少参与PE的投资决策和经营管理。在这种形式的有限合伙制PE中，一般会在有限合伙协议及有限合伙企业章程中约定，由普通合伙人决定新增有限合伙人的入伙，由普通合伙人负责新增有限合伙人的联络和筛选，落实新增有限合伙人的出资，并告知新增有限合伙人企业原先的运营情况。例如约定："普通合伙人进行后续募集时，可独立决定接纳新的有限合伙人入伙。"或者"有限合伙人入伙时，应当取得执行事务合伙人同意。"

在另外一些有限合伙制PE中，原有限合伙人对合伙企业的运作有更多的介入，其基于团队的稳定性和收益的专享，会对新增有限合伙人设定更为严格的准许权限，例如要求代表出资总额2/3的合伙人代表通过，或直接借鉴普通合伙人入伙的程序，要求全体合伙人一致同意。更为严格的，甚至要求有限合伙制PE在存续年限内不得新增合伙人，以保证有限合伙制PE的投资总额和退出期限免于变动。

（三）其他关键问题

1. 对新增合伙人的时间和规模限制

除了通过准许权限限制新增合伙人进入之外，有限合伙制PE还会在增加合伙人的时间和规模上加以限制。有如此约定是因为，有限合伙制PE通常拥有既定的存续期间和投资策略，无限期允许新增合伙人（或称继续募集），会影响此前的投资计划和投资方案落实，无形中也会影响原合伙人收回投资的时间。因此，对新增合伙人的时间限制较为严格，通常为有限合伙设立后1年以内。

从另外一个角度考虑，设立后增加有限合伙人，实际上是有限合伙制PE稳定先期募集资金、并有效延长募集时间的手段。因此，在新增合伙人规模限制方面，合伙人通常显示出较多的宽容，允许相当于原募集总额的几倍甚至十几倍资金的后续募集。

值得一提的是，对新增合伙人的时间和规模限制，常常与普通合伙人全权决定新增有限合伙人相结合，以降低有限合伙增加合伙人的难度。在其他诸如2/3合伙人决定、或全体合伙人决定增加合伙人的情况下，这一限制就显得没有那么必要了。

2. 对新增合伙人出资的要求

在程序上满足条件之外，新增合伙人的出资还在补缴利息、管理费、规模和缴付期限等方面有特殊要求。新增合伙人资金注入时，有限合伙企业已经开始实际运行，亦即已有一部分对外投资，和一定比例的管理费消耗。显然，新增合伙人不能参与已退出项目的利润分配，而对于已完成投资等待收割的项目而言，新增合伙人具有和原合伙人同样的分享收益、承担亏损的权利和义务。相应地，在合伙协议中约定新增合伙人补缴相应的利息和管理费也有其合理性，否则将使得有限合伙制PE的初始投资人感到不尽公平。

由于新增合伙人补缴的利息，相当于其相较其他合伙人延迟缴纳出资对有限合伙制PE形成的"消极损失"。因此，典型的要求新增合伙人补缴利息的标准可以参照该延迟缴纳出资期限内有限合伙制PE的投资收益率，也可以参照同期存款利率。而在管理费补缴的问题上，多数有限合伙制PE都要求新增合伙人补齐自合伙企业设立时起至合伙人缴付出资时止的管理费。

除了补缴利息和管理费，对新增有限合伙人的资金注入还可以有规模和期限的要求。例如，可以约定新增有限合伙人承诺出资的最低限额、首次出资占承诺出资的比例、首次出资及后续出资的具体时间等。对此，有限合伙制PE既可以完全参照原有限合伙人的做法，也可以根据企业运作情况予以调整。例如首次出资占承诺出资的比例，就可以参考原合伙人已实际出资金额占总承诺金额的比例。

值得一提的是，对增加合伙人的出资要求，也往往成为原合伙人追加投资的要求，这在部分有限合伙制PE的操作中也有所体现。

二、合伙份额的转让

合伙份额的转让常见于合伙企业运营过程中，即由第三方承接原合伙人在合伙企业中的合伙份额，享有其权利，承担其义务。合伙份额的转让涵盖了有限合伙人和普通合伙人的转让。

（一）合伙份额转让的情形

合伙份额的转让，可以是转让全部合伙份额以图退出合伙企业，也可以是转让部分份额以图收回部分投资。这两种转让方式的根本区别即在于，转让人是否继续存在于该有限合伙企业。在以下的讨论中，我们综合考虑这两种方式。

1. 有限合伙人的份额转让

有限合伙人的份额转让，实际上是原始合伙人的投资退出和新合伙人的投资进入。在实践中，许多有限合伙制PE会严格限制有限合伙人的直接退伙，以避免合伙人撤资对基金投资总额和已投项目的不利影响。因此，有限合伙人在对基金投资项目失去信心时，便会试图通过份额转让提前收回投资。应当说，有限合伙人的份额转让，也成为其退出有限合伙制PE的一种形式。

当然，有限合伙人的份额转让并非总是妥协的结果，也有可能是出现了对基金更为看好的新投资者，同意以合适的价格接受有限合伙制PE的份额转让。此时对原始有限合伙人来说，如果双方议定的价格能够满足甚至超过其当初投资该基金的预期，那么其就有理由将合伙份额转让，提前收回投资并获得收益。

2. 普通合伙人的份额转让

由于普通合伙人通常在有限合伙制PE中具有较少的投资份额，因此在转让份额的同时，其很可能导致直接退出合伙企业。而与有限合伙人的份额转让不同的是，普通合伙人在份额转让的同时，既转让了投资权益，也转让了对有限合伙企业的无限责任。正是基于此，在实践中，普通合伙人的份额转让，只在其退出合伙企业时才可能出现，否则就失去了激励和约束的基础，有限合伙也再没有存在的必要。

（二）合伙份额转让的条件

1. 法律规定

对于有限合伙人的合伙份额转让，《合伙企业法》仅在第七十三条有所规定："有限合伙人可以按照合伙协议的约定向合伙人以外的人转让其在有限合伙企业中的财产份额，但应当提前30日通知其他合伙人。"对于普通合伙人的份额转让，《合伙企业法》普通合伙章节第二十二条规定："除合伙协议另有约定外，合伙人向合伙人以外的人转让其在合伙企业中的全部或者部分财产份额时，须经其他合伙人一致同意。合伙人之间转让在合伙企业中的全部或者部分财产份额时，应当通知其他合伙人。"第二十三条规定："合伙人向合伙人以外的人转让其在合伙企业中的财产份额的，在同等条件下，其他合伙人有优先购买权；但是，合伙协议另有约定的除外。"

可以看到，法律对有限合伙人转让份额并无过多限制，仅设置了"提前30日通知"的义务。而对于普通合伙人，则区分了外部转让和内部转让，外部转让须其他合伙人一致同意，内部转让则须通知其他合伙人，同时，法律还赋予其他合伙人同等条件下的优先购买权。当然，法律也并未将这些操作方法设置为合伙企业的必须，而是允许合伙协议另行约定。

2. 实践操作

虽然《合伙企业法》仅要求转让份额的有限合伙人予以通知，但这一要求显然不能满足有限合伙制PE的适用要求。由于有限合伙人的份额转让相当于原合伙人的退伙和新合伙人的加入，涉及已投资项目的收益分配、合伙人的出资义务履行、基金的投资亏损责任承担等问题，在实践中，有限合伙人的份额转让通常至少要经过普通合伙人（即基金管理人）的同意，更为严格的还需要经过2/3以上合伙人同意，以保证对新进入的合伙人有初步的资质筛选和审查。过于自由的份额转让，将对有限合伙制PE的经营稳定性造成不利影响，因而不被采纳。

对于普通合伙人的合伙份额转让，实践中则完全借鉴了《合伙企业法》对普通合伙企业的要求，除非经过全体合伙人一致同意，否则一律不被允许。普通合伙人的出资份额是对其激励、约束机制的基础，这种严格的限制转让，能够保证普通合伙人在基金管理人的位置上尽职尽责，进一步巩固有限合伙制PE的运作稳定性。

（三）其他关键问题

1. 其他有限合伙人的优先受让权和跟售权

在有限合伙人份额转让被准许之后，其他合伙人在同等交易条件下的优先受让权成为核心问题。在有限责任公司和普通合伙中，其他股东（或合伙人）的优先受让权是法律明确规定的权利，因此常被适用。由于优先受让权是赋予原合伙人的权利，而没有附加义务的性质，也常被有限合伙制PE所采用，为那些在有限合伙人份额转让决议中投反对票的其他合伙人，赋予了额外的阻止其他人进入有限合伙的权利。

除了优先受让权，跟售权也是在公司股份转让和合伙企业份额转让中常被采用的条款。它代表着在有限合伙人转让合伙份额时，其他有限合伙人在同意转让且放弃优先受让权的同时，可以要求与该合伙人一起以同等条件将自身持有的合伙份额转让给拟受让方。当然，行使跟售权的范围不得超过拟受让方对合伙企业的承诺份额。

值得一提的是，这两种权利赋予的对象常常不包含普通合伙人，这是因为被允许转让的通常是有限合伙人，自然需要相对应的人员和机构来对接，以避免普通合伙人和有限合伙人身份的混同。

2. 转让完成的其他条件

份额转让的准许权限和其他有限合伙人的权利设置，是合伙份额转让中最为核心的两个问题，除此之外，有限合伙制PE还可对份额受让方的资质、原合伙人在份额转让后的最低出资限额、受让方对转让费用的承担等方面约定更多条件。从程序上来说，份额转让还需要完成合伙协议的签署及合伙企业章程的修改，这些条件也同样可以在合伙协议中体现。

三、GP、LP间的转变

普通合伙人与有限合伙人之间的转化，包括GP向LP的转化，也包括LP向GP的转化。

（一）身份转变的情形

1. GP向LP的转变

普通合伙人转变为有限合伙人，代表着普通合伙人在基金管理关系中的退出。在实践中，可能的情况有：（1）有限合伙人较多地参与基金管理，普通合伙人与有限合伙人的身份差别不很明显，激烈/约束机制不再必要；（2）普通合伙人所管理的多只基金具有同业竞争的可能，有限合伙人要求普通合伙人退出基金管理，而普通合伙人不愿退出合伙企业；（3）普通合伙人在投资管理决策和资金管理等方面不能满足有限合伙人的要求，而强制退伙在程序上不可实现；如此等等。

以上情形的共同点在于，普通合伙人无须再参与有限合伙制PE的投资管理，但其因为各种各样的原因不愿或不能退出合伙企业，便由其转为有限合伙人，仅参与基金的一般利润分配。

尤其需要关注的是，普通合伙人向有限合伙人的转化，基金至少应有一名普通合伙人存在，否则将导致基金面临解散。对于只有一名普通合伙人的有限合伙制PE来说，需要同时采取的动作是将有限合伙人转化为普通合伙人，或者引入新的普通合伙人进入。

2. LP向GP转变

实践中有限合伙人向普通合伙人的转变并不多见，最为可能的情况是基金原先的普通合伙人退出合伙企业而无人承接，导致基金只存在有限合伙人。为避免面临基金的解散清算，具有管理经验和相关资质的有限合伙人可依法定程序转变为基金的普通合伙人，实现基金的持续经营。

（二）身份转变的条件

关于有限合伙企业中合伙人转变的条件，《合伙企业法》第八十二条有明确规定："除合伙协议另有约定外，普通合伙人转变为有限合伙人，或者有限合伙人转变为普通合伙人，应当经全体合伙人一致同意。"

实践中，更多的有限合伙制PE遵从了《合伙企业法》的规定，要求经过全体合伙人的同意，当然，也有一些约定比较宽松的有限合伙制PE，仅要求代表出资总额2/3以上的合伙人表决通过。

从理论上说，合伙人的身份转变涉及基金管理人的变更以及基金无限连带责任的转移，无论是对基金本身的运作管理还是对合伙企业的债务处理而言，都是极为重要的变动。尤其是在有限合伙人变更为普通合伙人时，对普通合伙人的管理能力、运营能力、风险承担能力的认可，均需要征求其他所有合伙人的意见为宜。正因如此，有些有限合伙制PE甚至在合伙协议中明确，只有在普通合伙人退伙时，才允许有限合伙人向普通合伙人转变。

（三）其他关键问题

1. 出资比例的调整

合伙人身份转变的核心在于对合伙企业债务承担责任的变化，而对于转化前后的合伙人来说，其在合伙企业中的出资份额并未有改变。鉴于有限合伙制PE对普通合伙人和有限合伙人有不同的出资比例要求，合伙人在完成身份转变时，不可避免的将涉及出资比例的调整。对于有限合伙人向普通合伙人的转化，其出资比例可能会调低，相反，对于普通合伙人向有限合伙人的转化，如非合伙人条件不能允许，其出资比例将有一定程度的提高。

2. 基金管理关系的调整

在传统的有限合伙制PE当中，普通合伙人都作为基金管理人角色出现，并充当有限合伙企业的执行事务合伙人。在有限合伙人变更为普通合伙人的情形下，无论是否涉及原普通合伙人的退出，都需要重新梳理新普通合伙人和有限合伙制PE之间的管理关系。新普通合伙人可以仅作为普通合伙人角色出现，由原基金管理人继续负责基金的投资管理，也可以承接基金管理的责任，与有限合伙制PE签订委托管理协议，按照约定参与基金的投资管理并享受相应的投资收益激励。

3. 责任的承担

关于合伙人转变后的责任承担，《合伙企业法》第八十三条和第八十四条规定如下："有限合伙人转变为普通合伙人的，对其作为有限合伙人期间有限合伙企业发生的债务承担无限连带责任。普通合伙人转变为有限合伙人的，对其作为普通合伙人期间合伙企业发生的债务承担无限连带责任。"

应当说，法律对合伙人转变后责任承担的约定，并未脱离有限合伙制度的核心理念。有限合伙人转变为普通合伙人的，需要对合伙企业承担无限连带责任，而无须区分债务产生的时间是在转变之前还是转变之后；普通合伙人转变为有限合伙人的，也不能对此前的企业债务免责，仍然要为转变前的合伙企业债务承担无限连带责任。在实践中，这一原则也被合伙协议所采纳。

第二节　有限合伙制PE的组织及存续形式变更

正如我们在前面的章节中提及的，PE的组织形式极为多样，有限合伙仅为其中之一。在实践中，有限合伙制PE也存在着向其他形式PE转化的可能性，在此我们仅对此做一探讨。

一、有限合伙制PE向普通合伙制PE转化

对于有限合伙向普通合伙的转化，《合伙企业法》第七十五条有所规定："有限合伙企业仅剩普通合伙人的，转为普通合伙企业。"虽然实践中更多的有限合伙制PE是由一个普通合伙人和多个有限合伙人组成，但也不排除少数有限合伙人和多数普通合伙人组成有限合伙制PE的情形，实际上，私募市场上已经出现了诸如凯雷复兴一类的普通合伙制PE。

有限合伙向普通合伙的转化由于具有法律基础，操作上也较为简单，转化后的合伙制PE按照法律对普通合伙的规定运行即可。需要尤其关注的是，原合伙协议中有关普通合伙人的激励和约束制度可能再无必要，可以从合伙协议中删去。

实际上，有限合伙制PE一旦转化为普通合伙制PE，就失去了其在制

度上相匹配于私募投资的一系列特性。除了显而易见的激励约束制度的取缔,还有管理人员设置上的变化,以及相应投资决策流程的变化。通常而言,普通合伙制PE的各合伙人具有资金和管理的双重实力,势必都会参与到基金投资的决策流程中,共同充当基金管理人。在这种模式下,合伙制PE除了在税收上能够存有优势以外,似乎没有更多区别于公司制PE的特性了。当然,普通合伙制PE仍然可以通过新增有限合伙人,再行向有限合伙制PE转化。

二、有限合伙制PE向公司制PE转化

有限合伙制PE和公司制PE是PE运作中最为常见的两种方式,这两种组织形式的转化目前在法律上尚未有基础,因此从理论上讲,实际上是原有限合伙解散注销,并由原合伙人重新组建一家公司形式的PE。关于有限合伙的解散注销,我们在后续的章节中会详细讲解,在此不再赘述。而组建公司则是市场运作中的常见模式,也不再详述。

1. 转化前提

在有限合伙向公司制的转化当中,基金的实际运作者需要尤其关注的是,原合伙人对组织形式转化的认可。我们对有限合伙制PE和公司制PE做过多次对比,二者在经营管理模式和利润分配、责任承担制度上均有很大的不同。对于有限合伙人而言,它将从纯粹的出资人转变为参与公司重大决策的股东;对于普通合伙人而言,它将面临的是和原有限合伙人共同掌控公司运营,将失去投资管理上的激励,并将从对基金债务的无限责任转变为有限责任。当然,在基金运营管理和投资管理方面,原合伙人仍然可以通过新设公司的董事会和高级管理人员设置,来实现分工。但无论如何,原合伙人只有在完全接受这种形式转化的基础上,才可能实现。

2. 转化程序

在转化程序方面，可以将这一过程理解为原合伙人以其在有限合伙制PE中的投资收益和留存资产为基础，向新设的公司制PE出资，从而实现投资管理的连续性。要实现这一平移，势必会涉及对原投资形成资产的评估作价，而这一过程则类似于国有企业改制为有限责任公司，当然，在评估规则上未必那么严格。

转化中的另一个问题还在于，若原合伙人在原有限合伙制PE中的现金留存比例不能满足公司设立的出资要求，还可能涉及增加出资或适当退出。增加出资可以是原合伙人承担，也可以通过引进新股东实现；适当退出则需要原基金管理人充分考虑项目收益情况。对于转化中引入新股东的情形，可以参照前述引入新有限合伙人的方式，处理利润分配和费用补缴问题。

3. 资产转移登记

在有限合伙制PE向公司制PE转化的过程中，因基金投资所形成的项目资产可能会面临两次转登记：第一次是在有限合伙制PE解散清算之时，由合伙企业名下转至合伙人名下；第二次是在新设公司制PE注资时，由合伙人（股东）名下转至公司名下。由于资产的持有和变现是私募投资的核心，在短时间内完成两次转登记的程序必须要保证无瑕疵，才能不影响后续公司制PE的有效运作。

4. 债务处理

有限合伙制PE向公司制PE的转化，代表着普通合伙人向公司股东的转化，亦即从对基金债务的无限责任转变为对有限责任。为了避免在转化后仍然有债权人向公司股东进行追偿，最好的方式是在有限合伙制PE解散之时，即将债务全部偿还，以防后患。

三、有限合伙制PE的分立和合并

除了组织形式上的转化，有限合伙还存在分立和合并的可能。由于不具备直接的法律基础，有限合伙的分立实际上是一部分合伙人在原有限合伙制PE中的退伙，以及在另一有限合伙制PE中的出资，而有限合伙的合并，则相当于两个有限合伙的解散注销以及原合伙人对新设有限合伙制PE的出资。

1. 有限合伙制PE的分立

在有限合伙制PE的分立中，很大的可能是分立后的两个有限合伙制PE拥有同样的普通合伙人作为基金管理人，且在投资策略、投资模式上有着显著的不同，否则就没有分立的必要。基于此，有限合伙人在原有限合伙制PE中的退伙更适合于以现金形式退出，从而有利于其在另一有限合伙制PE中的重新投资，这就对原有限合伙制PE的现金流有更高的要求，甚至可能要求其在分立之前实现一部分项目的退出。而对普通合伙人而言，由于其在原有限合伙制PE中的出资份额较少且兼任基金管理人，可不考虑退出或合伙份额转让，而是以另外的资金投入成为新设有限合伙制PE的普通合伙人、基金管理人。

有限合伙制PE实现分立后，更多的挑战可能来源于对基金管理人的分身管理要求。对于曾经在同一个有限合伙制PE中的有限合伙人来说，他们当然不愿意看到基金管理人在两个基金中投入精力的不均衡性，因此，基金管理人在分立之后，可以考虑在两个有限合伙制PE中配备不同的管理人员，以实现管理能力的均衡，保证两个有限合伙制PE的投资效益。

2. 有限合伙制PE的合并

相比而言，有限合伙的合并可能稍为简单，因为其对有限合伙人出资的形式并没有严格要求，可以是货币，也可以是其他资产。因此在这一过程中，原有限合伙制PE的解散，甚至可以直接向合伙人分配其未变现的投资资产，然后由合伙人以此部分资产为基础，向新设有限合伙制PE出资，以实现原有限合伙制PE向新设有限合伙制PE的平稳过渡。当然，也不排除原有限合伙制PE借此机会实现一部分项目的退出，对基金的投资模式、投资策略等作一调整。值得一提的是，有限合伙制PE的合并将涉及基金管理人的重新选定，理论上，可以由原有限合伙制PE的普通合伙人共同担当，也可由其中一部分普通合伙人担当，这无疑取决于合并后有限合伙制PE的运营需要和有限合伙人的决策。

第三节　有限合伙制PE的合伙人退出

合伙人的退出，从理论上讲可以发生在合伙企业存续期间的任何时段。相比于公司制PE和信托制PE，这一点也能够为那些看重资金流动性的有限合伙人提供更多的便利。

一、法律对退伙的规定

《合伙企业法》对合伙企业的退伙制度有非常详尽的规定，在理论体系上可以分为当然退伙、任意退伙和除名退伙。

（一）当然退伙

当然退伙，是指合伙人因为主体消灭或其他不可抗的原因而在法律上当然退出合伙企业。针对普通合伙企业中合伙人的当然退伙，《合伙企业法》第四十八条规定："合伙人有下列情形之一的，当然退伙：（1）作为合伙人的自然人死亡或者被依法宣告死亡；（2）个人丧失偿债能力；（3）作为合伙人的法人或者其他组织依法被吊销营业执照、责令关闭、撤销，或者被宣告破产；（4）法律规定或者合伙协议约定合伙人必须具有相关资格而丧失该资格；（5）合伙人在合伙企业中的全部财产份额被人民法院强制执行。

退伙事由实际发生之日为退伙生效日。"

针对有限合伙人的退伙,《合伙企业法》第七十八、七十九条则规定: "有限合伙人有本法第四十八条第一款第一项、第三项至第五项所列情形之 一的,当然退伙;作为有限合伙人的自然人在有限合伙企业存续期间丧失 民事行为能力的,其他合伙人不得因此要求其退伙。"

可以看到,法律对普通合伙人和有限合伙人的当然退伙是有细微差异 的。对于自然人死亡、法人消灭、全部财产被执行这三类完全丧失民事权 利的情形,无论是普通合伙人还是有限合伙人,都当然退伙,这毋庸置疑。 对于丧失偿债能力和丧失相应资格的情形,仅规定普通合伙人当然退伙, 这是基于普通合伙人对合伙债务的无限连带责任和其执行合伙事务的义务 所需。此外,法律明确规定,其他合伙人不得因为丧失民事行为能力而要 求自然人有限合伙人退伙,对有限合伙人的权利给予了保障。

(二)任意退伙

任意退伙,是指在出现协议约定的事由时,合伙人可经约定程序退 出合伙企业。对此,《合伙企业法》第四十五条规定:"合伙协议约定合 伙期限的,在合伙企业存续期间,有下列情形之一的,合伙人可以退伙: (1)合伙协议约定的退伙事由出现;(2)经全体合伙人一致同意;(3)发 生合伙人难以继续参加合伙的事由;(4)其他合伙人严重违反合伙协议约 定的义务。"

任意退伙在合伙协议中的直接应用非常广泛,尤其是对于"合伙协议 约定的退伙事由",有限合伙制PE通常会在实践中予以进一步解释。例如, 基金管理人当中的关键成员变更、基金的投资收益率在一段时间内未达到 最低预期、募集时拟投资项目发生重大变动等。对任意退伙事由的约定, 可以成为有限合伙企业约束基金管理人的有效手段。

此外,《合伙企业法》第四十六条还对无固定期限的合伙人退伙予以规 定:"合伙协议未约定合伙期限的,合伙人在不给合伙企业事务执行造成不利影响的情况下，可以退伙，但应当提前 30 日通知其他合伙人。"由于有限合伙制PE通常会约定基金存续期限，这一规定的适用性不甚明显。然而，实践中也不排除无固定期限的有限合伙制PE，对于此类合伙企业，有限合伙人将因此规定而获得更为有利的退伙条件。

（三）除名退伙

除名退伙，是指发生法律规定或协议约定的情形时，由合伙企业决议将合伙人除名而使其退伙的情形。对此，《合伙企业法》第四十九条规定："合伙人有下列情形之一的，经其他合伙人一致同意，可以决议将其除名：(1) 未履行出资义务；(2) 因故意或者重大过失给合伙企业造成损失；(3) 执行合伙事务时有不正当行为；(4) 发生合伙协议约定的事由。对合伙人的除名决议应当书面通知被除名人。被除名人接到除名通知之日，除名生效，被除名人退伙；被除名人对除名决议有异议的，可以自接到除名通知之日起 30 日内，向人民法院起诉。"

除名退伙是对合伙人的强制性退伙，其原因是合伙人对合伙企业或其他合伙人造成了重大损失。正因如此，在有限合伙制PE中，有限合伙人因为与合伙企业的关系较为单一，较少应用这种除名的约定。而对于普通合伙人的除名退伙，则成为其退伙的主要事由。

二、有限合伙制PE的特殊退伙机制

（一）普通合伙人的退伙

在有限合伙制PE中，普通合伙人的退伙是对基金运作影响极大的变动，因此在机制上常常限制严格。这主要表现为以下两个方面：

1. 不允许主动退伙

大多数的有限合伙制PE都只有一个普通合伙人，且这一合伙人同时担当该有限合伙制PE的基金管理人。这就意味着，普通合伙人一旦退出，其他合伙人必须在短时间内找寻、筛选合适的普通合伙人来承接此前的基金管理重任，否则基金将面临解散。

从适用法律的角度来说，若普通合伙人发生当然退伙中规定的情形，则退伙不可避免；而若普通合伙人发生的是任意合伙中的情形，合伙制PE就可以在合伙协议中予以限制，不允许普通合伙人作出主动退伙的意思表示。这对于保障其他合伙人的投资稳定性而言，具有非常重要的意义。

关于普通合伙人的退伙，合伙协议中通常出现的表述如："普通合伙人在此承诺，除非本协议另有明确约定，在合伙企业按照本协议约定解散或清算之前，普通合伙人始终履行本协议项下的职责；在有限合伙解散或清算之前，不要求退伙，不转让其持有的有限合伙权益；其自身亦不会采取任何行动主动解散或终止。"

2. 约定明确的普通合伙人除名退伙条件

如果说主动退伙是对法律上任意退伙的一种限制，那么约定明确的普通合伙人除名退伙条件，则是有限合伙制PE对法律上除名退伙的进一步解释和深化。基于有限合伙制PE运作的特殊性，有限合伙人对普通合伙人的权利义务要求是可以非常具化的，此时，法律上所谓的对合伙企业造成重大损失，或者有不正当的执行合伙事务行为，便显得过于模糊。

实践中，有限合伙制PE可以把约定普通合伙人除名退伙条件作为限制普通合伙人投资管理行为的又一手段，但同时，有限合伙人又必须谨慎适用除名退伙，避免基金运作的不稳定性。从表现形式上，对普通合伙人的除名退伙体现了条件上的明确和程序上的严苛，以保证对普通合伙人的合理约束。至于具体条件的设置，要看有限合伙制PE对普通合伙人的限制意图，可以涉及普通合伙人投资决策行为、投资管理的效果、甚至包括普通合伙人的人员变动等。

【信息链接】

有关普通合伙人除名退伙的条款示例

当发生下列任一情形时，经代表非关联有限合伙人实际出资额2/3以上的有限合伙人同意，合伙人会议可强制普通合伙人退伙，同时普通合伙人对该等行为对有限合伙造成的损失承担连带赔偿责任。（1）因普通合伙人之作为或不作为导致有限合伙的重大损失；（2）未经代表非关联合伙人2/3实际出资额以上合伙人同意，有限合伙投资于与普通合伙人有关联关系的企业；（3）管理合伙人管理团队主要人员即×××发生变动。

因普通合伙人故意或重大过失行为，致使有限合伙受到重大经济损失或承担有限合伙无力偿还或解决的重大债务、责任时，有限合伙可按照以下程序将普通合伙人除名。除名程序为：（1）经本协议约定的仲裁程序，仲裁机构裁决普通合伙人存在前款规定的可被除名的情形；（2）上述裁决作出后120天内，代表有限合伙75%以上实际出资额的合伙人同意将普通合伙人除名。

需要说明的是，以上对普通合伙人退伙的严格限制，更多应用于与有限合伙制PE有管理关系、负有有限合伙执行事务职责的普通合伙人。对于那些不涉及管理关系、不具备唯一性特点的普通合伙人，其退出的程序更加类似于有限合伙人的退伙。这是因为，其在退伙之后仍然需要为之前合伙企业的债务承担无限责任，对基金的影响也就仅限于投资资金的减少。

与此相反，在项目化导向的有限合伙制PE中，普通合伙人的退伙可能会有更为严格的限制，而在具体表现形式上，也主要集中在前述对主动退伙和除名退伙的规制方面。这无疑是因为该类基金的投资项目与普通合伙人联系紧密，普通合伙人的退出不仅影响管理关系和基金存续，还将严重影响投资收益。作为补救措施，这种项目化导向的有限合伙制PE，应当对普通合伙人退伙后的管理关系提前作出安排。

（二）有限合伙人的退伙

有限合伙人的退伙虽然不会影响到基金的投资运作，却会减少合伙人对基金的实际出资、限制基金的投资规模和投资决策，故而，有限合伙人的退伙一般也会受到合伙协议的严格限制。

实际上，有限合伙制PE的投资收益一般不会用来再投资，因此一旦有限合伙人将资金投入，便将转化为基金持有的股权、债权等资产形式，直至实现退出时才会转化为基金持有的现金，并进一步分配给各合伙人。这就意味着，如果有限合伙人选择在合伙存续期间退伙，则将直接按照份额取得其相应的资产，此时的兑现，无论是对基金而言，还是对有限合伙人个人而言，都并非有利的决策。而若有限合伙人退伙时要求基金以现金形式退还本金，则将严重影响基金的运作，对有限合伙制PE运作更为不利。

相比较而言，对有限合伙人合伙份额转让的宽松，更能保障基金和有限合伙人的利益——基金本身无须处理退伙后的财产返还，有限合伙人又能按照其所持有的财产价值，获得相应的现金，实现有效流转。

正是基于此，美国的《统一有限合伙法》明确规定了有限合伙人在合伙企业存续期限内不得退伙。虽然我国的《合伙企业法》没有此种规定，不过在实践中，许多有限合伙制PE也自然而然地采取了相对严格的约定，限制有限合伙人的退伙。

当然，这一论断也并非适用于所有有限合伙制PE，对于有限合伙人的退伙，仍然有一些基金采用了较为宽松的方式，甚至赋予有限合伙人自主决定的退伙权限。

典型的限制有限合伙人退伙条款如："有限合伙人可依据本协议约定转让其持有的有限合伙人权益从而退出有限合伙，除此之外，有限合伙人不得提出退伙或提前收回投资本金的要求。"或者"在合伙企业解散前，除非发生法定事由，合伙人不退伙。"

三、退伙的法律后果及相关事务处理

虽然有限合伙制PE对合伙人的退伙有诸多限制，然而实践中仍然存在诸多退伙情形。对此，合伙企业在设立时需要对以下几个方面的问题有所考虑，并作出相应约定安排：

（一）退伙份额的安排

合伙人按照法律规定或合伙协议的约定实现退伙，即相当于合伙企业减少了一部分出资。与公司制PE相比，这种出资的撤回不会影响合伙企业的正常存续，但仍有一部分有限合伙制PE在退伙份额上作出了延续性的安排，以尽量避免对基金实际出资的影响。

1. 普通合伙人退伙的份额安排

《合伙企业法》第七十五条规定："有限合伙企业仅剩有限合伙人的，应当解散。"这一规定意味着，在仅有一名普通合伙人的情况下，有限合伙企业必须对普通合伙人退伙后的份额进行安排，否则合伙企业将面临解散。实践中，这种安排通常体现为普通合伙人的重新推选，推选范围可以在原有限合伙人之内，也可以延伸至企业之外的自然人或机构；推选的程序则需要遵从法律对普通合伙人入伙的规定，即通过全体合伙人一致同意；推选的条件则可以参照有限合伙制PE设立时对基金管理人的资质要求。

2. 有限合伙人退伙的份额安排

正如前文所论述的，有限合伙人的退伙，将影响基金的资本投入和投资管理，因此普通合伙人宁愿有限合伙人对合伙份额进行转让，也不愿有限合伙人直接退伙。如果有限合伙人确因触及了当然退伙和任意退伙中的情形，有限合伙制PE也倾向于对退伙份额进行安排，尽量避免基金本身出资额的减少。对此，《合伙企业法》甚至也有所考虑，其在第八十条中规定："作为有限合伙人的自然人死亡、被依法宣告死亡或者作为有限合伙人的法人及其他组织终止时，其继承人或者权利承受人可以依法取得该有限合伙人在有限合伙企业中的资格。"

当然，《合伙企业法》的规定并不总能适用，对于其他情形，有限合伙制PE仍然可以作出变通，例如授权其他合伙人优先受让退伙合伙人的合伙份额，授权退伙合伙人或其继承人指定第三方承接其份额，甚至授权普通合伙人另行选择第三方进入基金、承接原退伙合伙人份额等。这些方式在有限合伙制PE因有限合伙人退伙而投资资金不足时，显得尤为必要。

【信息链接】

对有限合伙人退伙份额安排的条款示例

作为有限合伙人的自然人死亡、被依法宣告死亡或者作为有限合伙人的法人及其他组织终止时，其继承人或者权利承受人可以依法取得该有限合伙人在有限合伙中的资格；但如该继承人或者权利承受人不具备本协议约定的有限合伙人应具备的条件，应经普通合伙人同意方可取得有限合伙人资格。

如该继承人或者权利承受人不愿意成为合伙人，或未能取得有限合伙人资格，则该继承人有权在发生上述当然退伙情形后的 3 个月内，指定普通合伙人认可的第三方受让该当然退伙的有限合伙人的全部有限合伙权益，其他有限合伙人和普通合伙人可以参照协议规定享有和行使有限受让权。

如未能按照上述约定完成转让，普通合伙人有权指定第三方按照普通合伙人独立决定的价格收购该等有限合伙权益，但无论如何收购价格不应低于该有限合伙人实际出资中尚未使用或备付合伙费用、债务的部分。

（二）财产份额的退还

合伙人退伙后财产份额的退还，是退伙合伙人最为关注的问题，对此，《合伙企业法》也有原则性的规定。其中，第五十二条规定了退伙财产份额分配的形式："退伙人在合伙企业中财产份额的退还办法，由合伙协议约定或者由全体合伙人决定，可以退还货币，也可以退还实物。"第五十一条和第五十四条则规定退还财产份额的计算方法："合伙人退伙，其他合伙人应当与该退伙人按照退伙时的合伙企业财产状况进行结算，退还退伙人的财产份额；合伙人退伙时，合伙企业财产少于合伙企业债务的，退伙人应当依照本法第三十三条第一款[①]的规定分担亏损。"

对于退还财产的形式，法律规定货币和实物都可，而对于有限合伙制PE来说，按照已投资情况退还相应的货币和资产是其首选，并常常将其约定于有限合伙协议当中，避免合伙人退伙时从基金中抽走过多现金。

对于退还财产的数额计算方法，实际上与退伙时合伙企业的财产状况以及约定的利润分配、亏损承担、费用负担方式密切相关。退伙时的合伙企业财产总额，是退还财产数额的计算基础，而利润分配、亏损承担、费用负担方式，则是合伙人取得财产份额的直接计算方法。从理论上来说，合伙人退伙，即相当于合伙企业在其个人方面的提前清算。

（三）合伙债务的承担

上述财产份额的退还，涉及的是合伙制PE在投资项目上的收益分配、亏损承担和费用负担问题，或者说，是合伙企业内部的财产分配问题。除此之外，合伙人在退伙后还涉及对合伙本身债务的承担，这里的债务，是指合伙企业对第三方债权人所欠之债，涉及的是外部财产责任承担问题。

对于合伙债务的承担，《合伙企业法》对退伙的普通合伙人和有限合伙人有明确区分。在第五十三条中，规定了普通合伙人的无限连带责任："退伙人对基于其退伙前的原因发生的合伙企业债务，承担无限连带责任。"在第八十一条中，规定了有限合伙人的有限责任："有限合伙人退伙后，对基于其退伙前的原因发生的有限合伙企业债务，以其退伙时从有限合伙企业

[①]　《合伙企业法》第三十三条："合伙企业的利润分配、亏损分担，按照合伙协议的约定办理；合伙协议未约定或者约定不明确的，由合伙人协商决定；协商不成的，由合伙人按照实缴出资比例分配、分担；无法确定出资比例的，由合伙人平均分配、分担。"

中取回的财产承担责任。"

实践中，有限合伙制PE大多遵从了法律规定，对此没有过多演绎。对普通合伙人和有限合伙人的责任区分，是有限合伙制度的要求，这一安排能够最大程度地保障外部债权人利益，又能在合伙企业内部形成合理的责任分担。

（四）对合伙的赔偿责任

除了以上3个核心问题之外，在合伙人退伙时还可能牵涉对合伙企业的赔偿责任，这在部分有限合伙制PE的合伙协议中也有所体现。对此，《合伙企业法》第五十一条规定："合伙人退伙，其他合伙人应当与该退伙人按照退伙时的合伙企业财产状况进行结算，退还退伙人的财产份额。退伙人对给合伙企业造成的损失负有赔偿责任的，相应扣减其应当赔偿的数额。"

合伙企业的赔偿责任，一般是基于合伙人对合伙企业造成重大损失，对有限合伙制PE而言，这种情形可能会更多的发生在普通合伙人身上。作为通常意义上的基金管理人和当然的合伙企业执行事务合伙人，普通合伙人在合伙企业管理经营及投资运营方面都承担了更多责任，这也因此导致其更有可能对合伙企业造成实际损失。

对合伙企业的赔偿责任，最关键即在于造成损失负有责任的认定。对此，大多数合伙企业在设立时并没有非常明确的界定。实践中，经常发生的可能是普通合伙人因为违反合伙协议的约定而被除名，并在除名后对合伙企业承担一定赔偿责任。如果再考虑到普通合伙人对合伙企业债务的无限连带责任，这样的责任设置，势必会对普通合伙人形成过高的压力，难被认同。也许这也是众多有限合伙制PE在此问题上未作进一步阐释的原因。

第四节　有限合伙制PE的终止

这一部分主要讨论的是有限合伙制PE的解散、破产、清算、注销，以及向其他组织形式转化等非存续状态，对此，《合伙企业法》、《合伙企业登记管理办法》有较为明确的规定。由于更多涉及程序上的操作，大多数合伙协议仅对法律规定直接引用，实践中未作过多调整。

一、有限合伙制PE的解散

《合伙企业法》第八十五条规定了合伙企业解散的几种常见的法定形式："合伙企业有下列情形之一的，应当解散：（1）合伙期限届满，合伙人决定不再经营；（2）合伙协议约定的解散事由出现；（3）全体合伙人决定解散；（4）合伙人已不具备法定人数满30天[①]；（5）合伙协议约定的合伙目的已经实现或者无法实现；（6）依法被吊销营业执照、责令关闭或者被撤销；（7）法律、行政法规规定的其他原因。"

在这些常见的解散事由中，合伙期限届满是较为普遍的，有限合伙制

[①] 《合伙企业法》第十四条第一款："设立合伙企业，应当具备下列条件：有两个以上合伙人。合伙人为自然人的，应当具有完全民事行为能力。"

PE通常会根据其投资策略的特质，决定企业的存续年限，期限届满，则合伙企业即经过一定程序宣告解散。合伙约定事由解散和合伙人决定解散，是充分尊重有限合伙经营自主权限的规定，有限合伙制PE可以在主投项目变动、管理人员重要变动、经济环境变动等各方面综合考虑约定其解散事由。不具备法定人数和被吊销执照、责令关闭、撤销导致合伙企业丧失法律上的存续基础，必然引发解散。对合伙目的已经实现或无法实现的理解，在部分有限合伙协议中体现为投资项目的提前退出，或重大的投资亏损。

除了在经营上的解散事由之外，《合伙企业法》第七十五条规定了一类特殊的解散事由："有限合伙企业仅剩有限合伙人的，应当解散。"对于这一点，我们在前文中已有所阐述。有限合伙制PE一旦发生普通合伙人退伙而无人承接的状况，便将面临解散。

二、有限合伙制PE的破产

合伙企业的破产问题在理论上一直存有争议。从合伙企业的主体资格来看，其并非一个独立的责任主体，而是由各个合伙人组成的一个法律实体，不存在完全独立的财产、独立的责任和独立的人格。而破产制度的核心意义，则在于保护债权人财产利益的同时，考虑破产人原投资人的有限责任，在公司破产中，这将体现在股东以其对公司的出资额或持股份额为限承担公司债务。两者结合起来，我们会发现合伙企业的破产实际意义并不大，尤其是在普通合伙中，合伙企业无论破产与否，都将由普通合伙人承担无限责任。

尽管如此，《合伙企业法》仍然在第九十二条对合伙企业的破产作出了规定："合伙企业不能清偿到期债务的，债权人可以依法向人民法院提出破产清算申请，也可以要求普通合伙人清偿。合伙企业依法被宣告破产的，普通合伙人对合伙企业债务仍应承担无限连带责任。"

对有限合伙制PE来说,合伙的破产与否对普通合伙人的责任承担并无分别,法律也赋予了债权人选择权,既可以申请合伙企业破产,也可以直接追究普通合伙人的无限连带责任。而对于有限合伙人来说,企业破产即代表着其只需在出资范围内承担企业债务。这一点,与前文中所提及的"有限合伙人退伙时以取回的财产为限承担合伙企业债务"一脉相承。

三、有限合伙制PE清算与注销

无论是解散或破产,合伙企业终止经营时必将面临的是财产清算和注销,对此,《合伙企业法》有非常详尽的规定。

(一)清算人的选定

《合伙企业法》第八十六条对清算人的选择规定:"清算人由全体合伙人担任;经全体合伙人过半数同意,可以自合伙企业解散事由出现后15日内指定一个或者数个合伙人,或者委托第三人,担任清算人。自合伙企业解散事由出现之日起15日内未确定清算人的,合伙人或者其他利害关系人可以申请人民法院指定清算人。"

在实践中,有限合伙制PE可以在合伙协议中明确清算人的选定范围和选定程序。考虑到半数以上合伙人选定清算人的权利,可以在合伙协议中明确普通合伙人和有限合伙人担任清算人的资格,以避免超过半数的一方通过清算程序损害另一方利益。

(二)清算人的职责

根据《合伙企业法》第八十七条,清算人的主要职责为:(1)清理合伙企业财产,分别编制资产负债表和财产清单;(2)处理与清算有关的合伙企业未了结事务;(3)清缴所欠税款;(4)清理债权、债务;(5)处理合伙企业清偿债务后的剩余财产；（5）代表合伙企业参加诉讼或者仲裁活动。

此外，清算人需要在被确定之日起10日内将合伙企业解散事项通知债权人，并于60日内在报纸上公告，并根据债权人申报的债权对合伙企业债权进行登记。在合伙企业存续的清算期间，清算人不得开展与清算无关的经营活动。

需要注意的是，《合伙企业法》并未对清算期限作出规定，而《企业破产法》因为只适用于企业法人。这就意味着一旦启动清算程序，有限合伙人只能被动地等待清算人完成清算职责，处理基金的剩余财产。对此，有限合伙人可主张在合伙协议中约定明确的清算期间，以控制清算时间。

（三）剩余财产支付顺序

根据《合伙企业法》第八十九条，合伙企业的剩余财产支付顺序为：（1）清算费用；（2）职工工资、社会保险费用以及法定补偿金；（3）所欠税款；（4）合伙债务；（5）合伙人分配。

（四）注销程序

清算完成后，清算人将编制清算报告，经全体合伙人签名、盖章后，在15日内向企业登记机关报送清算报告，申请办理合伙企业注销登记。

根据《合伙企业登记管理办法》，合伙企业办理注销时除清算报告以外，还需要提交：（1）清算人签署的注销登记申请书；（2）人民法院的破产裁定，合伙企业依照合伙企业法作出的决定，行政机关责令关闭、合伙企业依法被吊销营业执照或者被撤销的文件；（3）国务院工商行政管理部门规定提交的其他文件。

（五）注销后的责任承担

不同于其他形式，有限合伙制PE注销后仍然存在债务责任承担问题，对此，《合伙企业法》第九十一条规定："合伙企业注销后，原普通合伙人对合伙企业存续期间的债务仍应承担无限连带责任。"这意味着普通合伙人对有限合伙制PE的债务承担无限连带责任是终身的，直至债权人追索合伙企业债权超过法律上的时效。

四、有限合伙制PE的其他非正常存续状态

除了正常的经营存续和法定的解散、清算、注销情形，还有一些有限合伙制PE已经进入实质上的停滞状态，不投资运营，也不进行收益分配。对于这类非正常存续状态的有限合伙制PE，在大多数有限合伙协议中都未涉及，实际上这对作为出资人的有限合伙人极为不利。对投资项目和投资金额的管理，应当成为有限合伙人约束基金管理人的一个考虑因素。

（一）募集后未及时投资

募集后未及时投资，一部分是由于基金拟投资项目出现重大变故，以至于不适宜继续投入资金（在项目化导向的基金中尤其如此），一部分则是由于基金管理人的投资决策出现障碍、投资管理团队出现重大变动等。在这种情形下，基金实际上并未真正达到无法实现目的的境地，因此有限合伙人也不能够基于法律要求退出合伙或解散。无限期延迟投资期限，势必会对投资人已投入的资金造成"消极损失"。对此，应当在有限合伙协议中约定最长等待投资期限为宜。

（二）投资后未及时退出

投资后未及时退出，一部分是由于已投项目出现市场风险不适宜资金的回收，一部分则是由于基金管理人在投资决策方面出现犹豫不决等管理风险，当然，还有可能是因为退出程序遭遇了当地法规政策的阻碍。在这种情形下，有限合伙人通常只能静候市场变化，期盼在有限合伙制PE到期之前，能够获得相对丰厚的平均投资收益。

对于到期未能完全退出的有限合伙制PE，通常的解决途径有二：第一，

在有限合伙制PE存续期限届满时，向合伙人分配既有资产，包括债券、股权、现金等任何权益形式；第二，通过合伙协议约定的程序延续存续期限。当然，这种存续可以是全体合伙人参与，也可以由原来的部分合伙人参与，这在实质上形成了有限合伙制PE的一次重生。

第七章

有限合伙在PE中的新发展

第一节　有限合伙理论的新发展

有限合伙制PE的制度建设，是建立在有限合伙通用理论基础上的，可以说有限合伙理论的发展代表着有限合伙制PE发展的根本方向，有限合伙基本理论也是有限合伙制PE发展不得不遵循的内核。在此分析有限合伙理论的发展方向，希望能对业界思考有限合伙制PE制度的完善、监管机制的改进有所启发。

一、关于有限合伙企业民事法律地位

关于有限合伙的法律地位，有"实体说"和"集合说"两种理论，目前学术界对有限合伙组织的民事法律地位已经在很大程度上取得了一致，主要采纳"实体说"，即承认有限合伙是一个独立的民事主体，并兼顾"集合说"的优点。

（一）"实体说"

"实体说"主张有限合伙本身是一种民事法律关系主体，其拥有独立人格，并对合伙财产也掌有相应的所有权或使用权，其自身应该为其收益缴纳赋税，并应对自身运作中存在的对外债权债务承担独立责任。"实体说"

的核心是切断有限合伙企业与投资者之间的关系，具体如下：

首先，在财产方面，有限合伙企业的独立性是有限合伙人承担有限责任可行化的基础。该独立性切断了有限合伙人与投资财产所生责任风险间的关联，把合伙企业的财产、普通合伙人个人的财产和有限合伙人个人的财产划分为 3 个独立的责任财产范围，从形式上使有限合伙人承担有限责任可行化。

其次，风险责任的切断和独立的责任财产的划分会调动有限合伙人投资的积极性，会促进有限合伙制度的普及和推广，是有限合伙人承担有限责任制度发展和完善的内在动力。

再次，有限合伙企业的独立财产对合伙企业债权人的利益进行了适当的保护。独立的财产是合伙企业债权人利益实现的基础和保障，有限合伙企业外在的公示制度提高了债权人的风险防范意识和预见性。

（二）"集合说"

"集合说"指的是有限合伙组织是合伙人间的结合，这种结合本身并未发生质变，不产生一个新的实体。该学说的要求有：（1）合伙人可以直接经营合伙的业务，而不必由另外的机构来代行；（2）除非协定，对合伙的债务，合伙人必须承担无限连带责任；（3）因为合伙是一个契约组织，因此一个合伙人的退伙就意味着该合伙的结束；（4）合伙人之间不得相互诉讼，第三人起诉合伙时，必须列全体合伙人为被告；（5）合伙只缴纳个人所得税。

"集合说"的特点是认定有限合伙的本质是各个投资者的组合或集合，所有的权利及义务都最终归结于投资者。"集合说"是有限合伙企业产生时的初始状态。我国理论界早期的说法也是认为有限合伙是第三类民事主体，依照此说，有限合伙组织不是独立的民事主体，其法律责任由相应的合伙人承担。这是有限合伙制PE"单层"征税的依据，但同时也是当初有限合伙制PE无法完成证券登记的桎梏。

（三）集"实体说"与"集合说"之长

到底选用哪种理论认定有限合伙企业的民事法律地位，一直在理论界争议很大。

从内容来看，"实体说"是符合绝大多数实践情况的，也是现今各国通行的做法。但"实体说"也不是完美无缺的，如根据"实体说"，对于有限合伙中的有限合伙人而言，在缴纳了企业所得税之后，还需再缴纳个人所得税，实际上采用的是双重的纳税体制。显然，如果严格遵照"实体说"，有限合伙组织在纳税模式上就必须采用实体课税模式，而这与设立有限合伙是"为了鼓励投资的目的"大相径庭。

而"集合说"就能相应解决双层纳税的问题。显然，如果要适应有限合伙制作为现代投资组织的主要形式这一角色，就必须尽可能大地降低税负。所以，只有在"实体说"的基础上吸纳"集合说"中的有益成分，才能在维持有限合伙组织作为一个独立的民事主体的前提下的同时，不将其作为一个单独的纳税主体予以对待。

二、关于派生诉讼制度

（一）派生诉讼制度概述

根据合伙法理论，有限合伙人不是对外代表合伙事务的执行人，因此，当合伙利益受损而普通合伙人怠于行使时，有限合伙人就必须行使监督权。这种情况下，普通合伙人如果仍然不行使，或仍然怠于行使诉讼权来维护合伙利益，有限合伙人可以行使派生诉讼的权利。

有限合伙中派生诉讼类似于公司制度中的股东派生诉讼制度。在有限合伙制PE中，派生诉讼的存在意味着有限合伙人可以对普通合伙人产生实质的约束力，当普通合伙人违反竞业禁止义务、谨慎义务、忠诚义务等法定或约定义务时，有限合伙人可以自己的名义对其提起相应的诉讼。我国《合伙企业法》也通过第六十八条建立了此制度。

但是，现在立法对有限合伙制派生诉讼的规定还过于粗略，对如何行使这类权利并没有构造操作性或实践性强的具体制度，如有限合伙人起诉的前置程序问题、举证责任划分问题、管辖权问题以及诉讼费用承担问题。

（二） 派生诉讼理论的深化发展

理论界对派生诉讼理论进行了深化发展，通过学习美国合伙企业法的先进经验，试图对我国的派生诉讼理论进行发展。

1. 前置程序制度

有限合伙人具备了提起派生诉讼的资格，并不意味着在有限合伙企业遭受不正当侵害时，其可径行代表有限合伙企业提起诉讼，因为有限合伙人派生诉讼是为有限合伙企业内部监督体制失灵而设计的补充救济措施，因此首先应由有限合伙企业行使起诉权，若有限合伙人要代位有限合伙企业提起诉讼，就须具备有限合伙企业执行事务合伙人拒绝，或者怠于直接向不正当行为人提起诉讼这一前提条件。

因此，有必要在有限合伙人在提起派生诉讼之前设立前置程序，要求有限合伙人首先必须在有限合伙企业内部寻求救济，向有限合伙企业的治理机构提出由有限合伙企业出面进行诉讼的请求。只有在请求已经落空或者注定落空，即不能通过有限合伙企业内部获得救济后，才能取得对有限合伙企业权益的代位权，从而具有提起诉讼的资格。通过前置程序，有限合伙企业执行事务合伙人可以对有限合伙人的请求进行审查，以确定诉讼的提起是否符合有限合伙企业的最佳利益。该设置有利于敦促有限合伙企业执行事务合伙人代表有限合伙企业行使诉讼权利，从而减少不必要的有限合伙人派生诉讼，同时也有利于减少滥诉的发生。

2. 诉讼担保制度

为了遏止居心不良的人意图通过有限合伙人派生诉讼的方式，达到追逐其自身利益，也为了能够使被告在原告败诉时，能够从其所提供的担保中获得补偿，以及通过令人咋舌的诉讼担保，阻止某些不正当的有限合伙人派生诉讼，有必要在理论上建构有限合伙人派生诉讼担保制度，使在原告有限合伙人提起派生诉讼时，法院有权根据被告的申请而责令具备一定条件的原告，提供一定金额的资金或财产作为担保，以便在原告败诉时，被告能够从原告所提供的担保中就自己的诉讼费用及所遭受的损害获得补偿的制度。

但在担保制度设置上，应谨慎适用，避免过分强调担保而阻碍有限合伙人派生诉讼提起权的正当行使。此外，有限合伙人派生诉讼风险很大，有限合伙人更会担心诉讼失败带来的风险。因此，"法院在判断是否命令原告有限合伙人提供担保时应慎重为之"。在具体案件中，应当以被告有证据证明原告提起有限合伙人派生诉讼，缺乏善意或和所起诉的事实并不存在等为前提，由法院根据公平正义原则和案件的实际情况，具体裁量是否要求原告提供担保及在最高限额内，根据可能造成的损失数额斟酌应提供担保的数额。

此外，理论界对诉讼担保制度、诉讼费用的承担等均有相应研究。总之，派生诉讼制度的具体明晰，有利于有限合伙制度在PE行业中的广泛应用：一方面，派生制度有利于吸引掌有资金的LP，因为赋予了其比普通监督权更为有力的保护；另一方面，派生诉讼有利于有限合伙制度二元责任结构的继续发挥，有效平衡GP与LP的关系，对有限合伙制度在PE中的有效实施保驾护航。

三、关于有限合伙的责任制度

（一）一般责任制度

对于有限合伙中的有限合伙人，是否可以承担无限责任的问题，理论界一般着眼于有限责任的转嫁制度，以该有限合伙人的身份是否转化为依据，而分为有限合伙人身份不发生变化时的责任、普通合伙人与有限合伙人相互转化时的责任承担。

按一般的合伙法理论，普通合伙人转化成有限合伙人，其对转换后产生的责任承担有限责任，对转换前承担的是无限连带责任；反之，一个有限合伙中的有限合伙人转为普通合伙人，对转换后的债务承担无限连带责任，对转换前的债务也承担无限责任。此种安排不影响第三人对责任变更之前的债务和责任所享有的权利，并且对该组织的熟客而言，除非对他们进行了提前通知；如果有限合伙人成为普通合伙人，则对他成为有限合伙人之前合伙组织的债务承担有限责任，但对他成为普通合伙人之后的合伙组织的债务承担无限责任。对于这种转换，我国理论界持一种过于谨慎的态度，因此并不能适应这个制度本身的发展。

此外，对于在一个有限合伙中有限合伙人，是否可能承担无限连带责任的情形，学界并没有过多的进行解读，这也是有限合伙的责任制度尚待完善的一个表现。

（二）对有限责任的保护与限制

对于有限合伙而言，保护和限制有限责任是伴生物，共生共存。有限合伙人选择实质执行合伙事务或者法律明定的"不视为执行合伙事务"行为，必定是以承担无限责任和放弃部分原始有限责任，超疆界负担损害赔偿责任。普通合伙人以容忍或者共生的姿态，赢得期望收益，豁免前者超疆界责任。二者形成共赢的行为选择局面，责任无限和有限泾渭分明。只要能在现有法律文本中或者合伙协议文本中，规定或者约定有限合伙中普通合伙人和有限合伙人的信义义务，包括忠实义务和谨慎义务，立法供给与协议选出的任意性规定与强制性规定就能理顺权利与义务（责任）的关系。

其一，普通合伙人的合伙事务执行管理义务，类似封闭公司的董事信义义务标准进行。按照英美法系学者的观点，普通合伙人对有限合伙人负有信义义务，必须保护有限合伙人的利益，如竞业禁止义务。

其二，有限合伙人对合伙事务的部分参与和执行，类似"委托—代理"关系产生的审慎管理注意义务。

而既然是委托代理关系，就可能产生表见代理的情形，即有限合伙人之行为有理由被第三人认为可以代表该有限合伙。在此种情形下，有限合伙人的有限责任则得以突破，此即为对有限责任的"限制"。具体而言，此种"限制"从法理上可以做如下几种理解。

第一种基础性理解，表见合伙存在的情况下，有限合伙人以普通合伙人的范式担责，非依有限合伙人的范式担责即只能以个人责任（赔偿）担责。此时反推不适用，因为有限合伙内部合伙人可以协议排除该不利后果。

第二种理解，表见合伙中有限合伙人事实执行合伙事务，须等同普通合伙人身份理解，说明有限合伙人执行合伙事务的现实存在价值。

第三种理解，在表见合伙存在的情况下，有限合伙人的行为对合伙未造成损失，甚至盈利，那么责任的担责已没有实质不同。

第四种理解，表见合伙情况下，有限合伙人负担事实执行合伙事务引致的无限责任，也很难具体化落实。

第二节 国外有限合伙制PE发展的新趋势

明确了法律理论上的问题后，我们再来研究有限合伙制PE由设立、出资、执行到入伙、退伙、解散和清算等一系列制度的完善与发展趋势。

一、在设立方面的新发展

（一）放松合伙人缴付出资的要求

美国1994年《统一合伙法》第五百零一条规定："合伙人对合伙的出资可以采用现金、其他财产或已经提供的劳务形式，也可以用期票或承诺交付现金或财产或履行劳务的形式。"对此，笔者建议借鉴美国在最近修订统一有限合伙法时的新的立法思想。虽然出资形式自由化了，但并不因此而减轻合伙人履行其出资的义务。

美国1994年《统一合伙法》规定，除非合伙协议另有规定，合伙人必须履行其出资的承诺，即使该合伙人因为死亡而丧失能力，或因任何原因无法履行其承诺也不能免于责任。如果合伙人不履行以其承诺的形式出资，有限合伙有权选择要求合伙人提交相当于其承诺的形式的出资的现金。这个价值以合伙记录记载为准。

可见，美国 1994 年《统一合伙法》并没有降低对合伙人履行其出资义务的要求，所改变的只是其出资时间，降低的只是出资形式上的要求。一般公司股东认股后，实际出资的时间完全可以在公司实际需要时由公司催缴后再实际缴纳。有限合伙也可以采用一般公司的做法，这样做有多重好处：投资者可以有多种形式的投资，即使暂时没有财产，也可以承诺参与投资，这显然是为了鼓励投资。从企业的实际情况来看，即使企业有能力一下子拿出其全部的投资金额，而企业也未必当时就需要这笔资金或财产，反而造成了资金的积压。但有限合伙人的出资承诺不仅要有合伙记录的记载，还必须具有经过该合伙签字的书面证据证明时才可以强制执行。增加这一规定的原因是为了防止其他合伙人的欺诈，维护有限合伙人的利益。这一系列的立法理念和具体制度的创新都是值得我们借鉴的。

根据有限合伙制股权投资基金的运作特点，美国有限合伙制股权投资基金的合伙协议通常约定由有限合伙人先缴纳其认缴出资的一部分，然后根据投资项目的需要，在普通合伙人通知后按通知规定的期限缴纳剩余出资。

上述约定的原因有二：

其一，如果有限合伙制股权投资基金有限合伙人将所有出资一次性全部缴清，可能会产生对资金的闲置，有限合伙制股权投资基金刚开始运作时可能没有足够多的项目供有限合伙制股权投资基金进行投资，而有限合伙人一次性缴清出资可能产生对闲置资金的使用无效率问题。

其二，美国有限合伙制股权投资基金规定分期缴纳出资的原因还在于避免可能产生的投资风险。如有限合伙人的出资一次性全部缴清，普通合伙人可能为了避免对一次性缴足的有限合伙人的出资的闲置，或迫于对有限合伙人足额缴纳的出资获得高额回报的巨大压力，而在投资项目时，不尽职进行调查就急于把有限合伙人所缴足的资金投到被投资公司，而当被投资公司经营出现严重问题时，就可能使有限合伙制股权投资基金的投资遭受严重损失进而严重损害有限合伙人的利益。

（二）生产经营场所及记录的要求

关于有限合伙制PE生产经营场所的问题，有限合伙必须在设立地保有一个办事处。该办事处必须确保存有有限合伙的各种规定的记录。根据英美国家的发展趋势，有限合伙的记录一般应包括以下几类：（1）一份包括普通合伙人和普通合伙人全称和商务地址的名单；（2）有限合伙证书即其修订文本及所有授权证书的副本；（3）有限合伙最近3年的国家和地方所得税申报表和报告的副本；（4）当时有效的书面合伙协议和有限合伙最近3年的财务报表；（5）一份说明下列事项的书面文件：①每一个合伙人提交或者同意提交的现金数额和其他财产或者劳务的经协议价值，②每一个合伙人同意再提交出资的时间和需要合伙人再提交出资的时间，③一个合伙人接受分派，或者由一个普通合伙人进行分派，包括退还该合伙人全部或者部分出资的权利，④导致合伙解散和结业的事件。

（三）有限合伙证书制度和申报制度的设立

一般，一个有限合伙制PE的成立应该考虑到，与该有限合伙进行交易的相对人的利益，因此，英美等国近几年的有限合伙立法规定有限合伙必须制定一项有限合伙证书，经签署后必须向有关部门办理申报手续。

有限合伙证书是一个关键的文件，不同于有限合伙协议，后者指的是合伙者之间的内部的约定，而有限合伙证书是一种对外的证明文书。其协议只要不违反相关的法律规定即有效，简言之，就是依"法无禁止"的有效协议而成立；有限合伙是依"有限合伙法"而设立的一种商业组织形式，其的成立根据是一部法律，即"法无规定不成立"。有限合伙中也是存在"合伙协议"的，但这种合伙协议的功能是受公示的约束的。"法定原则"取消了有限合伙中协议原有的基础作用，而取而代之的是一种证书制度。不要被普通合伙与有限合伙中的合伙协议的名称相同和忽视了二者本质上的差异。

根据欧美发达国家的商业模式的经验，对有限合伙证书的规定应该包括这样几个方面：有限合伙证书的内容；有限合伙证书的签署；有限合伙证书的申报；有限合伙证书的修改；有限合伙证书的备案和查询；有限合伙证书的撤销；有限合伙证书的效力范围；相关的法律责任等内容。

二、在管理机制方面的新发展

（一）入伙问题

对于有限合伙的入伙问题，1985 年美国《修正统一有限合伙法》把有限合伙人分为原始的有限合伙人和接纳的有限合伙人。所谓原始的有限合伙人，是指在有限合伙成立之时即为有限合伙人者；所谓接纳的有限合伙人，是指在有限合伙证书申报之后，合伙记录中记载的较晚的时间成为有限合伙人的，其中又可以分为两种情况：就直接从合伙中取得合伙利益的人即非受让人而言，在符合了合伙协议规定的条件之时即成为有限合伙人；如果合伙协议没有这样的规定，在全体合伙人书面同意之时即成为有限合伙人。

就合伙利益的受让人而言，该受让人有成为有限合伙人的权利，且行使了此种权利之时，即成为有限合伙人。一个人取得有限合伙人资格的时间，关系到有限合伙人自身的利益也与其他合伙人的利益密切相关。由于1985 年美国的《修正统一有限合伙法》不再要求新入伙者申报有限合伙人，这样，一个人取得有限合伙人身份的时间已经无法从有限合伙证书中予以确认，而只能以合伙记录的记载为准。

（二）合伙事务的决策、执行权问题

从美国的有限合伙相关立法来看，美国 1994 年《统一合伙法》第三百零三条（b）款列出了一系列不构成控制有限合伙事务的行为：（1）作为有

限合伙人或普通合伙人的一个契约承包人或代理人或雇员，或者作为普通合伙人公司的职员、董事或股东；（2）就有限合伙业务与普通合伙人进行磋商或提供咨询；（3）以有限合伙保证人的身份或担保人的身份，对有限合伙一项或多项事务进行担保；（4）提起法律要求的或允许的诉讼或依据有限合伙权利提起的派生诉讼；（5）要求或参加合伙人会议；（6）以投票方式或其他方式对下列事项中的一项或多项提出建议、批准或不批准：①解散或终结有限合伙事务，②销售、交换、租赁、抵押、质押或以其他方式转移有限合伙的全部或实质上的全部财产，③承受非常规业务经营中的债务，④改变企业的性质，⑤普通合伙人的接纳或除名，⑥有限合伙人的接纳与除名，⑦普通合伙人和有限合伙或有限合伙人之间的有现实的和潜在的利益冲突的交易，⑧对合伙协议或有限合伙证书的修改，⑨（b）款未列举的、合伙协议书面宣告可由有限合伙人批准或不批准的事项；（7）行使本法许可而在本节中未具体列举的权利或权力。

可以看出，美国近年来的有限合伙立法在合伙事务的执行权方面，存在以下几个趋势：

1. "安全港条款"的提出

首先从大的原则上看，美国1994年《统一合伙法》第三百零三条（b）款的规定就是著名的"安全港条款"。其目的是为了从鼓励投资创业的立场出发，在对有限合伙中有限合伙人以有限责任为保护的前提下，希望在尽量扩大有限合伙人对有限合伙事务的经营管理和参与下，寻求一个保证LP中"有限合伙人"、"普通合伙人"和LP相对应债权人的利益平衡点。这种目标很难达到，因为社会生活实践千差万别，所以产生了一个反向的"安全港"规定。我国新《合伙企业法》也采用了这种模式。

2. 平等思想贯穿始终

按美国1994年《统一合伙法》第三百零三条（b）款的规定："（2）就有限合伙业务与普通合伙人进行磋商或提供咨询。"收录在美国商法的规定之中，随处可见的平等的痕迹，如上述规定的"磋商和咨询"就表明从立法者角度看来，有限合伙中有限合伙人和普通合伙人首先是处在一个平等的地位之上，因此有限合伙人享有与普通合伙人的磋商权；然后基于合伙执行权的考虑，有限合伙人某些方面必须尊重普通合伙人的意见和决定，但有权了解事情的发展，所以又有咨询的权利，这种咨询性的权利也是建立在双方平等的基础上。

3. 看重普通合伙人的专业性在决策中的作用

除了以上法规列出的诸多事项，综观美国有限合伙制PE的相关实践，可以看到有限合伙在尊重对有限合伙人权利的同时，也发挥了专家和普通合伙人的作用。美国有限合伙制PE通常由作为普通合伙人的专业人员对基金是否投资等重大问题进行决策，原因在于普通合伙人作为专业人员，是在对被投资公司作充分的尽职调查后，根据其多年的从业经验作出是否投资的决策，而有限合伙人对普通合伙人的决策是完全信任的，因为美国有限合伙制PE的普通合伙人多为有着丰富经验的管理公司，例如KKR和黑石集团等。美国有限合伙制PE的有限合伙人，之所以选择以作为有限合伙人的方式与有着丰富经验的普通合伙人共同投资于有限合伙制PE，其目的是想借助于普通合伙人的丰富经验，获得高于其个人单独进行投资时的投资收益并承担有限责任。

三、在分配机制方面的新发展

有限合伙制PE是人力资本、货币资本、知识资本的高度结合。在有限合伙制PE中，普通合伙人作为专业管理人员投入基金中的是其人力资本、知识资本和很少一部分的货币资本，有限合伙人则承担有限合伙制股权投资基金的大部分货币资本，两者结合共同组成了有限合伙制PE。有限合伙人投资有限合伙制PE的目的是要获得高于其个人进行投资时的投资收益，而有限合伙制PE之所以能获得高收益的关键在于普通合伙人以其专业知识对基金进行管理。因此，优化对有限合伙人与普通合伙人所得收益的配置，便是近年来国外有限合伙制PE在分配机制上的发展趋势。

（一）激励机制

有限合伙制PE的特殊性决定其激励约束机制，必然不同于一般的有限合伙企业，有限合伙人可以凭借其出资获得相应收益，而普通合伙人如果仅凭出资则很难获得与其付出劳动相对等的收益，因此有限合伙制PE的激励机制主要体现在对普通合伙人的推动上。

美国有限合伙制PE对普通合伙人的激励机制体现在，普通合伙人的货币出资额一般仅占合伙企业注册资本的1%，但普通合伙人除可以获得所管理资本的一定比例的管理费外，还可以获得有限合伙制股权投资基金投资收益一定比例的收益分成，一般为有限合伙制股权投资基金投资收益的20%。上述激励措施使得普通合伙人可以获得远远高于其货币出资比例的投资收益比例，这就促使普通合伙人尽心尽力经营有限合伙制股权投资基金，为有限合伙制股权投资基金创造更多投资收益的同时，也就使普通合伙人自己获得更多的投资收益。

（二）约束机制

美国有限合伙制股权投资基金的约束机制，则体现在对有限合伙人的约束和对普通合伙人的约束两方面，对有限合伙人的约束体现在，有限合伙人以不参与决策及执行合伙事务为条件换取以其出资额为限对合伙债务承担有限责任的约束，这种约束构成对有限合伙人的一种强制性约束，使普通合伙人在对合伙事务的管理上有更大的自主权，同时这种约束也容易划分有限合伙人与普通合伙人之间的责任。对普通合伙人的约束机制体现在，有限合伙制股权投资基金普通合伙人的货币出资额一般仅占有限合伙企业注册资本的1%，但其对有限合伙制股权投资基金的债务承担无限连带责任，这就要求普通合伙人要尽自己的全部努力负责有限合伙制PE的经营管理，否则一旦普通合伙人出现道德风险，或普通合伙人工作失误给有限合伙制PE造成损失，普通合伙人要承担无限连带责任。

此外，为了避免普通合伙人的道德风险，相关法律还明确规定，除合伙协议另有约定外，有限合伙制股权投资基金的普通合伙人不得同本合伙企业进行交易，及普通合伙人不得与有限合伙制股权投资基金同时投资同一项目。

四、在退出机制方面的新发展

（一）买出制度

1985年美国《修正统一有限合伙法》针对有限合伙制企业规定了一种特殊的制度——"买出制度"（Buy Out），这是一种全新的制度，同样也适用于有限合伙制PE。因此我们为了更好地研究和借鉴，便要对该制度进行详细的解读。

买出制度的规定主要涉及3个方面，分别是买出价的计算标准、买出价的议定与支付和议付中争议的解决。

1. 买出价的计算标准

买出价是一个新的术语，1985年美国《修正统一有限合伙法》，原来的"公平市场价格"或"公平价格"此处没有沿用，因为这些术语往往被视为在不同的场合下，有不同含义。而"买出价"就是专门使用于合伙场合。"买出价"是在下列情况下退伙人应当得到的价值：（1）如果在一个合伙人退伙的当日，对合伙进行清算而出售合伙资产所得的价格；（2）合伙作为一个经营中的企业所出售的价格，以上两者中取其高者。根据一般的估价原则，假定的销售价格应当是在自愿进行的买卖中，知情的购买者愿意向出售人支付的价格。把资产分解成零散资产出售的方式是被否定的，应当把合伙资产作为一个经营中的企业整体出售，但其他合理的折扣是允许的，比如合伙的利益没有市场，或丧失了关键的合伙人而使合伙的价值减损等。

合伙企业有权将退伙人对合伙的欠债从买出价中进行抵扣，而不管该债务是否已经到期。就定期合伙而言，退伙人的买出价则必须等到合伙到期之日才能获得支付。抵扣规则并不保护合伙人的买出价高于抵扣额。退伙后的结算完全可能出现退伙人仍需向合伙支付一笔欠款。美国 1994 年《统一合伙法》否定了非正当退伙人的商誉的价值，而 1985 年美国《修正统一有限合伙法》承认了非正当退伙人同样有获得合伙商誉的价值的权利。

2. 买出价的议定与支付

买出价的议定与支付是买出制度的核心制度。在退伙人向合伙人提出书面的支付买出价的要求之后，如果在 120 日之内还没有达成协议的，合伙应当以现金或安排以现金的方式，向退伙人支付扣除抵扣和累计的利息后，合伙估计的买出价及累计的利息。如果买出价应当延期支付，合伙可以提出一项支付买出价和累计的利息的书面安排，规定支付的时间、数额、付款担保及其他条款和条件。

买出价确定之后就是如何支付买出价的问题。就任意合伙而言，合伙必须立即支付买出价。但定期合伙的退伙人在合伙到期之前，无权要求合伙支付其买出价的全部或一部分，除非退伙人能证明提前支付买出价对合伙不会造成损害。由于确定买出价的时间和实际支付买出价之间有一个时间差，因此，退伙人有权从合伙得到这一时间差的利息。

3. 议付中争议的解决

在买出价的议付过程中，不可避免地会出现争议，这就有争议的解决的规定。如果退伙人和合伙人之间在 120 日之内无法就买出价达成协议，退伙人可就其在合伙中利益的买出价、折抵与利息问题提起诉讼，请求法院作出裁定。这一程序与公司法的规定类似。起诉应在付款或提出付款之后 120 日内提起，这 120 日是一个冷却期，是为了给当事人一段达成协议的时间。

如果合伙未付款或提议付款，则退伙人可在提出付款的要求后的 1 年内提起诉讼。法院应当对买出价、折抵额（包括不正当退伙对合伙造成的损害及累计的利息）作出判决。如果允许推迟付款，法院也应当要求债务人为付款或履行其他义务的条件提供担保。如果法院发现任何一方有非善意的行为，就可判其赔偿对方合理的律师费、评估费或其他专家的费用。

（二）解散制度

1. 将法定解散与约定解散区分开来

合伙企业的解散分为法定原因的解散、约定原因的解散以及客观事实出现时的解散。美国 1985 年《修正统一有限合伙法》第八百零二条规定："在依照合伙协议继续经营合伙业务在情理上已经不现实的情况下，经一个合伙人的申请，指明有适当管辖权的法院可以在任何时候发出解散有限合伙的命令。"美国的法律就是用了两个小节，将法定的原因和约定的原因分开，这样做的好处就在于能够保证法定原因的法律效力和法律权威性，同时又可以兼顾合伙人间的意思自治。

2. 延长清算公示的时限

对比美国和日本的相关规定，我们可以看出，为了更好地保证公示效果的持续，美国和日本两国，尤其是日本相关的法律对注销登记问题，规定了年限和各种情况下注销资料如何保存的详细规定。如日本《有限责任合伙法》第五十二条规定"账簿资料的保存：清算人应在清算中的合伙总部所在地履行终结清算登记起 10 年内，保存清算中财务账簿以及与合伙经营事务、清算事务有关的重要文件。"

这种规定一方面对行政机关的行政资源可以有效地利用，可以在一定期限后，消除保存的过期的有限合伙注销资料；另一方面，这种时效性的明确，对于以后行政机关再进行相关的破产问题的申报和处理时可以有所参照。因此笔者建议，对于注销登记方面，我国可以在时间上参考日本的相关规定，确定一个时间段，比如 5 年等，在这 5 年内保存相关的与合伙经营事务、清算事务有关的重要文件。

第三节　有限合伙制PE在中国发展的新趋势与新方向

一、从GP的角度看

（一）第三方中介机构成为募资主力

第三方中介机构成为募资主力的原因大致有二：其一，PE的渠道和资源有限，自身寻找优质LP的成功率较低，时间成本也相对较高；其二，寻找到合适的客户，再推荐给相应的GP，这一过程需要很慎重，必须由专业的中介机构承担。这也充分体现出PE界专业分工的特性。因此，通常PE机构内部不会配置专门的团队募集资金，那样成本会很高。

而对第三方中介机构来说，一方面，他们有PE需要的客户资源；另一方面他们也懂得行业规则，尤其是在有限合伙制发展的早期阶段，第三方的优势是非常有价值的。但随着PE界的不断成熟，GP与LP会有更多的直接交流，中介机构的作用就渐渐弱了。

国外也有类似模式。在美国，基金在使用发行代理人时通常很小心，因为发行代理人如果违反私募发行规则，导致的责任都将由发行人/基金发起人承担。而在我国PE业，依托中介机构协助募资还是一个崭新的尝试。目前，对代理人也没有证券发行方面的牌照要求，发行代理人是否要遵守私募发行的规则也不太清楚，这或许是中国的监管机构需要考虑的问题。

（二）有限合伙制PE中的普通合伙人出资份额升高

在一份标准的有限合伙协议中，可以看到在合伙人及其出资条款中，关于认缴出资项目中，往往都会有单独的一条涉及普通合伙人，认缴有限合伙总认缴出资额的百分比。之前，至少在外资机构条款中，这一比例通常为1%。但如今，在有限合伙制人民币基金募集过程中，这一比例却不再是1%了，大都高于这一比例。如达晨创投是5%，而天堂硅谷则至少为10%，

普通合伙人出资比例的变化，蕴含着多层意义。其一，表明GP的诚实态度，自己愿意多出资，与LP共同分担可能的风险；其二，如果将来获得收益，自己也能分大头。作为新募集的有限合伙制PE，GP高比例出资已经成为一种潜规则，否则便无法吸引到优质的LP。很多新设立的PE，都是高比例出资，才能拿到高质量的LP，也就是说，只有向LP表明"如果赔了，也是先赔自己的"的态度，GP才能获取LP的信任。

GP高比例出资肯定是未来有限合伙制PE募集的一大趋势。那些还想只出1%就能拿到LP钱的PE，恐怕今后出现的几率会越来越小。

二、从LP的角度看

（一）合格优质的LP将成为在中国有限合伙制PE发展的关键

在中国制约有限合伙制PE发展比较大的困境，就是大规模、大体量的合格LP缺少。典型的例子就是民营企业资金，大量的民营企业原始积累非常艰难，因此对私募基金管理者并不信任，宁可相信自己的投资眼光也不相信别人，让这些投资人把资金交给别人管理，而自己不参与非常困难。因此，有限合伙制PE很难吸收到民营企业资金作为LP。

然而，LP的投资人是PE发展最重要的基础之一，除了有合格的、有能力的GP投资人以外，LP也非常必要，如果没有出现优质合格的LP，也很难形成健康的PE成长环境。目前在适当放开国内LP资源的同时，中国政府也在制定政策，吸引和规范海外大型公共资本进入中国市场，着力促进建立一个公平的有效率的PE投资体系，鼓励各种资本公平地参与市场竞争。

（二）海外资金的进入将对中国有限合伙制PE的发展产生深远影响

正如前文所述，专业审慎的GP可以利用自己的业绩募集到资金；优良合格的LP也能够寻找到合适的GP团队来进行投资。而目前有些GP募集资金只能靠欺骗客户等不正常手段，所以才产生LP和GP之间互相不信任。如果能够有更多的海外LP加入中国PE市场，将会有利于中国健康公平的PE市场的形成。

由此可以看出，国家外汇管理局日前拟推出的QFLP（Qualified Foreign Limited Partner，合格境外有限合伙人）制度对将来国内的有限合伙制PE发展起很大的推动作用，QFLP像QFII一样，将会对海外LP进入中国设置一个很高的门槛，并对这些LP的资本额度作限制要求，比如可能会限定从事本行业的年限，而这些QFLP制度对GP的要求相应也会很高。

而从对境外资金流入的控制与管理，以及经济学、市场的角度来讲，通过QFLP制度的推出，从而形成一个规范，可以让外资有章可循地进入，对国内的LP也有一定的刺激与推动的价值。

但是即使将来此制度实行后，对创业家与企业家来说，在接受国外投资时仍然没有从国内PE方便，因此也不会根本改变外资的特点与格局。目前为止，中国对外商的创投机构投资中国企业，以及国外PE投资中国企业，是有一定政策予以规范的，如有些行业，金融以及国家战略性产业与文化产业还未放开，此外还有基于对垄断方面的考虑，这一切使得QFLP即使推出，也不会对于产业结构和中国经济形成社会风险，相反还利于有限合伙制PE的发展与产业的发展。

三、从有限合伙制PE的整体角度看

（一）组织形式的创新

目前比较典型的便是将有限合伙制与信托制相结合，形成"信托+有限合伙"PE。具体做法是：即信托公司先设立信托计划，然后将募集信托资金以LP形式成立有限合伙制公司，通过有限合伙制公司参股未上市公司股权。在治理结构上，投资公司作为GP负责投资管理事务的执行，而信托制PE则作为LP不参与合伙企业的管理事务。

由于无法实现IPO退出，长期以来，参股企业的信托资金不得不选择延期、回购、转让等方式实现退出。但是，在"信托+有限合伙"PE这种新型模式下，PE就基本不存在IPO障碍。待上市企业的股东将体现为有限合伙企业，而不是信托。

此类模式意味着LP在今后在PE领域有了更为灵活的退出渠道。此前信托制PE的致命问题是目前无法实现IPO退出，有关部门并未放行信托持股的企业的IPO申请，个中原因很多，比如信托持股突破了《公司法》对股东人数的限制；也有信托公司作为受托人要为受益人的相关情况保密，违反了资本市场的透明信息披露原则等方面的考虑。而信托制PE与投资公司成立合伙企业目前尚属一种较新的模式，它融合了信托制与有限合伙制两种法律结构。由信托公司募集客户资金成立集合信托计划，并以信托计划作为LP（有限合伙人）进入有限合伙企业，由有限合伙企业进行私募股权投资。各家公司都希望通过这类模式，来改变当前监管部门拒绝信托持股公司IPO的申请僵局。

此外，除了少数的实力PE机构外，众多新晋的PE机构尚无历史业绩，投资者难以信赖他们，这就需要借助具有市场公信力的机构来完成募资。信托公司无疑是选择之一。通过信托计划的平台完成募资，然后聘请投资机构作为投资顾问，或者共同成立有限合伙企业。这样，不具备PE投资能力的信托公司担任LP的角色，具备PE投资能力的投资机构担任GP的角色，各取所长，各司其职。

最后，"信托+有限合伙"模式的节税优势明显。对于投资于未上市企业的回报，有限合伙企业本身是不需要纳税的，GP和LP各自纳税。作为LP的信托计划在实际中因为没有可执行的规定而无须纳税。如果投资人是自然人的话，在实际中也是无须纳税的。所以整个流程下来，对于自然人投资人来说，其投资资金不存在需要纳税的环节。

（二）备案制的出台

前文中已经多次提到2011年年初，国家发展改革委办公厅发布的《关于进一步规范试点地区股权投资企业发展和备案管理工作的通知》（以下简称《通知》），虽然《通知》的适用范围不止于有限合伙制PE，但是鉴于此通知是目前PE行业的层级最高的法律规范，从通知中我们能嗅到监管的基本原则以及倾向，在此还是对其进行详尽解读。

根据《通知》的要求，在北京、天津、上海、江苏、浙江、湖北6个试点省实行一下监管措施：

（1）明确"私募"的外延。

《通知》明确私募要向具有风险识别和承受能力的特定对象展开，在方式上禁止采用公告、布告、传单、短信、研讨会、讲座等公开或变相公开的方式，禁止承诺收回本金或固定回报。

（2）明确投资领域。

《通知》明确私募股权基金的投资领域是非公开交易的企业股权，闲置资金可以用来投资固定收益类产品（存银行、买国债等），不能投资于二级市场证券。

（3）健全风险控制机制。

《通知》要求私募股权基金在资金运用时注意合理分散风险，在涉及关联投资时，关联方应该回避，禁止为被投资企业外的企业提供担保。

（4）建立信息披露制度。

PE每个会计年度结束后4个月内，要向国家发改委及协助备案部门进行信息披露，信息披露的内容包括年度业务报告、经审计的年度财务报告。如果遇到修改章程、增资、分立合并等特殊情形，应在特殊情形发生后10个工作日内进行信息披露。

（5）完善股权投资企业备案程序。

明确在试点范围内规模超过5亿的基金应进行备案，但除已备案、资本规模不足5亿、外商独资的PE除外，从而确定了抓大放小的备案原则。备案周期为40日。备案要经省级协助备案部门出身，经发改委复核后公告。

（6）明确适度监管和行业自律相结合的管理体制。

明确对PE实行适度监管加行业自律的监管原则，力图保证PE在合法范围内的自由发展。

附录

中华人民共和国合伙企业法（节选）

（1997 年 2 月 23 日第八届全国人民代表大会常务委员会第二十四次会议通过，2006 年 8 月 27 日第十届全国人民代表大会常务委员会第二十三次会议修订）

第六十条　有限合伙企业及其合伙人适用本章规定；本章未作规定的，适用本法第二章第一节至第五节关于普通合伙企业及其合伙人的规定。

第六十一条　有限合伙企业由 2 个以上 50 个以下合伙人设立；但是，法律另有规定的除外。

有限合伙企业至少应当有一个普通合伙人。

第六十二条　有限合伙企业名称中应当标明"有限合伙"字样。

第六十三条　合伙协议除符合本法第十八条的规定外，还应当载明下列事项：

（一）普通合伙人和有限合伙人的姓名或者名称、住所。

（二）执行事务合伙人应具备的条件和选择程序。

（三）执行事务合伙人权限与违约处理办法。

（四）执行事务合伙人的除名条件和更换程序。

（五）有限合伙人入伙、退伙的条件、程序以及相关责任。

（六）有限合伙人和普通合伙人相互转变程序。

第六十四条　有限合伙人可以用货币、实物、知识产权、土地使用权或者其他财产权利作价出资。

有限合伙人不得以劳务出资。

第六十五条　有限合伙人应当按照合伙协议的约定按期足额缴纳出资；未按期足额缴纳的，应当承担补缴义务，并对其他合伙人承担违约责任。

第六十六条　有限合伙企业登记事项中，应当载明有限合伙人的姓名或者名称及认缴的出资数额。

第六十七条　有限合伙企业由普通合伙人执行合伙事务。执行事务合伙人可以要求在合伙协议中确定执行事务的报酬及报酬提取方式。

第六十八条　有限合伙人不执行合伙事务，不得对外代表有限合伙企业。

有限合伙人的下列行为，不视为执行合伙事务：

（一）参与决定普通合伙人入伙、退伙。

（二）对企业的经营管理提出建议。

（三）参与选择承办有限合伙企业审计业务的会计师事务所。

（四）获取经审计的有限合伙企业财务会计报告。

（五）对涉及自身利益的情况，查阅有限合伙企业财务会计账簿等财务资料。

（六）在有限合伙企业中的利益受到侵害时，向有责任的合伙人主张权利或者提起诉讼。

（七）执行事务合伙人怠于行使权利时，督促其行使权利或者为了本企业的利益以自己的名义提起诉讼。

（八）依法为本企业提供担保。

第六十九条　有限合伙企业不得将全部利润分配给部分合伙人；但是，合伙协议另有约定的除外。

第七十条　有限合伙人可以同本有限合伙企业进行交易；但是，合伙协议另有约定的除外。

第七十一条　有限合伙人可以自营或者同他人合作经营与本有限合伙企业相竞争的业务；但是，合伙协议另有约定的除外。

第七十二条　有限合伙人可以将其在有限合伙企业中的财产份额出质；但是，合伙协议另有约定的除外。

第七十三条　有限合伙人可以按照合伙协议的约定，向合伙人以外的人转让其在有限合伙企业中的财产份额，但应当提前30日通知其他合伙人。

第七十四条　有限合伙人的自有财产不足清偿其与合伙企业无关的债务的，该合伙人可以以其从有限合伙企业中分取的收益用于清偿；债权人也可以依法请求人民法院强制执行该合伙人在有限合伙企业中的财产份额用于清偿。

人民法院强制执行有限合伙人的财产份额时，应当通知全体合伙人。在同等条件下，其他合伙人有优先购买权。

第七十五条　有限合伙企业仅剩有限合伙人的，应当解散；有限合伙企业仅剩普通合伙人的，转为普通合伙企业。

第七十六条　第三人有理由相信有限合伙人为普通合伙人并与其交易的，该有限合伙人对该笔交易承担与普通合伙人同样的责任。

有限合伙人未经授权以有限合伙企业名义与他人进行交易，给有限合伙企业或者其他合伙人造成损失的，该有限合伙人应当承担赔偿责任。

第七十七条　新入伙的有限合伙人对入伙前有限合伙企业的债务，以其认缴的出资额为限承担责任。

第七十八条　有限合伙人有本法第四十八条第一款第一项、第三项至第五项所列情形之一的，当然退伙。

第七十九条　作为有限合伙人的自然人在有限合伙企业存续期间丧失民事行为能力的，其他合伙人不得因此要求其退伙。

第八十条 作为有限合伙人的自然人死亡、被依法宣告死亡或者作为有限合伙人的法人及其他组织终止时，其继承人或者权利承受人可以依法取得该有限合伙人在有限合伙企业中的资格。

第八十一条 有限合伙人退伙后，对基于其退伙前的原因发生的有限合伙企业债务，以其退伙时从有限合伙企业中取回的财产承担责任。

第八十二条 除合伙协议另有约定外，普通合伙人转变为有限合伙人，或者有限合伙人转变为普通合伙人，应当经全体合伙人一致同意。

第八十三条 有限合伙人转变为普通合伙人的，对其作为有限合伙人期间有限合伙企业发生的债务承担无限连带责任。

第八十四条 普通合伙人转变为有限合伙人的，对其作为普通合伙人期间合伙企业发生的债务承担无限连带责任。

中华人民共和国合伙企业登记管理办法

（1997 年 11 月 19 日中华人民共和国国务院令第 236 号发布，根据 2007 年 5 月 9 日《国务院关于修改〈中华人民共和国合伙企业登记管理办法〉的决定》修订）

第一章　总　则

第一条　为了确认合伙企业的经营资格，规范合伙企业登记行为，依据《中华人民共和国合伙企业法》（以下简称合伙企业法），制定本办法。

第二条　合伙企业的设立、变更、注销，应当依照合伙企业法和本办法的规定办理企业登记。

申请办理合伙企业登记，申请人应当对申请材料的真实性负责。

第三条　合伙企业经依法登记，领取合伙企业营业执照后，方可从事经营活动。

第四条　工商行政管理部门是合伙企业登记机关（以下简称企业登记机关）。

国务院工商行政管理部门负责全国的合伙企业登记管理工作。

市、县工商行政管理部门负责本辖区内的合伙企业登记。

国务院工商行政管理部门对特殊的普通合伙企业和有限合伙企业的登记管辖可以作出特别规定。

法律、行政法规对合伙企业登记管辖另有规定的，从其规定。

第二章　设立登记

第五条　设立合伙企业，应当具备合伙企业法规定的条件。

第六条　合伙企业的登记事项应当包括：

（一）名称。

（二）主要经营场所。

（三）执行事务合伙人。

（四）经营范围。

（五）合伙企业类型。

（六）合伙人姓名或者名称及住所、承担责任方式、认缴或者实际缴付的出资数额、缴付期限、出资方式和评估方式。

合伙协议约定合伙期限的，登记事项还应当包括合伙期限。

执行事务合伙人是法人或者其他组织的，登记事项还应当包括法人或者其他组织委派的代表（以下简称委派代表）。

第七条　合伙企业名称中的组织形式后应当标明"普通合伙"、"特殊普通合伙"或者"有限合伙"字样，并符合国家有关企业名称登记管理的规定。

第八条　经企业登记机关登记的合伙企业主要经营场所只能有一个，并且应当在其企业登记机关登记管辖区域内。

第九条　合伙协议未约定或者全体合伙人未决定委托执行事务合伙人的，全体合伙人均为执行事务合伙人。

有限合伙人不得成为执行事务合伙人。

第十条　合伙企业类型包括普通合伙企业（含特殊的普通合伙企业）和有限合伙企业。

第十一条　设立合伙企业，应当由全体合伙人指定的代表或者共同委托的代理人向企业登记机关申请设立登记。

申请设立合伙企业，应当向企业登记机关提交下列文件：

（一）全体合伙人签署的设立登记申请书。

（二）全体合伙人的身份证明。

（三）全体合伙人指定代表或者共同委托代理人的委托书。

（四）合伙协议。

（五）全体合伙人对各合伙人认缴或者实际缴付出资的确认书。

（六）主要经营场所证明。

（七）国务院工商行政管理部门规定提交的其他文件。

法律、行政法规或者国务院规定设立合伙企业须经批准的，还应当提交有关批准文件。

第十二条　合伙企业的经营范围中有属于法律、行政法规或者国务院规定在登记前须经批准的项目的，应当向企业登记机关提交批准文件。

第十三条　全体合伙人决定委托执行事务合伙人的，应当向企业登记机关提交全体合伙人的委托书。执行事务合伙人是法人或者其他组织的，还应当提交其委派代表的委托书和身份证明。

第十四条　以实物、知识产权、土地使用权或者其他财产权利出资，由全体合伙人协商作价的，应当向企业登记机关提交全体合伙人签署的协商作价确认书；由全体合伙人委托法定评估机构评估作价的，应当向企业登记机关提交法定评估机构出具的评估作价证明。

第十五条　法律、行政法规规定设立特殊的普通合伙企业，需要提交合伙人的职业资格证明的，应当向企业登记机关提交有关证明。

第十六条　申请人提交的登记申请材料齐全、符合法定形式，企业登记机关能够当场登记的，应予当场登记，发给合伙企业营业执照。

除前款规定情形外，企业登记机关应当自受理申请之日起 20 日内，作出是否登记的决定。予以登记的，发给合伙企业营业执照；不予登记的，应当给予书面答复，并说明理由。

第十七条　合伙企业营业执照的签发之日，为合伙企业的成立日期。

第三章　变更登记

第十八条　合伙企业登记事项发生变更的，执行合伙事务的合伙人应当自作出变更决定或者发生变更事由之日起 15 日内，向原企业登记机关申请变更登记。

第十九条　合伙企业申请变更登记，应当向原企业登记机关提交下列文件：

（一）执行事务合伙人或者委派代表签署的变更登记申请书。

（二）全体合伙人签署的变更决定书，或者合伙协议约定的人员签署的变更决定书。

（三）国务院工商行政管理部门规定提交的其他文件。

法律、行政法规或者国务院规定变更事项须经批准的，还应当提交有关批准文件。

第二十条　申请人提交的申请材料齐全、符合法定形式，企业登记机关能够当场变更登记的，应予当场变更登记。

除前款规定情形外，企业登记机关应当自受理申请之日起 20 日内，作出是否变更登记的决定。予以变更登记的，应当进行变更登记；不予变更登记的，应当给予书面答复，并说明理由。

合伙企业变更登记事项涉及营业执照变更的，企业登记机关应当换发营业执照。

第四章　注销登记

第二十一条　合伙企业解散，依法由清算人进行清算。清算人应当自被确定之日起 10 日内，将清算人成员名单向企业登记机关备案。

第二十二条　合伙企业依照合伙企业法的规定解散的，清算人应当自清算结束之日起 15 日内，向原企业登记机关办理注销登记。

第二十三条　合伙企业办理注销登记，应当提交下列文件：

（一）清算人签署的注销登记申请书。

（二）人民法院的破产裁定，合伙企业依照合伙企业法作出的决定，行政机关责令关闭、合伙企业依法被吊销营业执照或者被撤销的文件。

（三）全体合伙人签名、盖章的清算报告。

（四）国务院工商行政管理部门规定提交的其他文件。

合伙企业办理注销登记时，应当缴回营业执照。

第二十四条　经企业登记机关注销登记，合伙企业终止。

第五章　分支机构登记

第二十五条　合伙企业设立分支机构，应当向分支机构所在地的企业登记机关申请设立登记。

第二十六条　分支机构的登记事项包括：分支机构的名称、经营场所、经营范围、分支机构负责人的姓名及住所。

分支机构的经营范围不得超出合伙企业的经营范围。

合伙企业有合伙期限的，分支机构的登记事项还应当包括经营期限。分支机构的经营期限不得超过合伙企业的合伙期限。

第二十七条　合伙企业设立分支机构，应当向分支机构所在地的企业登记机关提交下列文件：

（一）分支机构设立登记申请书。

（二）全体合伙人签署的设立分支机构的决定书。

（三）加盖合伙企业印章的合伙企业营业执照复印件。

（四）全体合伙人委派执行分支机构事务负责人的委托书及其身份证明。

（五）经营场所证明。

（六）国务院工商行政管理部门规定提交的其他文件。

法律、行政法规或者国务院规定设立合伙企业分支机构须经批准的，还应当提交有关批准文件。

第二十八条　分支机构的经营范围中有属于法律、行政法规或者国务院规定在登记前须经批准的项目的，应当向分支机构所在地的企业登记机关提交批准文件。

第二十九条　申请人提交的登记申请材料齐全、符合法定形式，企业登记机关能够当场登记的，应予当场登记，发给营业执照。

除前款规定情形外，企业登记机关应当自受理申请之日起20日内，作出是否登记的决定。予以登记的，发给营业执照；不予登记的，应当给予书面答复，并说明理由。

第三十条　合伙企业申请分支机构变更登记或者注销登记，比照本办法关于合伙企业变更登记、注销登记的规定办理。

第六章　年度检验和证照管理

第三十一条　合伙企业应当按照企业登记机关的要求，在规定的时间内提交年度检验报告书等文件，接受年度检验。

第三十二条　合伙企业的营业执照分为正本和副本，正本和副本具有同等法律效力。

合伙企业根据业务需要，可以向企业登记机关申请核发若干营业执照副本。

合伙企业应当将营业执照正本置放在经营场所的醒目位置。

第三十三条　任何单位和个人不得伪造、涂改、出售、出租、出借或者以其他方式转让营业执照。

合伙企业营业执照遗失或者毁损的，应当在企业登记机关指定的报刊上声明作废，并向企业登记机关申请补领或者更换。

第三十四条　合伙企业及其分支机构营业执照的正本和副本样式，由国务院工商行政管理部门制定。

第三十五条　企业登记机关吊销合伙企业营业执照的，应当发布公告，并不得收取任何费用。

第七章 法律责任

第三十六条 未领取营业执照，而以合伙企业或者合伙企业分支机构名义从事合伙业务的，由企业登记机关责令停止，处5 000元以上5万元以下的罚款。

第三十七条 提交虚假文件或者采取其他欺骗手段，取得合伙企业登记的，由企业登记机关责令改正，处5 000元以上5万元以下的罚款；情节严重的，撤销企业登记，并处5万元以上20万元以下的罚款。

第三十八条 合伙企业登记事项发生变更，未依照本办法规定办理变更登记的，由企业登记机关责令限期登记；逾期不登记的，处2 000元以上2万元以下的罚款。

第三十九条 合伙企业未依照本办法规定在其名称中标明"普通合伙"、"特殊普通合伙"或者"有限合伙"字样的，由企业登记机关责令限期改正，处2 000元以上1万元以下的罚款。

第四十条 合伙企业未依照本办法规定办理清算人成员名单备案的，由企业登记机关责令限期办理；逾期未办理的，处2 000元以下的罚款。

第四十一条 合伙企业的清算人未向企业登记机关报送清算报告，或者报送的清算报告隐瞒重要事实，或者有重大遗漏的，由企业登记机关责令改正。由此产生的费用和损失，由清算人承担和赔偿。

第四十二条 合伙企业未依照本办法规定接受年度检验的，由企业登记机关责令限期接受年度检验，可以处3 000元以下的罚款；逾期仍不接受年度检验的，吊销营业执照。

第四十三条 合伙企业在年度检验中，隐瞒真实情况，弄虚作假的，由企业登记机关责令改正，可以处3 000元以下的罚款。

第四十四条 合伙企业未将其营业执照正本置放在经营场所醒目位置的，由企业登记机关责令改正；拒不改正的，处1 000元以上5 000元以下的罚款。

第四十五条　合伙企业涂改、出售、出租、出借或者以其他方式转让营业执照的，由企业登记机关责令改正，处2 000元以上1万元以下的罚款；情节严重的，吊销营业执照。

第四十六条　企业登记机关的工作人员滥用职权、徇私舞弊、收受贿赂、侵害合伙企业合法权益的，依法给予处分。

第四十七条　违反本办法规定，构成犯罪的，依法追究刑事责任。

第八章　附　则

第四十八条　合伙企业登记收费项目按照国务院财政部门、价格主管部门的有关规定执行，合伙企业登记收费标准按照国务院价格主管部门、财政部门的有关规定执行。

第四十九条　本办法自发布之日起施行。

外国企业或者个人在中国境内设立合伙企业管理办法

（中华人民共和国国务院令第 567 号《外国企业或者个人在中国境内设立合伙企业管理办法》已经 2009 年 8 月 19 日国务院第 77 次常务会议通过，现予公布，自 2010 年 3 月 1 日起施行。）

第一条　为了规范外国企业或者个人在中国境内设立合伙企业的行为，便于外国企业或者个人以设立合伙企业的方式在中国境内投资，扩大对外经济合作和技术交流，根据《中华人民共和国合伙企业法》（以下称《合伙企业法》），制定本办法。

第二条　本办法所称外国企业或者个人在中国境内设立合伙企业，是指 2 个以上外国企业或者个人在中国境内设立合伙企业，以及外国企业或者个人与中国的自然人、法人和其他组织在中国境内设立合伙企业。

第三条　外国企业或者个人在中国境内设立合伙企业，应当遵守《合伙企业法》以及其他有关法律、行政法规、规章的规定，符合有关外商投资的产业政策。

外国企业或者个人在中国境内设立合伙企业，其合法权益受法律保护。

国家鼓励具有先进技术和管理经验的外国企业或者个人在中国境内设立合伙企业，促进现代服务业等产业的发展。

第四条　外国企业或者个人用于出资的货币应当是可自由兑换的外币，也可以是依法获得的人民币。

第五条　外国企业或者个人在中国境内设立合伙企业，应当由全体合伙人指定的代表或者共同委托的代理人，向国务院工商行政管理部门授权的地方工商行政管理部门（以下称企业登记机关）申请设立登记。

申请设立登记，应当向企业登记机关提交《中华人民共和国合伙企业登记管理办法》规定的文件以及符合外商投资产业政策的说明。

企业登记机关予以登记的，应当同时将有关登记信息向同级商务主管部门通报。

第六条　外国企业或者个人在中国境内设立的合伙企业（以下称外商投资合伙企业）的登记事项发生变更的，应当依法向企业登记机关申请变更登记。

第七条　外商投资合伙企业解散的，应当依照《合伙企业法》的规定进行清算。清算人应当自清算结束之日起15日内，依法向企业登记机关办理注销登记。

第八条　外商投资合伙企业的外国合伙人全部退伙，该合伙企业继续存续的，应当依法向企业登记机关申请变更登记。

第九条　外商投资合伙企业变更登记或者注销登记的，企业登记机关应当同时将有关变更登记或者注销登记的信息向同级商务主管部门通报。

第十条　外商投资合伙企业的登记管理事宜，本办法未作规定的，依照《中华人民共和国合伙企业登记管理办法》和国家有关规定执行。

第十一条　外国企业或者个人在中国境内设立合伙企业涉及的财务会计、税务、外汇以及海关、人员出入境等事宜，依照有关法律、行政法规和国家有关规定办理。

第十二条　中国的自然人、法人和其他组织在中国境内设立的合伙企业，外国企业或者个人入伙的，应当符合本办法的有关规定，并依法向企业登记机关申请变更登记。

第十三条　外国企业或者个人在中国境内设立合伙企业涉及须经政府核准的投资项目的，依照国家有关规定办理投资项目核准手续。

第十四条　国家对外国企业或者个人在中国境内设立以投资为主要业务的合伙企业另有规定的，依照其规定。

第十五条　香港特别行政区、澳门特别行政区和台湾地区的企业或者个人在内地设立合伙企业，参照本办法的规定执行。

第十六条　本办法自 2010 年 3 月 1 日起施行。

外商投资合伙企业登记管理规定

（国家工商行政管理总局令第 47 号，《外商投资合伙企业登记管理规定》已经中华人民共和国国家工商行政管理总局局务会审议通过，现予公布，自 2010 年 3 月 1 日起施行。）

第一章 总 则

第一条 为了规范外国企业或者个人在中国境内设立合伙企业的行为，便于外国企业或者个人以设立合伙企业的方式在中国境内投资，扩大对外经济合作和技术交流，依据《中华人民共和国合伙企业法》（以下简称《合伙企业法》）、《外国企业或者个人在中国境内设立合伙企业管理办法》和《中华人民共和国合伙企业登记管理办法》（以下简称《合伙企业登记管理办法》），制定本规定。

第二条 本规定所称外商投资合伙企业是指 2 个以上外国企业或者个人在中国境内设立的合伙企业，以及外国企业或者个人与中国的自然人、法人和其他组织在中国境内设立的合伙企业。

外商投资合伙企业的设立、变更、注销登记适用本规定。

申请办理外商投资合伙企业登记，申请人应当对申请材料的真实性负责。

第三条　外商投资合伙企业应当遵守《合伙企业法》以及其他有关法律、行政法规、规章的规定，应当符合外商投资的产业政策。

国家鼓励具有先进技术和管理经验的外国企业或者个人在中国境内设立合伙企业，促进现代服务业等产业的发展。

《外商投资产业指导目录》禁止类和标注"限于合资"、"限于合作"、"限于合资、合作"、"中方控股"、"中方相对控股"和有外资比例要求的项目，不得设立外商投资合伙企业。

第四条　外商投资合伙企业经依法登记，领取《外商投资合伙企业营业执照》后，方可从事经营活动。

第五条　国家工商行政管理总局主管全国的外商投资合伙企业登记管理工作。

国家工商行政管理总局授予外商投资企业核准登记权的地方工商行政管理部门（以下称企业登记机关），负责本辖区内的外商投资合伙企业登记管理。

省、自治区、直辖市及计划单列市、副省级市工商行政管理部门，负责以投资为主要业务的外商投资合伙企业的登记管理。

第二章　设立登记

第六条　设立外商投资合伙企业，应当具备《合伙企业法》和《外国企业或者个人在中国境内设立合伙企业管理办法》规定的条件。

国有独资公司、国有企业、上市公司以及公益性的事业单位、社会团体不得成为普通合伙人。

第七条　外商投资合伙企业的登记事项包括：

（一）名称。

（二）主要经营场所。

（三）执行事务合伙人。

（四）经营范围。

（五）合伙企业类型。

（六）合伙人姓名或者名称、国家（地区）及住所、承担责任方式、认缴或者实际缴付的出资数额、缴付期限、出资方式和评估方式。

合伙协议约定合伙期限的，登记事项还应当包括合伙期限。

执行事务合伙人是外国企业、中国法人或者其他组织的，登记事项还应当包括外国企业、中国法人或者其他组织委派的代表（以下简称委派代表）。

第八条　外商投资合伙企业的名称应当符合国家有关企业名称登记管理的规定。

第九条　外商投资合伙企业主要经营场所只能有一个，并且应当在其企业登记机关登记管辖区域内。

第十条　合伙协议未约定或者全体普通合伙人未决定委托执行事务合伙人的，全体普通合伙人均为执行事务合伙人。

有限合伙人不得成为执行事务合伙人。

第十一条　外商投资合伙企业类型包括，外商投资普通合伙企业（含特殊的普通合伙企业）和外商投资有限合伙企业。

第十二条　设立外商投资合伙企业，应当由全体合伙人指定的代表或者共同委托的代理人向企业登记机关申请设立登记。

申请设立外商投资合伙企业，应当向企业登记机关提交下列文件：

（一）全体合伙人签署的设立登记申请书。

（二）全体合伙人签署的合伙协议。

（三）全体合伙人的主体资格证明或者自然人身份证明。

（四）主要经营场所证明。

（五）全体合伙人指定代表或者共同委托代理人的委托书。

（六）全体合伙人对各合伙人认缴或者实际缴付出资的确认书。

（七）全体合伙人签署的符合外商投资产业政策的说明。

（八）与外国合伙人有业务往来的金融机构出具的资信证明。

（九）外国合伙人与境内法律文件送达接受人签署的《法律文件送达授权委托书》。

（十）本规定规定的其他相关文件。

法律、行政法规或者国务院规定设立外商投资合伙企业须经批准的，还应当提交有关批准文件。

外国合伙人的主体资格证明或者自然人身份证明和境外住所证明应当经其所在国家主管机构公证认证并经我国驻该国使（领）馆认证。香港特别行政区、澳门特别行政区和台湾地区合伙人的主体资格证明或者自然人身份证明和境外住所证明应当依照现行相关规定办理。

《法律文件送达授权委托书》应当明确授权境内被授权人代为接受法律文件送达，并载明被授权人姓名或者名称、地址及联系方式。被授权人可以是外国合伙人在中国境内设立的企业、拟设立的外商投资合伙企业（被授权人为拟设立的外商投资合伙企业的，外商投资合伙企业设立后委托生效）或者境内其他有关单位或者个人。

第十三条　外商投资合伙企业的经营范围中有属于法律、行政法规或者国务院规定在登记前须经批准的行业的，应当向企业登记机关提交批准文件。

第十四条　外国合伙人用其从中国境内依法获得的人民币出资的，应当提交外汇管理部门出具的境内人民币利润或者其他人民币合法收益再投资的资本项目外汇业务核准件等相关证明文件。

第十五条　以实物、知识产权、土地使用权或者其他财产权利出资，由全体合伙人协商作价的，应当向企业登记机关提交全体合伙人签署的协商作价确认书；由全体合伙人委托法定评估机构评估作价的，应当向企业登记机关提交中国境内法定评估机构出具的评估作价证明。

外国普通合伙人以劳务出资的，应当向企业登记机关提交外国人就业许可文件，具体程序依照国家有关规定执行。

第十六条　法律、行政法规规定设立特殊的普通合伙企业，需要提交合伙人的职业资格证明的，应当依照相关法律、行政法规规定，向企业登记机关提交有关证明。

第十七条　外商投资合伙企业营业执照的签发日期，为外商投资合伙企业成立日期。

第三章　变更登记

第十八条　外商投资合伙企业登记事项发生变更的，该合伙企业应当自作出变更决定或者发生变更事由之日起15日内，向原企业登记机关申请变更登记。

第十九条　外商投资合伙企业申请变更登记，应当向原企业登记机关提交下列文件：

（一）执行事务合伙人或者委派代表签署的变更登记申请书。

（二）全体普通合伙人签署的变更决定书，或者合伙协议约定的人员签署的变更决定书。

（三）本规定规定的其他相关文件。

法律、行政法规或者国务院规定变更事项须经批准的，还应当提交有关批准文件。

变更执行事务合伙人、合伙企业类型、合伙人姓名或者名称、承担责任方式、认缴或者实际缴付的出资数额、缴付期限、出资方式和评估方式等登记事项的，有关申请文书的签名应当经过中国法定公证机构的公证。

第二十条　外商投资合伙企业变更主要经营场所的，应当申请变更登记，并提交新的主要经营场所使用证明。

外商投资合伙企业变更主要经营场所在原企业登记机关辖区外的，应当向迁入地企业登记机关申请办理变更登记；迁入地企业登记机关受理的，由原企业登记机关将企业登记档案移送迁入地企业登记机关。

第二十一条　外商投资合伙企业执行事务合伙人变更的，应当提交全体合伙人签署的修改后的合伙协议。

新任执行事务合伙人是外国企业、中国法人或者其他组织的，还应当提交其委派代表的委托书和自然人身份证明。

执行事务合伙人委派代表变更的，应当提交继任代表的委托书和自然人身份证明。

第二十二条　外商投资合伙企业变更经营范围的，应当提交符合外商投资产业政策的说明。

变更后的经营范围有属于法律、行政法规或者国务院规定在登记前须经批准的行业的，合伙企业应当自有关部门批准之日起 30 日内，向原企业登记机关申请变更登记。

外商投资合伙企业的经营范围中属于法律、行政法规或者国务院规定须经批准的项目被吊销、撤销许可证或者其他批准文件，或者许可证、其他批准文件有效期届满的，合伙企业应当自吊销、撤销许可证、其他批准文件或者许可证、其他批准文件有效期届满之日起 30 日内，向原企业登记机关申请变更登记或者注销登记。

第二十三条　外商投资合伙企业变更合伙企业类型的，应当按照拟变更企业类型的设立条件，在规定的期限内向企业登记机关申请变更登记，并依法提交有关文件。

第二十四条　外商投资合伙企业合伙人变更姓名（名称）或者住所的，应当提交姓名（名称）或者住所变更的证明文件。

外国合伙人的姓名（名称）、国家（地区）或者境外住所变更证明文件应当经其所在国家主管机构公证认证并经我国驻该国使（领）馆认证。香港特别行政区、澳门特别行政区和台湾地区合伙人的姓名（名称）、地区或者境外住所变更证明文件应当依照现行相关规定办理。

第二十五条　合伙人增加或者减少对外商投资合伙企业出资的，应当向原企业登记机关提交全体合伙人签署的或者合伙协议约定的人员签署的对该合伙人认缴或者实际缴付出资的确认书。

第二十六条　新合伙人入伙的，外商投资合伙企业应当向原登记机关申请变更登记，提交的文件参照本规定第二章的有关规定。

新合伙人通过受让原合伙人在外商投资合伙企业中的部分或者全部财产份额入伙的，应当提交财产份额转让协议。

第二十七条　外商投资合伙企业的外国合伙人全部退伙，该合伙企业继续存续的，应当依照《合伙企业登记管理办法》规定的程序申请变更登记。

第二十八条　合伙协议修改未涉及登记事项的，外商投资合伙企业应当将修改后的合伙协议或者修改合伙协议的决议送原企业登记机关备案。

第二十九条　外国合伙人变更境内法律文件送达接受人的，应当重新签署《法律文件送达授权委托书》，并向原企业登记机关备案。

第三十条　外商投资合伙企业变更登记事项涉及营业执照变更的，企业登记机关应当换发营业执照。

第四章　注销登记

第三十一条　外商投资合伙企业解散，应当依照《合伙企业法》的规定由清算人进行清算。清算人应当自被确定之日起 10 日内，将清算人成员名单向企业登记机关备案。

第三十二条　外商投资合伙企业解散的，清算人应当自清算结束之日起 15 日内，向原企业登记机关办理注销登记。

第三十三条　外商投资合伙企业办理注销登记，应当提交下列文件：

（一）清算人签署的注销登记申请书。

（二）人民法院的破产裁定、外商投资合伙企业依照《合伙企业法》作出的决定、行政机关责令关闭、外商投资合伙企业依法被吊销营业执照或者被撤销的文件。

（三）全体合伙人签名、盖章的清算报告（清算报告中应当载明已经办理完结税务、海关纳税手续的说明）。

有分支机构的外商投资合伙企业申请注销登记，还应当提交分支机构的注销登记证明。

外商投资合伙企业办理注销登记时，应当缴回营业执照。

第三十四条　经企业登记机关注销登记，外商投资合伙企业终止。

第五章　分支机构登记

第三十五条　外商投资合伙企业设立分支机构，应当向分支机构所在地的企业登记机关申请设立登记。

第三十六条　分支机构的登记事项包括：分支机构的名称、经营场所、经营范围、分支机构负责人的姓名及住所。

分支机构的经营范围不得超出外商投资合伙企业的经营范围。

外商投资合伙企业有合伙期限的，分支机构的登记事项还应当包括经营期限。分支机构的经营期限不得超过外商投资合伙企业的合伙期限。

第三十七条　外商投资合伙企业设立分支机构，应当向分支机构所在地的企业登记机关提交下列文件：

（一）分支机构设立登记申请书。

（二）全体合伙人签署的设立分支机构的决定书。

（三）加盖合伙企业印章的合伙企业营业执照复印件。

（四）全体合伙人委派执行分支机构事务负责人的委托书及其身份证明。

（五）经营场所证明。

（六）本规定规定的其他相关文件。

第三十八条　分支机构的经营范围中有属于法律、行政法规或者国务院规定在登记前须经批准的行业的，应当向分支机构所在地的企业登记机关提交批准文件。

第三十九条　外商投资合伙企业申请分支机构变更登记或者注销登记，比照本规定关于外商投资合伙企业变更登记、注销登记的规定办理。

第四十条　外商投资合伙企业应当自分支机构设立登记之日起30日内，持加盖印章的分支机构营业执照复印件，到原企业登记机关办理备案。

分支机构登记事项变更的，隶属企业应当自变更登记之日起30日内到原企业登记机关办理备案。

申请分支机构注销登记的，外商投资合伙企业应当自分支机构注销登记之日起30日内到原企业登记机关办理备案。

第四十一条　分支机构营业执照的签发日期，为外商投资合伙企业分支机构的成立日期。

第六章　登记程序

第四十二条　申请人提交的登记申请材料齐全、符合法定形式，企业登记机关能够当场登记的，应予当场登记，发给（换发）营业执照。

除前款规定情形外，企业登记机关应当自受理申请之日起20日内，作出是否登记的决定。予以登记的，发给（换发）营业执照；不予登记的，应当给予书面答复，并说明理由。

对于《外商投资产业指导目录》中没有法定前置审批的限制类项目或者涉及有关部门职责的其他项目，企业登记机关应当自受理申请之日起5日内书面征求有关部门的意见。企业登记机关应当在接到有关部门书面意见之日起5日内，作出是否登记的决定。予以登记的，发给（换发）营业执照；不予登记的，应当给予书面答复，并说明理由。

第四十三条　外商投资合伙企业涉及须经政府核准的投资项目的，依照国家有关规定办理投资项目核准手续。

第四十四条　外商投资合伙企业设立、变更、注销的，企业登记机关应当同时将企业设立、变更或者注销登记信息向同级商务主管部门通报。

第四十五条　企业登记机关应当将登记的外商投资合伙企业登记事项

记载于外商投资合伙企业登记簿上,供社会公众查阅、复制。

第四十六条　企业登记机关吊销外商投资合伙企业营业执照的,应当发布公告。

第七章　年度检验和证照管理

第四十七条　外商投资合伙企业及其分支机构应当按照企业登记机关的要求,在每年 3 月 1 日至 6 月 30 日,提交年度检验报告书等文件,接受年度检验。

年检结束后,登记机关应当将外商投资合伙企业年检信息向同级商务主管部门通报。

第四十八条　营业执照分为正本和副本,正本和副本具有同等法律效力。

外商投资合伙企业及其分支机构根据业务需要,可以向企业登记机关申请核发若干营业执照副本。

营业执照正本应当置放在经营场所的醒目位置。

第四十九条　任何单位和个人不得涂改、出售、出租、出借或者以其他方式转让营业执照。

营业执照遗失或者毁损的,应当在企业登记机关指定的报刊上声明作废,并向企业登记机关申请补领或者更换。

第五十条　外商投资合伙企业及其分支机构的登记文书格式和营业执照的正本、副本样式,由国家工商行政管理总局制定。

第八章　法律责任

第五十一条　未领取营业执照,而以外商投资合伙企业名义从事合伙业务的,由企业登记机关依照《合伙企业登记管理办法》第三十六条规定处罚。

从事《外商投资产业指导目录》禁止类项目的,或者未经登记从事限制类项目的,由企业登记机关和其他主管机关依照《无照经营查处取缔办法》规定处罚。法律、行政法规或者国务院另有规定的，从其规定。

第五十二条　提交虚假文件或者采取其他欺骗手段，取得外商投资合伙企业登记的，由企业登记机关依照《合伙企业登记管理办法》第三十七条规定处罚。

第五十三条　外商投资合伙企业登记事项发生变更，未依照本规定规定办理变更登记的，由企业登记机关依照《合伙企业登记管理办法》第三十八条规定处罚。

第五十四条　外商投资合伙企业在使用名称中未按照企业登记机关核准的名称标明"普通合伙"、"特殊普通合伙"或者"有限合伙"字样的，由企业登记机关依照《合伙企业登记管理办法》第三十九条规定处罚。

第五十五条　外商投资合伙企业未依照本规定办理不涉及登记事项的协议修改、分支机构及清算人成员名单备案的，由企业登记机关依照《合伙企业登记管理办法》第四十条规定处罚。

外商投资合伙企业未依照本规定办理外国合伙人《法律文件送达授权委托书》备案的，由企业登记机关责令改正；逾期未办理的，处2 000元以下的罚款。

第五十六条　外商投资合伙企业的清算人未向企业登记机关报送清算报告，或者报送的清算报告隐瞒重要事实，或者有重大遗漏的，由企业登记机关依照《合伙企业登记管理办法》第四十一条规定处罚。

第五十七条　外商投资合伙企业未依照本规定接受年度检验的，由企业登记机关依照《合伙企业登记管理办法》第四十二条规定处罚。

第五十八条　外商投资合伙企业在年度检验中，隐瞒真实情况，弄虚作假的，由企业登记机关依照《合伙企业登记管理办法》第四十三条规定处罚。

第五十九条　外商投资合伙企业未将其营业执照正本置放在经营场所醒目位置的，由企业登记机关依照《合伙企业登记管理办法》第四十四条规定处罚。

第六十条　外商投资合伙企业涂改、出售、出租、出借或者以其他方式转让营业执照的，由企业登记机关依照《合伙企业登记管理办法》第四十五条规定处罚。

第六十一条　外商投资合伙企业的分支机构有本章规定的违法行为的，适用本章有关规定。

第六十二条　企业登记机关违反产业政策，对于不应当登记的予以登记，或者应当登记的不予登记的，依法追究其直接责任人或者主要负责人的行政责任。

企业登记机关的工作人员滥用职权、徇私舞弊、收受贿赂、侵害外商投资合伙企业合法权益的，依法给予处分。

第九章　附　则

第六十三条　中国的自然人、法人和其他组织在中国境内设立的合伙企业，外国企业或者个人入伙的，应当符合本规定，并依法向企业登记机关申请变更登记。

第六十四条　以投资为主要业务的外商投资合伙企业境内投资的，应当依照国家有关外商投资的法律、行政法规、规章办理。

第六十五条　外商投资的投资性公司、外商投资的创业投资企业在中国境内设立合伙企业或者加入中国自然人、法人和其他组织已经设立的合伙企业的，参照本规定。

第六十六条　外商投资合伙企业依照本规定办理相关登记手续后，应当依法办理外汇、税务、海关等手续。

第六十七条　香港特别行政区、澳门特别行政区、台湾地区的企业或者个人在内地设立合伙企业或者加入内地自然人、法人和其他组织已经设立的合伙企业的，参照本规定。

第六十八条　本规定自 2010 年 3 月 1 日起施行。

财政部、国家税务总局关于合伙企业合伙人
所得税问题的通知

财税【2008】159 号

各省、自治区、直辖市、计划单列市财政厅（局）、国家税务局、地方税务局，新疆生产建设兵团财务局：

根据《中华人民共和国企业所得税法》及其实施条例和《中华人民共和国个人所得税法》有关规定，现将合伙企业合伙人的所得税问题通知如下：

一、本通知所称合伙企业是指依照中国法律、行政法规成立的合伙企业。

二、合伙企业以每一个合伙人为纳税义务人。合伙企业合伙人是自然人的，缴纳个人所得税；合伙人是法人和其他组织的，缴纳企业所得税。

三、合伙企业生产经营所得和其他所得采取"先分后税"的原则。具体应纳税所得额的计算按照《关于个人独资企业和合伙企业投资者征收个人所得税的规定》（财税【2000】91 号）及《财政部 国家税务总局关于调整个体工商户个人独资企业和合伙企业个人所得税税前扣除标准有关问题的通知》（财税【2008】65 号）的有关规定执行。

前款所称生产经营所得和其他所得，包括合伙企业分配给所有合伙人

的所得和企业当年留存的所得（利润）。

四、合伙企业的合伙人按照下列原则确定应纳税所得额：

（一）合伙企业的合伙人以合伙企业的生产经营所得和其他所得，按照合伙协议约定的分配比例确定应纳税所得额。

（二）合伙协议未约定或者约定不明确的，以全部生产经营所得和其他所得，按照合伙人协商决定的分配比例确定应纳税所得额。

（三）协商不成的，以全部生产经营所得和其他所得，按照合伙人实缴出资比例确定应纳税所得额。

（四）无法确定出资比例的，以全部生产经营所得和其他所得，按照合伙人数量平均计算每个合伙人的应纳税所得额。

合伙协议不得约定将全部利润分配给部分合伙人。

五、合伙企业的合伙人是法人和其他组织的，合伙人在计算其缴纳企业所得税时，不得用合伙企业的亏损抵减其盈利。

六、上述规定自 2008 年 1 月 1 日起执行。此前规定与本通知有抵触的，以本通知为准。

财政部 国家税务总局

2008 年 12 月 23 日

证券登记结算管理办法（节选）

（2006 年 4 月 7 日中国证券监督管理委员会令第 29 号公布，根据 2009 年 11 月 20 日中国证券监督管理委员会《关于修改＜证券登记结算管理办法＞的决定》修订。）

第一章　总　则

第一条　为了规范证券登记结算行为，保护投资者的合法权益，维护证券登记结算秩序，防范证券登记结算风险，保障证券市场安全高效运行，根据《证券法》、《公司法》等法律、行政法规的规定，制定本办法。

第二条　在证券交易所上市的股票、债券、证券投资基金份额等证券及证券衍生品种（以下统称证券）的登记结算，适用本办法。

非上市证券的登记结算业务，参照本办法执行。

境内上市外资股的登记结算业务，法律、行政法规、中国证券监督管理委员会（以下简称中国证监会）另有规定的，从其规定。

第三条　证券登记结算活动必须实行公开、公平、公正、安全、高效的原则。

第四条　证券登记结算机构是为证券交易提供集中登记、存管与结算服务，不以盈利为目的的法人。

证券登记结算业务采取全国集中统一的运营方式，由证券登记结算机构依法集中统一办理。

证券登记结算机构实行行业自律管理。

第五条　证券登记结算活动必须遵守法律、行政法规、中国证监会的规定以及证券登记结算机构依法制定的业务规则。

第六条　中国证监会依法对证券登记结算机构及证券登记结算活动进行监督管理。

第二章　证券登记结算机构

第七条　证券登记结算机构的设立和解散，必须经中国证监会批准。

……

第四章　证券的登记

第二十六条　上市证券的发行人，应当委托证券登记结算机构办理其所发行证券的登记业务。

证券登记结算机构应当与委托其办理证券登记业务的证券发行人签订证券登记及服务协议，明确双方的权利义务。

证券登记结算机构应当制定并公布证券登记及服务协议的范本。

证券登记结算机构可以根据政府债券主管部门的要求办理上市政府债券的登记业务。

第二十七条　证券登记结算机构根据证券账户的记录，确认证券持有人持有证券的事实，办理证券持有人名册的登记。

第二十八条　证券公开发行后，证券发行人应当向证券登记结算机构提交已发行证券的证券持有人名册及其他相关资料。证券登记结算机构据此办理证券持有人名册的初始登记。

证券发行人应当保证其所提交资料的合法、真实、准确、完整。证券登记结算机构不承担由于证券发行人原因导致证券持有人名册及其他相关资料有误而产生的损失和法律后果。

第二十九条 证券在证券交易所上市交易的，证券登记结算机构应当根据证券交易的交收结果办理证券持有人名册的变更登记。

证券以协议转让、继承、捐赠、强制执行、行政划拨等方式转让的，证券登记结算机构根据业务规则变更相关证券账户的余额，并相应办理证券持有人名册的变更登记。

证券因质押、锁定、冻结等原因导致其持有人权利受到限制的，证券登记结算机构应当在证券持有人名册上加以标记。

第三十条 证券登记结算机构应当保证证券持有人名册和登记过户记录真实、准确、完整，不得隐匿、伪造或者毁损。

第三十一条 证券登记结算机构应当按照业务规则和协议，定期向证券发行人发送其证券持有人名册及有关资料。

第三十二条 证券发行人申请办理权益分派等代理服务的，应当按照业务规则和协议向证券登记结算机构提交有关资料并支付款项。

证券发行人未及时履行上述义务的，证券登记结算机构有权推迟或不予办理，证券发行人应当及时发布公告说明有关情况。

第三十三条 证券发行人或者其清算组等终止证券登记及相关服务协议的，证券登记结算机构应当依法向其交付证券持有人名册及其他登记资料。

......

第八十条 本办法由中国证监会负责解释、修订。

第八十一条 本办法自 2006 年 7 月 1 日起施行。

国家发展改革委办公厅关于进一步规范试点地区股权投资企业发展和备案管理工作的通知

发改办财金【2011】253 号

北京市、天津市、上海市、江苏省、浙江省、湖北省人民政府办公厅：

遵照国务院有关文件精神，我委自 2008 年 6 月以来，先后在天津滨海新区、北京中关村科技园区、武汉东湖新技术产业开发区和长江三角洲地区，开展了股权投资企业备案管理先行先试工作。为进一步规范试点地区股权投资企业备案管理工作，更好地促进股权投资企业健康规范发展，现就有关事项通知如下：

一、规范股权投资企业的设立、资本募集与投资领域

股权投资企业应当遵照《中华人民共和国公司法》和《中华人民共和国合伙企业法》有关规定设立。其中，以有限责任公司、股份有限公司形式设立的股权投资企业，可以通过组建内部管理团队实行自我管理，也可采取委托管理方式将资产委托其他股权投资企业或股权投资管理企业管理。

股权投资企业的资本只能以私募方式向具有风险识别和承受能力的特定对象募集，不得通过在媒体（包括企业网站）发布公告、在社区张贴布告、向社会散发传单、向不特定公众发送手机短信或通过举办研讨会、讲座及其他公开或变相公开方式（包括在商业银行、证券公司、信托投资公司等

机构的柜台投放招募说明书等）直接或间接向不特定对象进行推介。股权投资企业的资本募集人须向投资者充分揭示投资风险及可能的投资损失，不得向投资者承诺确保收回投资本金或获得固定回报。所有投资者只能以合法的自有货币资金认缴出资。资本缴付可以采取承诺制，即投资者在股权投资企业资本募集阶段签署认缴承诺书，在股权投资企业投资运作实施阶段，根据股权投资企业的公司章程或者合伙协议的约定分期缴付出资。

股权投资企业的投资领域限于非公开交易的企业股权，投资过程中的闲置资金只能存放银行或用于购买国债等固定收益类投资产品；投资方向应当符合国家产业政策、投资政策和宏观调控政策。股权投资企业所投资项目必须履行固定资产投资项目审批、核准和备案的有关规定。外资股权投资企业进行投资，应当依照国家有关规定办理投资项目核准手续。

二、健全股权投资企业的风险控制机制

股权投资企业的资金运用应当依据股权投资企业公司章程或者合伙协议的约定，合理分散投资，降低投资风险。股权投资企业不得为被投资企业以外的企业提供担保。股权投资企业对关联方的投资，其投资决策应当实行关联方回避制度，并在股权投资企业的公司章程或者合伙协议以及委托管理协议、委托托管协议中约定。对关联方的认定标准，由股权投资企业投资者根据有关法律法规规定，在股权投资企业的公司章程或者合伙协议以及委托管理协议、委托托管协议中约定。

股权投资企业及其受托管理机构的公司章程或者合伙协议等法律文件，应当载明业绩激励机制、风险约束机制，并约定相关投资运作的决策程序。股权投资企业可以有限存续。

股权投资企业可以根据委托管理协议等法律文件的相关约定，定期或者不定期对股权投资企业的投资运作情况进行检查和评估。

股权投资企业的受托管理机构为外商独资或者中外合资的，应当由在境内具有法人资格的托管机构托管该股权投资企业的资产。

三、明确股权投资管理机构的基本职责

股权投资企业采取委托管理方式的，受托管理机构应当按照委托管理协议，履行下列职责：（1）制定和实施投资方案，并对所投资企业进行投资后管理；（2）积极参与制定所投资企业发展战略，为所投资企业提供增值服务；（3）定期或者不定期向股权投资企业披露股权投资企业投资运作等方面的信息，定期编制会计报表，经外部审计机构审核后，向股权投资企业报告；（4）委托管理协议约定的其他职责。

股权投资企业的受托管理机构应当公平对待其所管理的不同股权投资企业的财产，不得利用股权投资企业财产为股权投资企业以外的第三人牟取利益。对不同的股权投资企业应当设置不同的账户，实行分账管理。

有下列情形之一的，股权投资企业的受托管理机构应当退任：（1）受托管理机构解散、破产或者由接管人接管其资产的；（2）受托管理机构丧失管理能力或者严重损害股权投资企业投资者利益的；（3）按照委托管理协议约定，持有一定比例以上股权投资企业权益的投资者要求受托管理机构退任的；（4）委托管理协议约定受托管理机构退任的其他情形。

四、建立股权投资企业信息披露制度

股权投资企业除应当按照公司章程和合伙协议向投资者披露投资运作信息外，还应当于每个会计年度结束后4个月内，向国家发展和改革委员会（以下简称"国家发展改革委"）及所在地协助备案管理部门提交年度业务报告和经会计师事务所审计的年度财务报告。股权投资企业的受托管理机构和托管机构应当于每个会计年度结束后4个月内，向国家发展改革委及所在地协助备案管理部门提交年度资产管理报告和年度资产托管报告。

股权投资企业在投资运作过程中发生下列重大事件的，应当在10个工作日内，向国家发展改革委及所在地协助备案管理部门报告：（1）修改股权投资企业或者其受托管理机构的公司章程、合伙协议和委托管理协议等文件；（2）股权投资企业或者其受托管理机构增减资本或者对外进行债务性融资；（3）股权投资企业或者其受托管理机构分立与合并；（4）受托管理机构或者托管机构变更，包括受托管理机构高级管理人员变更及其他重大变更事项；（5）股权投资企业解散、破产或者由接管人接管其资产。

五、完善股权投资企业备案程序

凡在试点地区工商行政管理部门登记的主要从事非公开交易企业股权投资业务的股权投资企业，以及以股权投资企业为投资对象的股权投资企业，除下列情形外，均应当按照本通知要求，申请到国家发展改革委备案并接受备案管理：（1）已经按照《创业投资企业管理暂行办法》备案为创业投资企业；（2）资本规模（含投资者已实际出资及虽未实际出资但已承诺出资的资本规模）不足5亿元人民币或者等值外币；（3）由单个机构或者单个自然人全额出资设立，或者虽然由两个及以上投资者出资设立，但这些投资者均系某一个机构的全资子机构。

股权投资企业采取委托管理方式，将资产委托其他股权投资企业或者股权投资管理企业管理的，其受托管理机构应当申请附带备案并接受相应的备案管理。股权投资企业通过组建内部管理团队，对其资产采取自我管理方式的，由股权投资企业负责申请办理备案手续。股权投资企业采取委托管理方式的，可由其受托管理机构负责申请办理备案手续。

股权投资企业申请备案，应当由申请主体将有关备案材料送股权投资企业所在地省级协助备案管理部门进行初审。省级协助备案管理部门在收到股权投资企业备案申请后，在20个工作日内，对确认申请备案文件材料齐备的股权投资企业，向国家发展改革委出具初步审查意见。

国家发展改革委在收到协助备案管理部门转报的股权投资企业备案申请和初步审查意见后，在20个工作日内，对经复核无异议的股权投资企业，通过国家发展改革委门户网站公告其名单及基本情况的方式备案。

股权投资企业申请备案，应当提交下列文件和材料：（1）股权投资企业备案申请书；（2）股权投资企业营业执照复印件；（3）股权投资企业资本招募说明书；（4）股权投资企业公司章程或者合伙协议；（5）所有投资者签署的资本认缴承诺书；（6）验资机构关于所有投资者实际出资的验资报告；（7）发起人关于股权投资企业资本募集是否合法合规的情况说明书；（8）股权投资企业高级管理人员的简历证明材料；（9）律师事务所出具的备案所涉文件与材料的法律意见书。股权投资企业采取委托管理的，还应当提交股权投资企业与受托管理机构签订的受托管理协议。委托托管机构托管资产的，还应当提交委托托管协议。

股权投资企业的受托管理机构申请附带备案，应当提交下列文件和材料：（1）受托管理机构的营业执照复印件；（2）受托管理机构的公司章程或者合伙协议；（3）受托管理机构股东（合伙人）名单及情况介绍；（4）所有高级管理人员的简历证明材料；（5）开展股权投资管理业务情况及业绩。

本通知所称高级管理人员，系指公司型企业的董事、监事、经理、副经理、财务负责人、董事会秘书和公司章程约定的其他人员，以及合伙型企业的普通合伙人和合伙协议约定的其他人员。合伙型企业的普通合伙人为法人或非法人机构的，则该机构的高级管理人员一并视为高级管理人员。

股权投资企业出现下列情形，可以申请注销备案：（1）解散；（2）主营业务不再是股权投资业务；（3）另行按照《创业投资企业管理暂行办法》备案为创业投资企业。

六、构建适度监管和行业自律相结合的管理体制

国家发展改革委通过建立健全股权投资企业备案管理信息系统，完善相关信息披露制度，对股权投资企业实施适度监管。

发现股权投资企业及其受托管理机构未备案的，应当督促其在20个工作日内向管理部门申请办理备案手续；对未按本通知规定备案的，应当将其作为"规避备案监管股权投资企业和受托管理机构"，通过国家发展改革委门户网站向社会公告。

　　对已经完成备案的股权投资企业及其受托管理机构，应当在每个会计年度结束后的 5 个月内，对其是否遵守本通知有关规定，进行年度检查。在必要时，可以通过信函、电话询问、走访、现场检查和非现场监测等方式，了解其运作管理情况。对运作管理不符合本通知规定的，应当督促其在 6 个月内改正；逾期没有改正的，应将其作为"运作管理不合规股权投资企业和受托管理机构"，通过国家发展改革委门户网站，向社会公告。

　　组建全国性股权投资行业协会，依据相关法律、法规及本通知，对股权投资企业及其受托管理机构进行自律管理。

　　本通知自发布之日起实施，请试点地区省级人民政府按照本通知规定，尽快确定所辖区域股权投资企业协助备案管理部门并向我委报备。

2011 年 1 月 31 日

最高人民法院关于审理非法集资刑事案件具体应用法律若干问题的解释

法释【2010】18 号

为依法惩治非法吸收公众存款、集资诈骗等非法集资犯罪活动，根据刑法有关规定，现就审理此类刑事案件具体应用法律的若干问题解释如下：

第一条　违反国家金融管理法律规定，向社会公众（包括单位和个人）吸收资金的行为，同时具备下列四个条件的，除刑法另有规定的以外，应当认定为刑法第一百七十六条规定的"非法吸收公众存款或者变相吸收公众存款"：

（一）未经有关部门依法批准或者借用合法经营的形式吸收资金。

（二）通过媒体、推介会、传单、手机短信等途径向社会公开宣传。

（三）承诺在一定期限内以货币、实物、股权等方式还本付息或者给付回报。

（四）向社会公众即社会不特定对象吸收资金。

未向社会公开宣传，在亲友或者单位内部针对特定对象吸收资金的，不属于非法吸收或者变相吸收公众存款。

第二条　实施下列行为之一，符合本解释第一条第一款规定的条件的，应当依照刑法第一百七十六条的规定，以非法吸收公众存款罪定罪处罚：

（一）不具有房产销售的真实内容或者不以房产销售为主要目的，以返本销售、售后包租、约定回购、销售房产份额等方式非法吸收资金的。

（二）以转让林权并代为管护等方式非法吸收资金的。

（三）以代种植（养殖）、租种植（养殖）、联合种植（养殖）等方式非法吸收资金的。

（四）不具有销售商品、提供服务的真实内容或者不以销售商品、提供服务为主要目的，以商品回购、寄存代售等方式非法吸收资金的。

（五）不具有发行股票、债券的真实内容，以虚假转让股权、发售虚构债券等方式非法吸收资金的。

（六）不具有募集基金的真实内容，以假借境外基金、发售虚构基金等方式非法吸收资金的。

（七）不具有销售保险的真实内容，以假冒保险公司、伪造保险单据等方式非法吸收资金的。

（八）以投资入股的方式非法吸收资金的。

（九）以委托理财的方式非法吸收资金的。

（十）利用民间"会"、"社"等组织非法吸收资金的。

（十一）其他非法吸收资金的行为。

第三条 非法吸收或者变相吸收公众存款，具有下列情形之一的，应当依法追究刑事责任：

（一）个人非法吸收或者变相吸收公众存款，数额在 20 万元以上的，单位非法吸收或者变相吸收公众存款，数额在 100 万元以上的。

（二）个人非法吸收或者变相吸收公众存款对象 30 人以上的，单位非法吸收或者变相吸收公众存款对象 150 人以上的。

（三）个人非法吸收或者变相吸收公众存款，给存款人造成直接经济损失数额在 10 万元以上的，单位非法吸收或者变相吸收公众存款，给存款人造成直接经济损失数额在 50 万元以上的。

（四）造成恶劣社会影响或者其他严重后果的。

具有下列情形之一的，属于刑法第一百七十六条规定的"数额巨大或者有其他严重情节"：

（一）个人非法吸收或者变相吸收公众存款，数额在 100 万元以上的，单位非法吸收或者变相吸收公众存款，数额在 500 万元以上的。

（二）个人非法吸收或者变相吸收公众存款对象 100 人以上的，单位非法吸收或者变相吸收公众存款对象 500 人以上的。

（三）个人非法吸收或者变相吸收公众存款，给存款人造成直接经济损失数额在 50 万元以上的，单位非法吸收或者变相吸收公众存款，给存款人造成直接经济损失数额在 250 万元以上的。

（四）造成特别恶劣社会影响或者其他特别严重后果的。

非法吸收或者变相吸收公众存款的数额，以行为人所吸收的资金全额计算。案发前后已归还的数额，可以作为量刑情节酌情考虑。

非法吸收或者变相吸收公众存款，主要用于正常的生产经营活动，能够及时清退所吸收资金，可以免予刑事处罚；情节显著轻微的，不作为犯罪处理。

第四条 以非法占有为目的，使用诈骗方法实施本解释第二条规定所列行为的，应当依照刑法第一百九十二条的规定，以集资诈骗罪定罪处罚。

使用诈骗方法非法集资，具有下列情形之一的，可以认定为"以非法占有为目的"：

（一）集资后不用于生产经营活动或者用于生产经营活动与筹集资金规模明显不成比例，致使集资款不能返还的；

（二）肆意挥霍集资款，致使集资款不能返还的。

（三）携带集资款逃匿的。

（四）将集资款用于违法犯罪活动的。

（五）抽逃、转移资金、隐匿财产，逃避返还资金的。

（六）隐匿、销毁账目，或者搞假破产、假倒闭，逃避返还资金的。

（七）拒不交代资金去向，逃避返还资金的。

（八）其他可以认定非法占有目的的情形。

集资诈骗罪中的非法占有目的，应当区分情形进行具体认定。行为人部分非法集资行为具有非法占有目的的，对该部分非法集资行为所涉集资款以集资诈骗罪定罪处罚；非法集资共同犯罪中部分行为人具有非法占有目的，其他行为人没有非法占有集资款的共同故意和行为的，对具有非法占有目的的行为人以集资诈骗罪定罪处罚。

第五条　个人进行集资诈骗，数额在 10 万元以上的，应当认定为"数额较大"；数额在 30 万元以上的，应当认定为"数额巨大"；数额在 100 万元以上的，应当认定为"数额特别巨大"。

单位进行集资诈骗，数额在 50 万元以上的，应当认定为"数额较大"；数额在 150 万元以上的，应当认定为"数额巨大"；数额在 500 万元以上的，应当认定为"数额特别巨大"。

集资诈骗的数额以行为人实际骗取的数额计算，案发前已归还的数额应予扣除。行为人为实施集资诈骗活动而支付的广告费、中介费、手续费、回扣，或者用于行贿、赠与等费用，不予扣除。行为人为实施集资诈骗活动而支付的利息，除本金未归还可予折抵本金以外，应当计入诈骗数额。

第六条　未经国家有关主管部门批准，向社会不特定对象发行、以转让股权等方式变相发行股票或者公司、企业债券，或者向特定对象发行、变相发行股票或者公司、企业债券累计超过 200 人的，应当认定为刑法第一百七十九条规定的"擅自发行股票、公司、企业债券"。构成犯罪的，以擅自发行股票、公司、企业债券罪定罪处罚。

第七条　违反国家规定，未经依法核准擅自发行基金份额募集基金，情节严重的，依照刑法第二百二十五条的规定，以非法经营罪定罪处罚。

第八条　广告经营者、广告发布者违反国家规定，利用广告为非法集资

活动相关的商品或者服务作虚假宣传，具有下列情形之一的，依照刑法第

二百二十二条的规定，以虚假广告罪定罪处罚：

（一）违法所得数额在 10 万元以上的。

（二）造成严重危害后果或者恶劣社会影响的。

（三）两年内利用广告作虚假宣传，受过行政处罚两次以上的。